金品律师实务丛书

政府（实施机构）PPP项目实务操作指南

朱静　著

知识产权出版社

全国百佳图书出版单位

图书在版编目（CIP）数据

政府（实施机构）PPP 项目实务操作指南／朱静著.—北京：知识产权出版社，2018.5
（金品律师实务丛书）

ISBN 978－7－5130－5523－9

Ⅰ.①政… Ⅱ.①朱… Ⅲ.①政府投资—合作—社会资本—中国—指南

Ⅳ.①F832.48－62②F124.7－62

中国版本图书馆 CIP 数据核字（2018）第 074103 号

责任编辑：唱学静

封面设计：张　悦　　　　　　　　　责任出版：刘译文

金品律师实务丛书

政府（实施机构）PPP 项目实务操作指南

朱　静　著

出版发行：	知识产权出版社 有限责任公司	网　址：	http：//www.ipph.cn
社　址：	北京市海淀区气象路 50 号院	邮　编：	100081
责编电话：	010－82000860 转 8112	责编邮箱：	ruixue604@163.com
发行电话：	010－82000860 转 8101/8102	发行传真：	010－82000893/82005070/82000270
印　刷：	北京嘉恒彩色印刷有限责任公司	经　销：	各大网上书店、新华书店及相关专业书店
开　本：	700mm×1000mm　1/16	印　张：	19
版　次：	2018 年 5 月第 1 版	印　次：	2018 年 5 月第 1 次印刷
字　数：	280 千字	定　价：	78.00 元

ISBN 978－7－5130－5523－9

《金品律师实务丛书》
编 委 会

顾 问　范　健　南京大学法学院教授、博导
　　　　王建文　南京航天航空大学人文与社会科学学院院长、
　　　　　　　　教授、博导
　　　　尹　吉　东南大学法学院兼职教授

主 编　朱　静　江苏义行律师事务所主任

编 委　陈　扬　江苏亿诚律师事务所主任
　　　　王小清　江苏南昆仑律师事务所主任
　　　　梅锦斌　江苏盛望律师事务所主任
　　　　唐南平　江苏海信律师事务所主任
　　　　曹立志　江苏苍梧律师事务所主任
　　　　李浩江　江苏颐华律师事务所主任
　　　　陶建冬　江苏正气浩然律师事务所管理合伙人
　　　　周业莽　江苏苏扬律师事务所主任
　　　　时洪生　江苏六仁律师事务所主任

序 ‹‹‹‹‹‹‹

欣闻朱静律师新书定稿且即将出版发行，由衷地为这位姐姐高兴，我和朱静律师是惺惺相惜的多年好友，早在我国 PPP 大潮来临之前，我俩就立下了在江苏合作推广 PPP 的宏伟大志，后我在北京发展，创建锐思维咨询，一同"打天下"的壮志被搁浅。虽奋战的地方不同，但投身于 PPP 的拳拳之心却是一样的。

2013 年以来，PPP 模式在我国取得显著成效。财政部 PPP 中心数据显示，截至 2017 年 12 月末，全国 PPP 综合信息平台管理库项目 7137 个，投资额 10.8 万亿元。

PPP 不仅限于融资上，它是一项综合性改革，承载着重大的历史使命，放宽准入、打破垄断、鼓励竞争的创新机制充分激发各类社会资本活力，公共服务供给实现动能转换便是其中重要的一项。PPP 条例继续列入立法计划，说明 PPP 仍然是政府的政策选项。政府推动 PPP 立法工作，未来 PPP 有法可依，将会越来越规范。

尽管发展迅猛，成效显著，但我国 PPP 领域的诸多问题也都浮于冰山之上。诸如社会资本参与 PPP 项目比例低、项目股权投资成为明股实债、PPP 长期合作演变为短期融资、过桥融资、存量 PPP 项目缺乏专业化运营等。

作者和她的服务团队在 PPP 实践中，提供担任政府方 PPP 项目顾问，参与 PPP 项目全过程服务，参加 PPP 项目专家论证等逾百起 PPP

项目的实务运作，积累了大量丰富的实战经验。本书即是在丰富的实务基础上，结合 PPP 项目实施机构在项目中的问题，以及各部门对 PPP 项目运作的规范性文件要求，有针对性地对 PPP 项目实施机构在实务运作中常见问题的关键点进行的精心总结和提炼。对实施 PPP 项目的政府和实施机构来说，具有非常强的实务指导作用和借鉴价值。

本书所体现出的专业和敬业实用等特色，给我留下了深刻印象，作为一名从业近三十年的律师，还担任着财政部 PPP 中心专家库专家以及多家上市公司独立董事，朱静律师还能在百忙中抽出时间对 PPP 运作中的实务问题进行归纳总结和提炼，所体现的精神非常值得我去学习，一如朱静律师多年以来严谨认真的从业风范，也值得 PPP 爱好者和从业者品鉴。

作为我的良师亦是我的挚友，欣然为朱静律师大作作此序。

王玲燕

2018 年 3 月

在最好的"时代"遇见"你" 《《《《《《

——写在新书出版之际

什么是最好的"时代"？对一个律师而言莫过于可以在这个时代里大显身手、大展宏图，而我就是这样一个时代的"幸运儿"。

我所在的江苏义行律师事务所与"PPP"结缘，要追溯到2015年初。我们服务的一个客户的PPP项目被列入财政部第一批示范项目库，要求律师全程参与。一开始服务律师对此并不熟悉，要不断地去学习了解财政部、国家发展改革委等相关部门下发的有关PPP的各项政策法规，以适应项目服务的需求。接下来又有机会参与了几个省试点项目的服务，不知不觉中，我们服务PPP项目的各项技能在快速提升。而此时我们也没有意识到，在整个PPP项目的咨询服务过程中，律师的作用是巨大且不可或缺的。

作为事务所主任的我亲自参与PPP业务的机会源于我们主要负责PPP项目的律师休产假，她手头一堆PPP项目的事务亟待处理，而其他人也在忙于处理各自手中的业务。此时我才正式开始接手PPP项目服务，并逐步放下手里其他业务，专心学习掌握PPP项目的理论及实务技能。

幸运的是，身处PPP项目快速发展的大省（江苏省）和大市（徐州市），我和事务所伙伴们参与PPP项目服务的深度和数量可能是其他省市律师无法比拟的。三年多的时间，我们参与服务的 PPP 项目已逾百起，涉及交通、水务、旅游、城镇化等各个领域。在此期间，我本人参与服务及作为专家论证的项目达六十多个，发表有关 PPP 项目的原创文章近二十篇，专心、专业、专注的程度也是律师职业生涯中从来没有过的。所谓"实践出真知"，在此过程中，我们也逐步掌握了 PPP 项目运作的实质、精髓，更积累了大量丰富的书本上无法学到的实战技能和经验。

PPP 专业领域之博大精深，只有徜徉在其中的人才能有所体会和感悟，但它又是如此"神秘和充满着迷人的魅力"。几年来，几乎每天、每周、每月、每年，我和伙伴们"不是在做项目就是在去做项目的路上"，没有休息，没有节假日。真是所谓"衣带渐宽终不悔"，我们就这样一直在孜孜不倦追求的路上，没有最忙只有更忙……

这期间不断遇到"PPP 事业发展中的贵人"：我的 PPP 启蒙老师，北京锐思维咨询的王玲燕女士，因为她的启发我开始接触了解 PPP，走进了"PPP 的广阔天地"；更有不断给我 PPP 专业道路指引的薛起堂大律师，有他的指引，我才开始在"PPP 圈子里"不断成长进步，不断迈向 PPP 专业的高峰；还有许多财政部、国家发展改革委 PPP 中心的专家们，无论是见面还是不见面的交流，他们的观点和见解都给了我很多的启发；更有那些欣赏我、信任我，愿意把重要的项目托付给我的客户们……正是得益于他们给我的信任、帮助和启发，使得我在 PPP 专业服务的道路上越走越快，越走越远，同时，也取得了巨大的收获：财政部 PPP 中心专家、中央财经大学 PPP 智库专家、江苏省律师培训师"第一人"、多个县市财政局的 PPP 顾问等，这些都使我为 PPP 业务的真心付出得到了很多的回报。我们事务所突破传统，抢占新兴服务市场，将 PPP 专业作为律师事务所创新发展路径的"义行模式"，得到了业界的普遍认可。所谓"你有多努力，就有多幸运"就是如此，因为这个世界没有捷径可走，唯有脚踏实地、坚持不懈才是唯一的选择……

值此新书《政府（实施机构）PPP项目实务操作指南》即将出版发行之际，谨以此书献给那些曾经并正在给我帮助、指引和点拨的PPP"前辈"，还有给予我信任、理解和支持的各级政府及实施机构。希望本书对PPP的实务运作有真正的帮助作用。书中观点难免有瑕疵和偏颇之处，但有你们的信任和支持，相信一切问题都会迎刃而解。我也会一直"在你们左右"，在PPP事业的道路上让自己变得更加专业、专注、专心，让我们一起携手走在PPP事业的康庄大道上，为中国的PPP更加规范有序快速发展做出自己应有的贡献！

朱　静

2018 年 4 月 28 日

于江苏徐州美丽的云龙湖畔

前　言 <<<<<<<

　　随着各级政府对 PPP 的认识深度和重视程度不断提升，各地 PPP 项目的数量在不断增加，项目的落地速度也在加快，对 PPP 项目实施机构而言，最迫切需要了解和掌握的是 PPP 项目运作过程中各种实务操作层面的知识和技能。实施方案如何设计、怎么审核？项目合同编制审核的关键点是什么？项目采购过程中有哪些风险？项目公司设立时应注意什么问题？绩效考核在实践中如何有效地应用？如何避免项目运作过程中的各种风险？这些问题都早已成为 PPP 项目参与各方共同关心、关注的话题。

　　本书作者和所带领的项目服务团队在参与逾百起政府 PPP 项目实务操作过程中，担任政府方 PPP 项目专项顾问，参与 PPP 项目全过程服务，参加 PPP 项目专家论证等，积累了丰富的 PPP 实务经验，在此基础上，结合 PPP 项目实施机构在项目运作中存在的各种问题，以及各部门对 PPP 项目运作的规范性文件要求，有针对性地对 PPP 项目实施机构在实务运作中常见的疑难复杂问题关键点进行了精心总结和提炼。相信本书一定会对政府和 PPP 项目的实施机构有较强的借鉴价值和指导作用。

目 录 <<<<<<<

第一章

<<<<<<

PPP 基础知识解读

1. PPP 模式是什么?

答:PPP 是英文 Public-Private Partnership 的首字母缩写,常译为"公共—私营—合作机制"模式,即政府和社会资本合作,是公共基础设施中的一种项目运作方式或模式。在该种模式下,鼓励民营资本与政府进行合作,参与公共基础设施等领域的建设。

2. PPP 模式的特征是什么

答:PPP 模式具有三大特征,即伙伴关系、利益共享、风险共担。

3. PPP 模式的适用范围是什么?

答:基础设施类:

(1)市政设施,如供水、供暖、供气、污水、垃圾处理及地下综合管廊等;

(2)交通设施,如公路、铁路、机场、城市轨道交通等;

(3)公共服务类,如医疗卫生、旅游、教育培训、健康养老、文化、保障性安居工程等;

(4)其他,如水利、农业、林业、资源环境和生态保护等。

4. PPP 工作的分工在国家层面是怎样划分的?

答:财政部门统筹负责在公共服务领域的 PPP 改革工作;国家发展改革委统筹负责基础设施领域的 PPP 推进工作。

5. PPP 与特许经营的关系是什么样的？

答：采用特许经营模式的项目更倾向于项目本身有一定的经营性且具有独家垄断性质，如能源、水利、环境保护等能够产生稳定现金流的项目。PPP 模式适用范围更为广泛，不仅局限于以上项目。

6. PPP 项目的参与主体有哪些？

答：通常包括政府、社会资本、融资方、承包商和分包商、原料供应商、专业运营商、产品和服务购买方、保险公司以及专业机构等多个主体。

7. 政府方是指什么？

答：根据财政部《PPP 项目合同指南（试行）》的规定，政府或政府授权机构作为 PPP 项目合同的一方签约主体，称为政府方。

8. 社会资本指的是什么？

答：根据财政部《关于印发政府和社会资本合作模式操作指南（试行）的通知》（财金〔2014〕113 号）规定，所称社会资本是指以建立现代企业制度的境内外企业法人，但不包括本级政府所属融资平台公司及其他控股国有企业。

9. 项目公司是指什么？

答：根据《PPP 项目合同指南（试行）》的规定，项目公司是指依法设立的自主运营、自负盈亏的具有独立法人资格的经营实体。项目公司可以由社会资本（可以是一家企业，也可以是多家企业组成的联合体）出资设立，也可以由政府和社会资本共同出资设立。但政府在项目公司中的持股比例应当低于 50% 且不具有实际控制力及管理权。

10. 可行性研究报告是指什么？

答：项目可行性研究报告是通过对项目的主要内容和配套条件，如市场需求、资源供应、建设规模、工艺路线、设备选型、环境影响、资金筹措、盈利能力，从技术、经济、工程等方面进行调查研究和分析比较，并对项目建成以后可能取得的财务、经济效益及社会影响进行预测，从而提出该项目是否值得投资和如何进行建设的咨询意见，为项目决策提供依据的一种综合性的分析方法。

可行性研究具有预见性、公正性、可靠性、科学性的特点。

11. 物有所值是指什么？

答：物有所值（Value for Money，VFM），是指一个组织运用其可利用资源所能获得的长期最大利益，可用来判断 PPP 模式是否能代替政府传统投资运营方式，也可评估已执行的 PPP 项目物有所值的实现程度。

12. 什么是财政承受能力论证？

答：财政承受能力论证，是指识别、测算政府和社会资本合作项目中政府的各项财政支出责任，科学评估项目实施对当前及今后年度财政支出的影响，为 PPP 项目财政管理提供依据。

13. 全生命周期是指什么？

答：全生命周期（Whole Life Cycle），是指 PPP 项目从设计、融资、建造、运营、维护至终止移交的完整周期。

14. PPP 项目的平均投资额及合作周期是多少？

答：根据测算，进入项目执行阶段的 PPP 项目平均投资额一般在 10 亿~15 亿元左右；PPP 项目的合作期限一般为 10~30 年。

15. PPP 项目运作方式有哪些？

答：在基础设施和公用事业领域，根据项目的合作内容、合作期限等具体情况，PPP 项目可以表现为不同的运作模式：

（1）建设—运营—移交（Build－Operate－Transfer，BOT）；

（2）管理合同（Management Contract，MC）；

（3）建设—拥有—运营（Build－Own－Operate，BOO）；

（4）委托运营（Operations & Maintenance，O&M）；

（5）转让—运营—移交（Transfer－Operate－Transfer，TOT）。

16. 项目回报机制是指什么？

答：项目回报机制主要是说明社会资本取得投资回报的资金来源，包括使用者付费、可行性缺口补助和政府付费等支付方式。

17. 使用者付费是指什么？

答：使用者付费（User Charge），是指由最终消费用户直接付费购买公共产品和服务的支付方式。

18. 政府付费是指什么？

答：政府付费（Government Payment），是指政府直接付费购买公共产品和服务，主要包括可用性付费（Availability Payment）、使用量付费（Usage Payment）和绩效付费（Performance Payment）。政府付费的依据主要是设施可用性、产品和服务使用量和质量等要素。

19. 可行性缺口补助是指什么？

答：可行性缺口补助是指在 PPP 项目中使用者付费不足以满足社会资本或项目公司成本回收合理回报，而由政府以财政补贴、股本投入、优惠贷款和其他政策的形式，给予社会资本或项目公司的经济补助。通常用于可经营性系数较低、财务效益欠佳、直接向最终用户提供服务但收费无法覆盖投资和运营回报额项目，如医院、学校、文化及体育场馆、保障房。

20. 政府购买服务是指什么？

答：根据《政府购买服务管理办法（暂行）》第二条规定，政府购买服务是指通过发挥市场机制作用，把政府直接提供的一部分公共服务事项以及政府履职所需服务事项，按照一定的方式和程序，交由具备条件的社会力量和事业单位承担，并由政府根据合同约定向其支付费用。

21. 准经营性项目是指什么？

答：准经营性项目是指提供的产品和服务均属"消费效用不可分割"的准公共产品。这类项目虽然可以回收部分投资、保本或微利经营，但由于建设周期长、投资多、风险大、回收周期长或者垄断性等特点，单靠市场机制难以达到供求平衡，需要政府参与投资经营，并且应以参股等方式进行。

22. 非经营性项目是指什么？

答：非经营性项目是指旨在实现社会目标和环境目标，为社会公共提供产品或服务的非营利性投资项目。

23. 绩效评价是指什么？

答：绩效评价是指在 PPP 项目中政府方依照预先确定的标准和一定的评价程序，运用科学的评价方法，按照评价的内容和标准，对项目公司的建设和运营进行定期考核和评价。

24. 净现值是指什么？

答：净现值是指 PPP 项目当中项目投资所产生的现金净流量按照一定的折现系数折现之后与原始投资额现值的差额。在进行财务核算时，只有项目净现值在一个相对合理的区域，社会资本方才会有进入的兴趣和动机。

25. 股权锁定期是指什么？

答：股权锁定期是指限制社会资本转让其所直接或间接持有的项目公司股权的期间。在 PPP 项目合同中，一般政府方会给社会资本方设置一定期限的股权锁定期。

26. 风险评估是指什么？

答：风险评估是指对已识别的 PPP 项目风险采取专家分析判断、数学建模等方法，以获取项目风险损失的影响程度的活动，是实现风险定量分担以及采取有效风险管理措施的主要依据。

27. 可用性付费是指什么？

答：可用性付费是指政府方依据 PPP 项目公司所提供的项目设施或服务是否符合合同约定的标准和要求来开始付费。注意支付时间：一般从项目正式运营开始。

28. PPP 模式的本质是什么？

答：PPP 模式的本质可概括为一种模式，一个格局。即政府与企业之间利益共享、风险共担、全程合作，政府监管、企业运营、社会评价。

29. PPP 项目运作的原则是什么？

答：PPP 项目运作的原则是政府引导、企业主导、市场运作、利益共享、风险共担。

30. PPP 模式运作的核心是什么？

答：PPP 模式运作的核心：一是建立长期的政府与企业合作机制；二是建立合理的利益共享机制（盈利不暴利、超额利润分享）；三是建立平等的风险共担机制（风险合理、最优分配）；四是建立严格的监督和绩效评价机制（政府付费与项目公司运营直接挂钩）；五是健全完善正常、规范的风险管控和退出机制。

第二章 〈〈〈〈〈〈
PPP项目实施全流程解析

第一节 PPP项目实施全流程

按照财政部《政府和社会资本合作项目财政管理暂行办法》（财金〔2016〕92号）的要求，PPP项目实施全流程共有4个阶段18项工作。

一、PPP项目识别论证

项目识别是对项目是否适合实行PPP模式进行判断。所谓项目识别，即政府在确定一个基础设施及公共服务类项目是否采用PPP模式时，需综合评价该项目是否符合"投资规模较大、需求长期稳定、价格调整机制灵活、市场化程度较高"等条件，从而最终决定是否采用政府和社会资本合作模式（PPP模式）。各级财政部门应当加强与行业主管部门的协同配合，共同做好项目前期的识别论证工作。该阶段主要包括以下几项工作。

（一）项目发起

政府和社会资本合作项目由政府或社会资本发起，以政府发起为主。

1. 政府发起

政府发起PPP项目的，应当由行业主管部门提出项目建议，由县级以上人民政府授权的项目实施机构编制项目实施方案，提请同级财政部门开展物有所值评价和财政承受能力论证。

2. 社会资本发起

社会资本发起PPP项目的，应当由社会资本向行业主管部门提交项目建议书，经行业主管部门审核同意后，由社会资本编制项目实施方案，由县级以上人民政府授权的项目实施机构提请同级财政部门开展物有所值评价和财政承受能力论证。

（二）项目筛选

财政部门（政府和社会资本合作中心）会同行业主管部门，对潜在政府和社会资本合作项目进行评估筛选，确定备选项目。项目分为新建项目、改建项目和存量项目，在对项目进行筛选之后有针对性地进行文件编制。

1. 新建、改扩建项目

新建、改扩建项目的实施方案应当依据项目建议书、项目可行性研究报告等前期论证文件编制。

2. 存量项目

存量项目实施方案的编制依据还应包括存量公共资产建设、运营维护的历史资料以及第三方出具的资产评估报告等。

（三）物有所值评价

项目实施机构可依法通过政府采购方式委托专家或第三方专业机构，编制项目物有所值评价报告。受托专家或第三方专业机构应独立、客观、科学地进行项目评价、论证，并对报告内容负责。

各级财政部门应当会同同级行业主管部门根据项目实施方案共同对物有所值评价报告进行审核。物有所值评价审核未通过的，项目实施机构可对实施方案进行调整后重新提请本级财政部门和行业主管部门审核。

定性评价重点关注项目采用政府和社会资本合作模式与采用政府传统采购模式相比能否增加供给、优化风险分配、提高运营效率、促进创新和公平竞争等。

定量评价主要通过对政府和社会资本合作项目全生命周期内政府支出成本现值与公共部门比较值进行比较，计算项目的物有所值量值，判断政府和社会资本合作模式是否降低项目全生命周期成本。

物有所值评价最终形成物有所值评价报告。

（四）财政承受能力论证

经审核通过物有所值评价的项目，由同级财政部门依据项目实施方案和物有所值评价报告组织编制财政承受能力论证报告，统筹本级全部已实施和拟实施PPP项目的各年度支出责任，并综合考虑行业均衡性和PPP项目开发计划后，出具财政承受能力论证报告审核意见。

财政承受能力论证最终形成财政承受能力论证报告。

（五）PPP项目开发目录

各级财政部门应当建立本地区PPP项目开发目录，将经审核通过物有所值评价和财政承受能力论证的项目纳入PPP项目开发目录管理。

二、PPP项目采购

PPP项目采购是指政府为达成权利义务平衡、物有所值的PPP项目合同，遵循公开、公平、公正和诚实信用原则，按照相关法规要求完成PPP项目识别论证前期工作后，依法选择社会资本合作者的过程。

对于纳入PPP项目开发目录的项目，项目实施机构应根据物有所值评价和财政承受能力论证审核结果完善项目实施方案，报本级人民政府审核。本级人民政府审核同意后，由项目实施机构按照政府采购管理相关规定，依法组织开展社会资本方采购工作。在此阶段项目实施机构可以依法委托采购代理机构办理采购。该阶段主要包括以下几项工作。

（一）资格预审

项目实施机构应根据项目需要准备资格预审文件，发布资格预审公告，邀请社会资本和与其合作的金融机构参与资格预审，验证项目能否获得社会资本响应和实现充分竞争，并将资格预审的评审报告提交财政部门（PPP中心）备案。

项目有3家以上社会资本通过资格预审的，项目实施机构可以继续开展采购文件准备工作；项目通过资格预审的社会资本不足3家的，项目实施机构应在实施方案调整后重新组织资格预审；项目经重新资格预审合格社会资本仍不够3家的，可依法调整实施方案选择的采购方式。

资格预审主要是为了实现市场测试的职能，验证项目是否具有足够吸引力，实现充分竞争。资格预审的条件主要为资质、项目经验、财务等方面的客观条件，条件设置既需要满足项目基本需求、实施机构的特殊要求，同时也要考虑潜在投资人的实际情况。

（二）项目采购文件编制

根据财政部《关于推广运用政府和社会资本合作模式有关问题的通知》（财金〔2014〕76号）的相关规定，项目实施机构负责采购文件的编制。项目采购文件中应当明确项目合同必须报请本级人民政府审核同意，在获得同意前项目合同不得生效。

（三）响应文件评审

项目 PPP 运作需建立方案评审小组。评审小组由项目实施机构代表和评审专家共 5 人以上单数组成，其中评审专家人数不得少于评审小组成员总数的 2/3。评审专家可以由项目实施机构自行选定，但评审专家中应至少包含 1 名财务专家和 1 名法律专家。项目实施机构代表不得以评审专家身份参加项目的评审。

（四）谈判与合同签署

项目实施机构应成立专门的采购结果确认谈判工作组。按照候选社会资本的排名，依次与候选社会资本及与其合作的金融机构就合同中可变的细节问题进行合同签署前的确认谈判，率先达成一致的即为中选者。确认谈判不得涉及合同中不可谈判的核心条款，不得与排序在前但已终止谈判的社会资本进行再次谈判。

确认谈判完成后，项目实施机构应与中选社会资本签署确认谈判备忘录，并将采购结果与根据采购文件、响应文件、补遗文件和确认谈判备忘录拟定的合同文本进行公示，公示期不得少于 5 个工作日。

公示期满无异议的项目合同，应在政府审核同意后，由项目实施机构与中选社会资本签署。需要为项目设立专门项目公司的，待项目公司成立后，由项目公司与项目实施机构重新签署项目合同，或签署关于承继项目合同的补充合同。

三、PPP 项目执行

项目执行是 PPP 项目运作成功的关键，该阶段主要包括以下几项工作。

（一）项目公司设立

社会资本可依法设立项目公司。政府可指定相关机构依法参股项目公司。项目实施机构和财政部门（政府和社会资本合作中心）应监督社会资本按照采购文件和项目合同约定，按时足额出资设立项目公司。

（二）项目融资管理

项目融资由社会资本或项目公司负责。社会资本或项目公司应及时开展融资方案设计、机构接洽、合同签订和融资交割等工作。财政部门（政府和社会资本合作中心）和项目实施机构应做好监督管理工作，防止企业债务向政府转移。

（三）绩效监测与支付

社会资本项目实施机构应根据项目合同约定，监督社会资本或项目公司履行合同义务，定期监测项目产出绩效指标，编制季报和年报，并报财政部门（政府和社会资本合作中心）备案。项目合同中涉及的政府支付义务，财政部门应结合中长期财政规划统筹考虑，纳入同级政府预算，按照预算管理相关规定执行。项目实施机构应根据项目合同约定的产出说明，按照实际绩效直接或通知财政部门向社会资本或项目公司及时足额支付。

（四）中期评估

项目实施机构应每 3～5 年对项目进行中期评估，重点分析项目运行状况和项目合同的合规性、适应性和合理性；及时评估已发现问题的风险，制定应对措施，并报财政部门（政府和社会资本合作中心）备案。

四、PPP 项目移交

项目移交是指在项目合作期限结束或者项目合同提前终止后，项目公司将全部项目设施及相关权益以合同约定的条件和程序移交政府或者政府指定的其他机构。项目合作期限届满或项目合同提前终止后，政府需要对项目进行重新采购或自行运营的，项目公司必须尽可能减少移交对公共产品或服务供给的影响，确保项目持续运营。该阶段主要包括以下几项工作。

（一）移交准备

项目移交时，项目实施机构或政府指定的其他机构代表政府收回项目合同约定项目资产。

项目合同中应明确约定移交形式、补偿方式、移交内容和移交标准。移交形式包括期满终止移交和提前终止移交；补偿方式包括无偿移交和有偿移交；移交内容包括项目资产、人员、文档和知识产权等；移交标准包括设备完好率和最短可使用年限等指标。

（二）项目资产评估

项目移交工作组应委托具有相关资质的资产评估机构，按照项目合同约定的评估方式，对移交资产进行资产评估，作为确定补偿金额的依据。

在 PPP 项目公司移交项目的价值评估工作中，由于所涉及的基础设施建设项目的规模较大、专业性较强，因此应按最初协议的规定由项目公司或所在国政府出面聘用、双方均认同的第三方完成所移交项目的价值评估工作。也可以由项目公司与所在地政府各自分别推举若干专家组成评估机构完成相关的价值评估工作。

（三）性能测试

项目实施机构或政府指定的其他机构应组建项目移交工作组，根据项目合同约定与社会资本或项目公司确认移交情形和补偿方式，制定资产评估和性能测试方案。

社会资本或项目公司应将满足性能测试要求的项目资产、知识产权和技术法律文件，连同资产清单移交项目实施机构或政府指定的其他机构，办妥法律过户和管理权移交手续。社会资本或项目公司应配合做好项目运营平稳过渡的相关工作。

（四）资产交割

社会资本或项目公司应将满足性能测试要求的一系列资产和文件移交项目实施机构或政府指定的其他机构，并办妥法律过户和管理权移交手续。社会资本或项目公司移交的具体资产主要涉及项目资产、知识产权、技术法律文件、资产清单等。如果性能测试结果不达标的，移交工作组应要求社会资本或项目公司采取一系列措施予以弥补，这些措施具体包括恢复性修理、更新重置、提取移交维修保函等。

（五）绩效评价

项目移交完成后，财政部门（政府和社会资本合作中心）应组织有关部门对项目产出、效益、监管成效、可持续性、政府和社会资本合作模式应用等进行绩效评价报告，并按相关规定公开评价结果。评价结果可作为政府开展 PPP 管理工作决策参考依据。至此，一个 PPP 项目的生命周期正式结束。

第二节　PPP 项目各流程阶段需要具备的文件资料

一、识别论证阶段主要文件

（1）新建或改扩建项目建议书及批复文件；

（2）可行性研究报告（含规划许可证、选址意见书、土地预审意见、环境影响评价报告等支撑性文件）及批复文件；

（3）存量公共资产建设、运营维护的历史资料；

（4）第三方出具的资产评估报告，以及存量资产或权益转让时所可能涉及的员工安置方案、债权债务处置方案、土地处置方案等（如有）；

（5）初步实施方案；

（6）物有所值评价报告；

（7）财政承受能力论证报告；

（8）审核通过的项目实施方案；

（9）审核通过的项目实施方案验证的物有所值评价报告；

（10）审核通过的项目实施方案验证的财政承受能力论证报告；

（11）政府批复；

（12）同级人民政府对实施机构的授权、对实施方案的批复文件；

（13）同级财政部门对物有所值评价报告和财政承受能力论证报告的审核意见。

二、采购阶段主要文件

（1）项目资格预审公告、资格预审申请文件；

（2）竞争者须知；

（3）PPP 项目合同；

（4）评审办法；

（5）实施机构、PPP 项目合同的政府方签约主体、政府方出资代表（如有）等的授权；

（6）修订后的 PPP 项目合同；

（7）同级人民政府同意签署 PPP 项目合同的批复文件；

（8）已签署的 PPP 项目合同；

（9）提请人大通过的将项目政府付费责任纳入跨年度财政预算的申请文件；

（10）同级人大常委会同意将项目预算纳入跨年度财政预算的批复文件。

三、执行阶段主要文件

（1）项目公司（如有）设立登记；

（2）股东协议、公司章程等；

（3）融资方案、融资担保、履约保函；

（4）项目公司绩效监测报告、项目产出绩效指标、编制季报和年报、政府支付台账、政府综合财务报告、项目合同修订报告、项目争议解决报告、项目提前终止报告（如有）；

（5）中期评估报告；

（6）项目公司财务报告（项目收费情况、项目获得的政府补贴情况、项目公司资产负债情况等）。

四、移交阶段主要文件

（1）项目移交清单、移交补偿方案；

（2）性能测试：移交资产评估报告、资产性能测试报告、过户和管理权移交手续；

（3）资产交割：与资产交割相关的资料、合同、文件；

（4）绩效评价：项目绩效评估报告（含对项目产出、成本效益、监管成效、可持续性、PPP 模式应用等进行绩效评价）。

第三章 《《《《《《
PPP 项目实施方案实务

PPP 项目实施方案是为实施政府和社会资本合作项目而编制的计划性文件、纲领性文件，是整个 PPP 项目的灵魂。PPP 实施方案决定了 PPP 合同实质性内容。通过编制 PPP 项目实施方案，政府和社会资本可以比较清晰地把握项目的基本情况、合理分配项目风险、选择恰当的项目运作方式、建立合理的交易结构、构建项目的监管架构以及进行初步的财务测算，为 PPP 项目的实施做好切实的准备。在开始 PPP 项目实施方案的相关实操问题梳理前，还要对 PPP 项目的政策依据做一梳理。鉴于关于 PPP 项目的实施目前并没有法律、法规层级的规定，其相关规定多由国家发展改革委和财政部以规范性文件的形式予以规范，当然还有《基础设施和公用事业特许经营管理办法》（六部委〔2015〕第 25 号令）的规定，此部门规章到目前为止作为 PPP 的相关政策依据效力最高。但两部委的政策规定之间，以及与六部委〔2015〕第 25 号令之间还有较多不一致之处，给参与 PPP 实操业务的相关部门和咨询服务人员带来了诸多困扰。基于此，本章希望通过对政策规定和实操问题的分析，给项目实施机构在 PPP 项目操作中以借鉴。

第一节　实施方案编制的主体

一、实施方案组织编制主体的相关规定

六部委〔2015〕第 25 号令第九条第一款规定，县级以上人民政府有

关行业主管部门或政府授权部门（以下简称项目提出部门）可以根据经济社会发展需求，以及有关法人和其他组织提出的特许经营项目建议等，提出特许经营项目实施方案。该办法第十四条规定，县级以上人民政府应当授权有关部门或单位作为实施机构负责特许经营项目有关实施工作，并明确具体授权范围。财金〔2014〕113 号第十条规定，政府或其指定的有关职能部门或事业单位可作为项目实施机构，负责项目准备、采购、监管和移交等工作。财金〔2016〕92 号第四条规定，政府发起 PPP 项目的，应当由行业主管部门提出项目建议，由县级以上人民政府授权的项目实施机构编制项目实施方案。社会资本发起 PPP 项目的，应当由社会资本向行业主管部门提交项目建议书，经行业主管部门审核同意后，由社会资本编制项目实施方案。《传统基础设施领域实施政府和社会资本合作项目工作导则》（发改投资〔2016〕2231 号）第八条规定，对于列入年度实施计划的 PPP 项目，应根据项目性质和行业特点，由当地政府行业主管部门或其委托的相关单位作为 PPP 项目实施机构，负责项目准备及实施等工作。《国家发展改革委关于开展政府和社会资本合作的指导意见》（发改投资〔2014〕2724 号）第四条第（二）项规定，按照地方政府的相关要求，明确相应的行业管理部门、事业单位、行业运营公司或其他相关机构，作为政府授权的项目实施机构，在授权范围内负责 PPP 项目的前期评估论证、实施方案编制、合作伙伴选择、项目合同签订、项目组织实施以及合作期满移交等工作。

综上，按照财政部的政策要求，PPP 项目实施方案组织编制的主体有两种：一是项目实施机构，二是社会资本，但实操中多为政府发起 PPP 项目，几乎很少有社会资本发起 PPP 项目，即 PPP 项目还是多由政府发起，由政府授权的项目实施机构进行编制。从国家发展改革委的相关规定以及特许经营管理办法的规定不难看出，也要求项目实施机构来组织编制项目实施方案。那么哪些主体可以做实施机构？两部委的规定以及特许经营管理办法的规定却有很大的差异。

二、实施机构的确定

（一）实施机构确定的差异

发改投资〔2014〕2724 号中关于实施机构范围的规定存在一些差异，相比财金〔2014〕113 号规定的"政府或其指定的有关职能部门或事业单位"，发改投资〔2014〕2724 号规定的实施机构中还包括"行业运营公司或其他相关机构"。可见财政部对项目实施机构范围的规定较小，而国家发展改革委对项目实施机构的范围界定宽于财政部规范要求。而特许经营管理办法中规定"有关部门或单位"作为实施机构，但对"单位"的范围并没明确界定，因此项目实施机构在实操中的具体范围并不明确。

综上分析可以明确的是，相关政策均认可的 PPP 项目实施机构包括政府授权的行业主管部门或事业单位，但行业运营公司或其他相关机构以及政府能否作为实施机构在规范层面存在争议。简单来说，一个行政主体有没有人民代表大会是其能否做 PPP 项目实施机构的标准，因为人民代表大会要做预算审批。

（二）行业运营公司是否可以作为项目实施机构

行业运营公司或其他相关机构是指政府行政区域范围内的国有企业和其他相关机构[①]。而《关于组织开展第三批政府和社会资本会作示范项目筛选工作的通知》（财金函〔2016〕47 号）的附件《PPP 示范项目评审标准》规定"国有企业或融资平台公司作为政府方签署 PPP 项目合同的不再列为备选项目"，也就是说财政部文件并不认可国有企业和融资平台公司作为项目实施机构。

依据参与 PPP 项目的经验，由于行业运营公司（国有企业或融资平台公司）的企业身份，由其作为项目实施机构存在利益交叉错位、协调能力不足、无法代表政府主体履行相关职权等问题，总体来说不利于项目实施。而相较来看，政府职能部门（行业主管部门）具备天然的政府属性优

[①] 曹姗：《政府和社会资本合作（PPP）项目法律实务》，法律出版社 2016 年版，第 44 页。

势，同样了解行业特征和标准，更适宜作为政府主体履行相关职权，因此应优先考虑作为项目实施机构。[①]

（三）当地人民政府是否可以作为项目实施机构

虽然发改投资〔2014〕2724号、财金〔2014〕113号与特许经营管理办法均规定应由实施机构作为项目实施的主体，负责项目实施方案编制、项目采购等实施工作，但无论PPP项目的实施机构是否直接为当地人民政府，鉴于《PPP项目合同指南（试行）》规定，该指南中，政府或政府授权机构作为PPP项目合同的一方签约主体时，称为政府方；《政府和社会资本合作项目通用合同指南（2014年版）》规定，签订项目合同的政府主体，应是具有相应行政权力的政府，或其授权的实施机构，上述文件均在政府方的签约主体中明确包括了"政府"，且实施机构的权力来源也是人民政府，因此当地人民政府理应可以作为项目实施机构来负责编制项目实施方案。尤其是目前中心镇、小城镇基础设施建设项目中，因为如果以政府相关主管部门作为实施机构来实施项目，不利于与镇级政府以及各部门的协调，所以实操中此类项目多以镇级政府作为项目实施机构负责项目具体操作事宜。虽然部分镇级政府的信誉较之县级政府或市级政府偏低，但是有些项目由当地人民政府直接作为实施机构也会增强社会资本和金融机构参与的信心。

（四）开发区管委会是否可以作为项目实施机构

在我国行政机构序列中，并没有开发区管理委员会这样一个机构。开发区管委会并非《中华人民共和国宪法》（以下简称《宪法》）规定的一级政府，其作为市政府的派出机构，经县级以上政府授权，是可以作为项目实施机构的。但问题是按照财金〔2016〕92号的规定，行业主管部门应当根据预算管理要求，将PPP项目合同中约定的政府跨年度财政支出责任纳入中期财政规划，经财政部门审核汇总后，报本级人民政府审核，保障政府在项目全生命周期内的履约能力；本级人民政府同意纳入中期财政规

---

① 刘飞、朱宁馨："PPP项目合同系列谈之一'合同主体'"，PPP知乎，2016年9月13日。

划的 PPP 项目，由行业主管部门按照预算编制程序和要求，将合同中符合预算管理要求的下一年度财政资金收支纳入预算管理，报请财政部门审核后纳入预算草案，经本级政府同意后报本级人民代表大会审议。那么开发区管委会作为项目实施机构的 PPP 项目的财政预算的审批将需要报区财政部门审核、经区政府同意后报区人民代表大会进行审批。当然，把开发区预算作为区政府预算的一部分，开发区财政部门应一同参与审核预算，开发区管委会和区政府亦可一同审批项目实施方案和所有项目文件。而此种情形下，最好由开发区管委会的下属部门作为项目实施机构，向开发区管委会和区政府提出实施 PPP 项目的申请，最终 PPP 项目合同由开发区管委会来签定。

三、咨询机构的选定

无论是政府发起的 PPP 项目由实施机构组织编制项目实施方案，还是由社会资本发起的 PPP 项目由社会资本编制项目实施方案，都应委托专业的第三方咨询机构来具体负责编制工作。目前各省大多建立了省级的 PPP 项目咨询机构库，《财政部关于印发〈政府和社会资本合作（PPP）咨询机构库管理暂行办法〉的通知》（财金〔2017〕8 号）也对 PPP 项目如何选择咨询机构进行了具体的规定。但无论是财政部还是省级咨询机构库，项目实施机构能否从中直接选择咨询机构予以签约？实操中存在不同的认识，各地的做法也有区别。

（一）财政部咨询机构库的适用

财金〔2017〕8 号第十二条规定，机构库信息仅供政府方选择咨询机构时参考。政府方选择咨询机构应当符合政府采购的相关规定，可以选择未纳入机构库的咨询机构。从上述规定可以看出，一是财政部的咨询机构库里的咨询机构只是给项目实施机构提供选择的空间，而不是必须选择财政部入库的咨询机构；二是无论是否已入财政部的咨询机构库，项目实施机构在选择时都应符合政府采购的相关规定。实操中认为项目实施机构应优先在财政部的咨询机构库里选择咨询机构的看法显然缺乏法律法规和政策依据。

（二）省级咨询机构库的适用

笔者所在的江苏省财政厅建立了省级的咨询机构库，三批入库的咨询机构共计 43 家，并颁布了系列规范性文件对咨询机构的选择方式进行了界定。《关于公布江苏省 PPP 项目首批专业咨询服务机构库名单的通知》（苏财金〔2014〕77 号）规定，各市、县财政局可根据试点项目的具体情况，采取约谈的方式，在此机构库中挑选合适的咨询服务机构。《关于公布江苏省 PPP 项目第二批专业咨询服务机构库名单的通知》（苏财金〔2015〕36 号）、《关于公布江苏省 PPP 项目第三批专业咨询服务机构库名单的通知》（苏财金〔2017〕6 号）均规定，各市、县财政局，省级有关部门可根据具体情况，采取约谈比选、公开竞争等方式，在机构库中挑选合适的咨询服务机构。但对于何种情形下采用约谈比选、何种情形下可采用公开竞争的方式、约谈比选的程序如何进行、公开竞争的方式有哪些等，没有详细规定，实操中项目实施机构选择咨询机构的方式和程序各不相同。

（三）实操中咨询机构选定的方式

实操中江苏省在选择入库的咨询机构时通常有以下几种做法：一是项目实施机构直接找一家入省库的咨询机构进行谈判，协商一致即可签约。二是项目实施机构邀请三家以上入省库的、有意向的咨询机构进行比选，类似于竞争性谈判或竞争性磋商，设置简单的比选条件，如资质、业绩、团队服务人员、方案设计、服务费用等进行综合评价，综合评比后确定合适的咨询机构；当然也有更为简便的做法，即让三家以上入省库的咨询机构直接提交咨询服务合同，通过比较服务内容、服务费用来确定选择哪家咨询机构。三是达到公开招标数额的项目采用公开招标方式选择入省库的咨询机构。鉴于江苏省三批入库的咨询机构是通过公开招标的方式进入省咨询机构库的，所以项目实施机构采用上述一、二两种方式选择咨询机构也有一定的合理性，但严格来说，按照政府采购法及配套政策的相关要求，一旦咨询服务费用达到当地公开招标数额的要求，还是应优先采用公开招标方式。

如因项目实施进度要求等需要采用约谈比选方式的，也应尽量设置合理、明确的比选条件，尤其是可以要求咨询机构做简单的项目方案设计，通过邀请PPP相关专家进行评审来确定咨询机构，以尽可能地保证竞争的公开、公平、公正。鉴于目前江苏省财政厅对已入库的咨询机构如何进行监管还未出台相关的政策，实操中已入库的咨询机构服务质量也有很大的差别，而简单地比较咨询服务合同，尤其是找一家咨询机构直接签约的方式，往往因缺少对咨询机构进行方案设计的比较以及缺少评审专家参与的咨询机构的现场答疑等，很难选出真正有实力又对所要参与项目有较为深入想法的咨询机构，不利于项目的实施。如因选定的咨询机构服务质量过差而导致后期更换咨询机构，或导致项目实施方案设计不合法、不合规，不仅使得项目进度滞后，还给项目执行和移交带来极大的隐患。

（四）公开招标方式选择咨询机构的法律分析

江苏省政策要求的公开竞争未界定公开竞争的方式，也没有明确公开招标采购方式的优先适用，但结合财金〔2017〕8号的规定以及政府采购法及配套政策的相关规定，项目实施机构在选择咨询机构提供PPP项目咨询服务时，无论其是否入财政部或各省的咨询机构库，一旦达到公开数额应优先采用公开招标方式。《中华人民共和国政府采购法》（以下简称《政府采购法》）第二十六条规定："政府采购采用以下方式：（一）公开招标；（二）邀请招标；（三）竞争性谈判；（四）单一来源采购；（五）询价；（六）国务院政府采购监督管理部门认定的其他采购方式。公开招标应作为政府采购的主要采购方式。"该法第二十七条规定："采购人采购货物或者服务应当采用公开招标方式的，其具体数额标准，属于中央预算的政府采购项目，由国务院规定；属于地方预算的政府采购项目，由省、自治区、直辖市人民政府规定；因特殊情况需要采用公开招标以外的采购方式的，应当在采购活动开始前获得设区的市、自治州以上人民政府采购监督管理部门的批准。"综合以上规定可以看出，项目实施机构使用财政资金采购咨询机构提供PPP项目的咨询服务，如咨询服务费超出各地的公开招标数额标准应首先采用公开招标方式，如因特殊情况需要采用邀请招标、竞争性谈判等其他采购方式的，应按照法律规定走相应的报批程序。

实操中，PPP 项目的咨询服务费用少则几十万元，多则几百万元，多超出各地的公开招标数额。显然，如采用约谈比选或只与一家谈判签约类似单一来源采购方式选择咨询机构，是不符合上位法规定的。

（五）咨询机构服务的现状与问题

1. 咨询机构业务增长过快和人员配备不足相冲突

2016 年和 2017 年 PPP 项目数量急增，咨询业务也空前增长。部分咨询机构为应对业务快速增长而盲目扩张，为了抢占市场而进行恶性竞争，导致一些从未进行过 PPP 专业理论学习和培训的人员作为实际意义上的项目负责人直接参与项目服务，进行实施方案、项目合同的编制等，而所谓的项目负责人或项目经理只不过是挂名而已，其忙于去各地洽谈业务，根本兼顾不了实施方案等咨询成果的质量。而上述具体做业务的人员对 PPP 的相关法律或政策依据又不清楚，其编制的实施方案又如何能保证项目后续合法合规的实施？

2. 咨询机构中缺少专业的法律人和项目必须的合法合规相冲突

第三方咨询机构参与 PPP 全流程服务已经成为地方政府推进 PPP 项目的标准配置，但咨询机构中法律专业人员的参与明显不足，这显然与 PPP 项目本身应该有的法律需求不相符。很少会有从业多年的律师转行至综合类咨询机构中，所以即便咨询机构声称其服务人员是拥有司法职业资格的，但职业与执业还是有很大区别的。比如有着丰富执业经验的律师，尤其是 PPP 专业律师对于 PPP 法律和政策的把握可以说是信手拈来；而仅仅通过司法考试未真正做过律师的，对《中华人民共和国公司法》（以下简称《公司法》）、《中华人民共和国土地管理法》（以下简称《土地管理法》）、《中华人民共和国招标投标法》（以下简称《招标投标法》）、《政府采购法》《中华人民共和国物权法》（以下简称《物权法》）等 PPP 所涉及的上位法因缺少案例的实践积累，往往很难对这些上位法与 PPP 相关政策的衔接有专业的把握。

3. 咨询机构大包大揽和项目涉及的其他专业人员缺失相冲突

PPP 项目的实施涉及工程、财务、税务、法务、商务等各领域的专业知识，目前我国多数咨询机构只有工程技术和财务测算专业人员，还有的本来就是招标代理机构的转型。人员的配备远远不能满足投资量大、涉及面广、领域又不同的 PPP 项目。但多数的咨询机构在承接 PPP 咨询服务时都会大包大揽地告诉客户，什么专业知识都懂、专业人才都具备以获取政府方的信任。只有在实施方案无法通过专家的评审和专业的论证之后，才发现很多咨询机构的服务水平不是像他们一开始"吹嘘"得那样高那样全，但此时，后悔晚矣！

鉴于以上问题，项目实施机构在选择咨询机构时不仅要看咨询机构的业绩（最好是同行业领域的业绩），更要看参与服务的团队成员的业绩（至少参与过五个以上 PPP 项目的咨询服务，如是项目负责人，最好要求同行业领域的项目业绩），当然对参与服务的团队成员的专业也可适当做限制，最好能配备涉及工程、财务、法务专业领域的人员。采用约谈比选方式选定咨询机构的还可以在约谈之前先向本地区其他项目实施机构了解所约谈的咨询机构的服务质量，以此作为比选的参照。

第二节　实施方案编制的基础

一、实施方案编制基础的相关规定

实施方案在哪些材料的基础上进行编制，其主要规定在财政部的规范性文件中，财金〔2016〕92 号第五条规定，新建、改扩建项目的实施方案应当依据项目建议书、项目可行性研究报告等前期论证文件编制；存量项目实施方案的编制依据还应包括存量公共资产建设、运营维护的历史资料以及第三方出具的资产评估报告等。结合财金〔2016〕92 号第四条的规定，可以看出，无论是政府发起还是社会资本发起的 PPP 项目都应提交项目建议书，无论是新建、改扩建项目还是存量项目都应在实施方案编制前完成项目建议书和项目可行性研究报告的编制，这是财政部要求的项目实施方案编制的基础。当然，如果是存量项目，因为项目已经建成或正在建设过程中，或者已经在运营，由于涉及存量资产的转让需要对资产进行评估，而且建设和运营的情况也需要和 PPP 项目的实施有所衔接，所以还需要建设和运营的历史资料。

综上，财政部要求的是要在实施方案编制前应完成项目建议书和可行性研究报告的编制，实操中也是根据项目建议书和可行性研究报告来编制实施方案，尤其是可行性研究报告是必不可缺的。当然也有一些项目为了着急报入库，在可行性研究报告还未编制完成时就编制项目的初步实施方案，严格来讲不符合 PPP 相关政策要求，尤其是财金〔2016〕92 号的要求，但在项目建设内容和总投资估算等内容大致确定后，结合相关规划方案编制初步实施方案也未尝不可，但项目在采购前必须完成可行性研究报告的编制和审批。当然，这仅是针对单体项目而言，如若是片区开发项目则不可能也不必要完成所有基础设施和公共服务项目建设的可行性研究报告[1]。另一个需要特别指出的除外情形是国家发展改革委的政策中规定的一般性政府投资项目，可以在可行性研究报告中包括 PPP 项目实施专章，此内容将在下一节中具体阐述，在此不再赘述。

二、项目的立项与实施方案的关系

国家发展改革委的政策虽未对实施方案编制的基础进行明确的规定，但发改投资〔2016〕2231 号第十条规定，可行性研究报告审批后，实施机构根据经批准的可行性研究报告有关要求，完善并确定 PPP 项目实施方案。重大基础设施政府投资项目，应重视项目初步设计方案的深化研究，细化工程技术方案和投资概算等内容，作为确定 PPP 项目实施方案的重要依据。对于政府投资项目，需在可行性研究报告经过审批后，实施机构据此完善并确定 PPP 项目实施方案；对于企业投资项目，在履行项目核准或备案后，实施机构据此完善和确定 PPP 项目实施方案。此条实际表述的是 PPP 项目立项程序与 PPP 实施方案审批程序之间的衔接问题，对于政府投

---

① 刘飞、朱宁馨："PPP 项目合同系列谈之十三'项目建设（上）'"，PPP 知乎，2017 年 3 月 7 日。

资项目，需在可行性研究报告经过审批后，实施机构据此完善并确定 PPP 项目实施方案；对于企业投资项目，在履行项目核准或备案后，实施机构据此完善和确定 PPP 项目实施方案。但从此条规定中也可以看出，国家发展改革委其实也在强调审批后的可行性研究报告是实施方案完善和确定的基础。但由此也引发了一个问题，在项目公司尚未设立前所完成的项目立项，通常是立项在政府融资平台公司名下，即将来的政府方出资代表名下。那么由于项目前期的立项主体与 PPP 模式下最终的项目法人（政府和社会资本方共同组建的项目公司）存在不一致的情形，因此发改投资〔2016〕2231 号第十条第三款规定，纳入 PPP 项目库的投资项目，应在批复可行性研究报告或核准项目申请报告时，明确规定可以根据社会资本方选择结果依法变更项目法人。运用此规定以解决前期立项主体与项目法人名称不一致的问题。实操中为解决前期立项与项目法人名称不一致的问题，有些地方采用先由政府的融资平台公司成立一个壳公司，将项目立项在壳公司名下，由壳公司通过招拍挂来获得项目用地，将来社会资本中标后再以增资扩股方式进入到壳公司，至此完成项目公司的设立。

三、PPP 项目的立项分析

关于 PPP 项目的立项，即应实行审批制、核准制还是备案制的问题，由于并没有 PPP 的相关政策依据，实操中存在各种不同的做法。在大量 PPP 案例中，既有按照审批流程的，也有按照核准流程的，还有极少数的案例按照备案流程管理。关于 PPP 项目的立项必须基于现行固定资产投资项目立项管理相关的政策文件，并结合 PPP 项目领域的相关规定以及具体实践，才能理清 PPP 项目的立项问题。

（一）关于固定资产投资项目立项管理的相关政策规定

《国务院关于投资体制改革的决定》（国发〔2004〕20 号）规定："二、（一）……对于企业不使用政府投资建设的项目，一律不再实行审批制，区别不同情况实行核准制和备案制。其中，政府仅对重大项目和限制类项目从维护社会公共利益角度进行核准，其他项目无论规模大小，均改为备案制……对于企业使用政府补助、转贷、贴息投资建设的项目，政府只审批资金申请报告。（二）规范政府核准制……企业投资建设实行核准制的项目，仅需向政府提交项目申请报告，不再经过批准项目建议书、可行性研究报告和开工报告的程序。（三）健全备案制。对于《目录》以外的企业投资项目，实行备案制，除国家另有规定外，由企业按照属地原则向地方政府投资主管部门备案……""三、……（三）……政府投资资金按项目安排，根据资金来源、项目性质和调控需要，可分别采取直接投资、资本金注入、投资补助、转贷和贷款贴息等方式……（四）……对于政府投资项目，采用直接投资和资本金注入方式的，从投资决策角度只审批项目建议书和可行性研究报告，除特殊情况外不再审批开工报告，同时应严格政府投资项目的初步设计、概算审批工作；采用投资补助、转贷和贷款贴息方式的，只审批资金申请报告……"《政府投资项目审批制度》规定："项目审批具体包括：项目建议书审批、可行性研究报告审批、初步设计审批（含调整概算审批）和建设方案审批。"《中共中央　国务院关于深化投融资体制改革的意见》规定："三、……（七）……改进和规范政府投资项目审批制，采用直接投资和资本金注入方式的项目，对经济社会发展、社会公众利益有重大影响或者投资规模较大的……严格审批项目建议书、可行性研究报告、初步设计……"还有《企业投资项目核准和备案管理条例》（国务院令第 673 号）等对企业投资项目核准及备案进行了明确的规定。综上可以看出，针对固定资产投资项目而言，政府投资项目和企业投资项目的界限在于企业是否使用了政府性资金。

（二）关于 PPP 项目立项管理的相关规定

发改投资〔2016〕2231 号第十条"项目审批、核准或备案"规定："政府投资项目的可行性研究报告应由具有相应项目审批职能的投资主管部门等审批……实行核准制或备案制的企业投资项目，应根据《政府核准的投资项目目录（2014 年本）》及相关规定，由相应的核准或备案机关履行核准、备案手续……"《关于鼓励和引导社会资本参与重大水利工程建设运营的实施意见》（发改农经〔2015〕488 号）规定："（三）……实行核准制的项目，按程序编制核准项目申请报告；实行审批制的项目，按程序编制审批项目建议书、可行性研究报告、初步设计，根据需要可适当合并简化审批环节"。《关于国家高速公路网新建政府和社会资本合作项目批复方式的通知》（发改办基础〔2016〕1818号）规定："一、政府采用投资补助方式参与的国家高速公路网新建PPP项目按照核准制管理。政府采用资本金注入方式参与的国家高速公路网新建PPP项目仍按照审批制管理，直接报批可行性研究报告。"《关于运用政府和社会资本合作模式推进林业建设的指导意见》（发改农经〔2016〕2455号）第三条第（三）项规定："……实行审批制的政府投资项目，林业PPP项目实施方案可在可行性研究报告编写专章，并结合可行性研究报告审批一并审查。实行核准制或备案制的企业投资项目，要单独编制实施方案，并在项目核准或备案后，依据相关要求完善和确定PPP项目实施方案。"

综上，实行审批制的PPP项目需要做可行性研究报告，而实行核准和备案制的PPP项目则不需要做可行性研究报告了。

（三）关于实操中PPP项目的立项管理

PPP项目到底如何立项，实践中的主流观点认为，由于PPP项目涉及政府投资资金，故应按照政府投资项目实行审批制或者说所有的需要政府付费的项目，包括政府付费、可行性缺口补助都要实行审批制。甚至使用者付费项目，尽管形式上由项目公司直接向使用者收取费用，但其实政府只是将该项收费权利在特定合作期限内让渡给项目公司，省去了政府向使用者收取费用后再转付社会资本/项目公司的中间环节，因而其本质上仍然是政府付费[①]，仍然要按审批制来进行立项。当然也有观点认为，PPP项目强调的是政企合作，且政府在项目公司中的持股比例又相对较低，应按企业投资项目实行核准制或备案制。上述观点都有一定的合理性，但由于现行法律框架下对PPP项目前期立项管理缺乏法律法规层面的统一规定，在项目基建管理程序与PPP模式操作流程之间做不到有序衔接，对

[①] 周兰萍、者丽琼："对PPP项目立项管理的思考及建议（下）"，PPP运作实务，2017年1月11日。

PPP 项目管理目标的实现造成了阻滞。

实操中，还是多以审批制为主。如政府采用投资入股方式参与 PPP 项目的应尽量适用审批制，应审批项目建议书、可行性研究报告、初步设计、建设方案等；如采用投资补助、贷款贴息的 PPP 项目，按照国发20号文规定的审批制管理，但仅审批资金申请报告；对于采用价格补贴、提供优惠贷款等其他方式参与 PPP 项目的，不妨参照投资补助、贷款贴息方式，以国发20号文规定的审批制管理，但仅审批资金申请报告；当然还有一些更为特殊的补助形式，如授予项目周边的土地、商业等开发收益权等方式的，有待立法进一步予以明确。

第三节　实施方案编制的形式

实操中，项目实施机构选定了咨询机构进行编制实施方案，每个咨询机构会根据自己的习惯、项目实施机构要求、入库的时间要求以及各地 PPP 的不同政策等来决定是先编制初步实施方案再完善实施方案，还是直接编制详版项目实施方案（以下简称项目实施方案）。

一、初步实施方案的编制

（一）初步实施方案编制的相关规定

关于初步实施方案的编制仅规定在财政部的政策文件中，财金〔2014〕113号规定：对于列入年度开发计划的项目，项目发起方应按财政部门（政府和社会资本合作中心）的要求提交相关资料。新建、改建项目应提交可行性研究报告、项目产出说明和初步实施方案；存量项目应提交存量公共资产的历史资料、项目产出说明和初步实施方案。按照财金〔2014〕113号的要求，初步实施方案的编制是为了各地财政部门在项目识别阶段能够了解项目概况、判断项目范围是否符合政府和社会资本合作要求的基础设施和公共服务领域范畴、把握项目运作方式是否有固定回报承诺、回购安排、明股实债等方式承担过度支出责任等。当然，按照各省的相关政策要求，编制初步实施方案也是为了符合项目入各省库的要求。

按照财金〔2014〕113 号的要求，初步实施方案编制后要进行物有所值评价和财政承受能力论证，因此尽管是初步实施方案，仍要明确 PPP 项目的实施机构、合作模式、期限与回报机制等。但鉴于是初步实施方案，往往不需要做详细阐述，也不需要像项目实施方案那样将项目概况、项目运作方式、项目交易结构、项目边界条件、监管机构、采购方式及财务测算内容进行扩展与细化。

（二）初步实施方案的编制与入库的关系

笔者仅以江苏省的政策性文件要求为例来谈一下初步实施方案与入库的关系。《江苏省财政厅关于申报政府和社会资本合作（PPP）项目入库的通知》（苏财金〔2017〕36 号）规定，"申报项目入库应提交以下资料：同级财政部门出具的项目入库申请报告、本地区申报入库 PPP 项目情况汇总表（需要本级政府盖章）、各项目的初步实施方案、物有所值评价报告和财政承受能力论证报告"。可见 PPP 项目的初步实施方案是项目入江苏省 PPP 项目库的必备资料。当然，这是针对先入库后进入项目准备阶段、采购阶段和执行阶段的项目而言，尽管《江苏省政府关于在公共服务领域推广政府和社会资本合作模式的实施意见》（苏政发〔2015〕101 号）也明确规定"项目发起人应提交可行性研究报告、项目产出说明、存量公共资产的历史资料和初步实施方案等相关资料，明确 PPP 项目的实施机构、合作模式、期限与回报机制……省财政部门应会同省发展改革及省各行业主管部门对各地、各部门报送的项目进行审查、论证，建立并完善全省 PPP 项目库"，但按照苏财金〔2017〕36 号附件《＿＿＿＿＿＿市（县）申报入库 PPP 项目情况汇总表中项目进展阶段的填写说明》的规定"项目进展阶段包括：实施方案编制、政府批复、采购、成立项目公司、建设、运营"，可在项目实施的其他阶段申请入库，而这些阶段项目实施方案已经编制完成甚至审批完成，也就是说入库所要求的实施方案，初步方案是最低要求，用项目实施方案来入库当然更可以，只是咨询机构鉴于知识产权的考虑，即便完成了项目实施方案的编制，也会在入库时将项目实施方案进行简化后报入库。

（三）PPP 项目入库的条件

1. 财政部的相关规定

《关于规范政府和社会资本合作（PPP）综合信息平台运行的通知》（财金〔2015〕166 号）规定："综合信息平台按照项目库、机构库和资料库实行分类管理，项目库用于收集和管理全国各级 PPP 储备项目、执行项目和示范项目信息，包括项目全生命周期各环节的关键信息""原则上，经地方各级财政部门会同相关部门评估、筛选的潜在 PPP 项目基本信息，均应录入综合信息平台"，但并未直接对项目入库条件进行明确规定。《关于组织开展第三批政府和社会资本合作示范项目申报筛选工作的通知》（财金函〔2016〕47 号）明确了示范项目申报条件。申报示范项目应具备相应基本条件：一是项目属于能源、交通运输、市政公用、水利、环境保护、农业、林业、科技、保障性安居工程、医疗、卫生、养老、教育、文化、体育等适宜采用 PPP 模式的公共服务领域。二是纳入城市总体规划和各类专项规划，新建项目应已按规定程序做好立项、可行性论证等项目前期工作。三是合作期限原则上不低于 10 年。四是对采用建设—移交（BT）方式的项目，通过保底承诺、回购安排等方式进行变相融资的项目，将不予受理。虽为示范项目的申报条件，但其规定的条件何尝不是 PPP 相关政策所要求的 PPP 项目所具备的最基本的条件。

2017 年 11 月 10 日颁布的《关于规范政府和社会资本合作（PPP）综合信息平台项目库管理的通知》（财办金〔2017〕92 号）虽未明确入库标准，但明确了不能入库的情形：（1）不适宜采用 PPP 模式实施。包括不属于公共服务领域，政府不负有提供义务的，如商业地产开发、招商引资项目等；因涉及国家安全或重大公共利益等，不适宜由社会资本承担的；仅涉及工程建设，无运营内容的；其他不适宜采用 PPP 模式实施的情形。（2）前期准备工作不到位。主要包括新建、改扩建项目未按规定履行相关立项审批手续的；涉及国有资产权益转移的存量项目未按规定履行相关国有资产审批、评估手续的；未通过物有所值评价和财政承受能力论证的。（3）未建立按效付费机制。包括通过政府付费或可行性缺口补助方式获得回报，但未建立与项目产出绩效相挂钩的付费机制的；政府付费或可行性缺口补助在项目合作期内未连续、平滑支付，导致某一时期内财政支出压力激增的；项目建设成本不参与绩效考核，或实际与绩效考核结果挂钩部分占比不足 30%，固化政府支出责任的。此规定是对新入库项目所提出的更为严格的标准。

2. 发展改革委的相关规定

2016 年 12 月 21 日，国家发展改革委印发《传统基础设施领域政府和社会资本合作（PPP）项目库管理办法（试行）》，对何类项目可以入库也做出了规定，入库项目应当符合使用国家重大建设项目库加强政府投资项目储备等相关管理要求。这也就是说，PPP 项目不仅要入财政部综合信息平台项目库，还可以入国家发展改革委的传统基础设施 PPP 项目库。

3. 各地的相关规定

各省根据国家发展改革委、财政部以及国务院相关规范性文件的要求，也制定了相关的项目入库条件的相关规定，如河南省财政厅制定了《河南省财政厅 PPP 项目库入库指南（试行）》。苏财金〔2017〕36 号则规定："项目入库要求：（一）项目应属于能源、交通运输、市政工程、农业、林业、水利、环境保护、保障性安居工程、医疗卫生、养老、教育、科技、文化、体育、旅游等公共服务领域，具有公益性或准公益性。尤其在垃圾处理、污水处理、城市供水等领域，要按照两个'强制'要求，做到应报尽报。（二）项目应符合省及当地经济社会发展及行业发展规划要求，新建项目须已按规定程序完成项目建议书等前期立项审批工作，存量项目要求产权关系清晰。（三）项目合作期限不低于 10 年，项目政府方不得以固定回报承诺、回购安排、明股实债等方式承担过度支出责任，不得将采用建设—移交（BT）方式的项目包装为 PPP 项目。（四）项目须已完成 PPP 模式的识别，物有所值评价和财政承受能力论证工作已完成，并形成初步的项目实施方案。（五）项目基本信息及识别阶段的有关信息须已录入财政部 PPP 综合信息平台，并提交省财政厅系统管理员审核。"

（四）PPP 项目是否必须入库

实操中有人认为，PPP 项目即便不入库，只要财政部门同意、愿意出钱，仍可以实施。财金〔2015〕166 号规定："原则上，经地方各级财政部门会同相关部门评估、筛选的潜在 PPP 项目基本信息，均应录入综合信息平台""未纳入综合信息平台项目库的项目，不得列入各地 PPP 项目目录，原则上不得通过财政预算安排支出责任。"按照财金〔2016〕92 号第十条规定："对于纳入 PPP 项目开发目录的项目，项目实施机构应根据物有所值评价和财政承受能力论证审核结果完善项目实施方案，报本级人民政府审核。本级人民政府审核同意后，由项目实施机构按照政府采购管理相关规定，依法组织开展社会资本方采购工作"，如因未纳入综合信息平台项目库而导致不能列入各地 PPP 项目目录，是不能进入采购程序的。财金〔2015〕166 号的附件《政府和社会资本合作（PPP）综合信息平台运行规程》规定："所有 PPP 项目必须列入项目库。省、市、县级财政部门应与相关部门密切沟通，保证符合条件的项目及时、准确、规范、完整列入项目库。"综合以上规定，PPP 项目必须列入财政部的综合信息平台项目库，否则将是违规的。如不入库，将很难实现《国务院办公厅转发财政部　发展改革委　人民银行关于在公共服务领域推广政府和社会资本合作模式指导意见的通知》（国办发〔2015〕42 号）规定的"有效弥补当期财政投入不足，有利于减轻当期财政支出压力，平滑年度间财政支出波动，防范和化解政府性债务风险"这一推广 PPP 项目实施的意义和目的。

发改投资〔2016〕2231 号也规定："各级发展改革部门要会同有关行业主管部门，在投资项目在线审批监管平台（重大建设项目库）基础上，建立各地区各行业传统基础设施 PPP 项目库，并统一纳入国家发展改革委传统基础设施 PPP 项目库，建立贯通各地区各部门的传统基础设施 PPP 项目信息平台。"而 PPP 项目入传统基础设施 PPP 项目库的情况将作为安排政府投资、确定与调整价格、发行企业债券及享受政府和社会资本合作专项政策的重要依据。

由此可见，无论是财政部还是发展改革委都要求 PPP 项目必须入库，至于是入财政部的综合信息平台项目库还是入国家发展改革委的传统基础设施 PPP 项目库，还要根据各地的不同政策要求、项目性质、主管部门及想获取的优惠政策等而定。

（五）入财政部库和入发展改革委库的区别

《传统基础设施领域政府和社会资本合作（PPP）项目库管理办法（试行）》中指出，发展改革委的 PPP 项目库由国家发展改革委统一建设，各级发展改革委分级管理。各级发展改革委定期对提交的 PPP 项目信息进行初审。对符合本地区储备原则与范围的项目，纳入本级 PPP 项目储备库，并统一纳入国家发展改革委传统基础设施 PPP 项目库。

财政部的综合信息平台项目库由财政部建立，地方各级财政部门按照 PPP 项目操作流程，负责本地区 PPP 项目各阶段信息填报、资料上传与管理工作。经地方各级财政部门会同相关部门评估、筛选的潜在 PPP 项目基本信息，均应录入综合信息平台。省级财政部门对所辖市、县财政部门上报的项目信息和拟在 PPP 综合信息平台上发布的 PPP 项目招商信息进行合规性审核。财政部的综合信息平台项目库作为 PPP 综合信息平台的核心组成部分，包含储备库、执行库和示范库三个子库。财金〔2015〕166 号的附件《政府和社会资本合作（PPP）综合信息平台运行规程》规定，"经省级财政部门审核满足上报要求的，由省级财政部门提交，列为储备项目；编制项目实施方案，通过物有所值评价、财政承受能力论证，并经本级政府审核同意的，列为执行项目；通过中央或省级财政部门评审并列为中央或省级示范的项目，列为示范项目"。

所做 PPP 项目是要入财政部库还是发展改革委库，对实施机构来说一直是存疑的。除上述所描述的两个库的入库流程和入库条件等差别外，对实施机构来说入哪一个库还要看当地 PPP 项目是由哪个部门来主导，但鉴于财政部的政策要求不入库不得安排财政预算支出责任，所以建议财政部项目库是必须入的。而且最好财政部、发展改革委的库都入，这样项目也能两边的规定都符合。另外就是发展改革委没提物有所值和财政承受能力论证两个评价，但是建议但凡有政府付费，哪怕是缺口补贴，都要进行两个评价。

（六）省试点项目和财政部示范项目的区别

1. 对于项目实施机构而言

一是荣誉度级别不一样，二是入国家级示范项目库和入省级示范项目库的奖励也不一样。财政部出台的《关于实施政府和社会资本合作项目以奖代补政策的通知》（财金〔2015〕158 号）明确规定，对国家级 PPP 示范项目中的新建项目按照投资额不同给予 300 万元到 800 万元的项目奖励支持。奖励资金由财政部门统筹用于项目全生命周期过程中的各项财政支出，主要包括项目前期费用补助、运营补贴等。目前出台奖补政策的 12 个省，也对入选国家级 PPP 示范项目给予几十万元至几百万元的奖励。例如，江苏省财政厅关于印发《政府和社会资本合作（PPP）项目奖补资金管理办法》的通知（苏财规〔2016〕25 号）规定，对符合要求的 PPP 试点示范项目，省财政将按社会资本方出资的项目资本金金额（正式签署的合同金额），按以下比例（分段计算上述金额）计算给予奖补：不满 5000 万元的部分奖补比例不超过 5%，5000 万元以上不满 1 亿元的部分不超过 4%，1 亿元以上不满 2 亿元的部分不超过 3%，2 亿元以上不满 5 亿元的部分不超过 2%，5 亿元以上部分不超过 1%。对省辖市范围的单个 PPP 项目最高奖补金额不超过 2000 万元，对县（市）范围的单个 PPP 项目最高奖补金额不超过 1000 万元。

2. 对于社会资本方而言

对于列入国家级 PPP 示范项目库的 PPP 项目影响力度更大，相关的资源方也更丰富，对于社会资本方的吸引力度更强。社会资本方能够更容易获得银行等金融机构资金支持或低利息贷款等。

至于 PPP 项目是否要力争国家级示范项目，还要看实施机构的需求，如需要获得相应的奖补资金就需要争取省级试点或国家级示范项目，当然需要具备申报条件。但需要指出的是无论是省级试点项目还是国家级示范项目，其项目督查也是比较严格的。

（七）PPP 项目入库的现状分析

2017 年 9 月财经会议召开后，PPP 项目开始了收紧政策。从一开始没有门槛的能入库则入库，到现在的有门槛的控制，尤其是对无经营性的纯政府付费的项目入库严格限制，说明了监管部门对 PPP 市场规范治理的决心和态度。财办金〔2017〕92 号更是明确了不得入库的项目情形，且对已入库项目清理出库的情形也进行了相关规定。入库越来越难，条件要求越来越严格，这也促使各地政府在选择项目时需更加慎重。

各地根据会议精神也相继对 PPP 项目的实施提出了一些明确要求。如 2017 年 10 月 11 日，浙江省发展改革委发布了传统基础设施领域 2017 年 PPP 项目示范，其中明确要求，重点推动实施以使用者付费为主的特许经营项目，科学论证涉及政府补贴的项目，审慎开展完全依赖财政支出的政府付费项目，降低 PPP 项目对政府付费的依赖。2017 年国庆节前，江苏省财政厅就 2017 年全省实施 PPP 项目培训班讲话时也明确：对于无现金流、完全政府付费的项目从严从紧控制，当 PPP 项目财政支出责任到当年一般预算支出 10% 时，一律不安排新的 PPP 项目。紧接着 11 月 8 日，江苏省颁布了《江苏省财政厅关于进一步推进政府和社会资本合作规范发展的实施意见》（苏财金〔2017〕92 号），提出规范 PPP 项目入库审核，优先选择"两个强制"项目、政府平台存量项目以及有现金流、使用者付费项目进入 PPP 项目库。对于无现金流、完全政府付费的项目从严从紧控制；对前期 PPP 项目数量较多、地方政府支出责任占比较高地区申报的项目从严从紧控制；对无运营内容、无绩效考核机制、社会资本不实际承担项目建设运营风险、不属于公共服务范围的纯商业类项目等不得纳入省 PPP 项目库。

鉴于上述政策倾向，可以看出以后 PPP 项目实施要完成入库应注意以下几点。

1. 政府付费型 PPP 模式不再是主流

以后为解决可用财力与基础设施投资的矛盾而生的政府付费型 PPP 项目，因其均为无现金流的公益性资产，只存在最基本的简单养护工作，不需要精细化的运营工作，即仅涉及工程建设、无运营内容的项目，随着政府融资体制的理顺，规范化的融资渠道逐渐畅通，政府直接融资的成本比采取 PPP 模式更低，也因逐渐见顶的财政承受能力及下行的收益率，地方政府已失去推出单一类型、建设属性强的纯政府付费型 PPP 项目的动力。

2. 兼具公益性及现金流的项目更贴近中国式 PPP 模式

污水及垃圾处理类项目属于强制采用 PPP 模式的项目，入库通常是没有问题的，且是被优先选择入库的；文化旅游、体育、养老、医疗教育等有使用者付费的项目，还是备受推崇的；环保、农业领域等兼具公益性及现金流的项目也会密集推出及落地，且和前两年不同的是，政府推出项目的核心诉求从融资转向了运营。

3. 纯商业类项目不属于 PPP 实施范围

按照财办金〔2017〕92 号规定，商业地产开发、招商引资项目等政府不负提供义务的项目不应采用 PPP 模式实施，但 PPP 项目包里配置少量的经营性资源，如广告牌等还是允许的。

4. 入库前应完善相关前期手续

按照财办金〔2017〕92 号规定，新建、改扩建项目要完成立项审批，而不再是实操中所谓的在采购前完成审批；存量项目要按照国有资产相关规定做好资产评估，防止国有资产流失；要切实做好两个评价报告，而不是流于形式。

5. 要注重付费与绩效的衔接机制

政府付费与可行性缺口补助方式不仅要建立与项目产出绩效相挂钩的付费机制，而且在付费时采用前高后低、导致某一时期内财政支出压力激增的、项目建设成本不参与绩效考核，或实际与绩效考核结果挂钩部分占比不足 30% 等涉及固定回报的，都不能入库。

二、不单独编写实施方案

发改投资〔2016〕2231 号第九条规定，为提高工作效率，对于一般性政府投资项目，各地可在可行性研究报告中包括 PPP 项目实施专章，内容可以适当简化，不再单独编写 PPP 项目实施方案。国家发展改革委虽然提出了这样的政策，但鉴于实操中还是按照财政部的政策要求来实施的 PPP 项目居多，所以一般还是要单独编制 PPP 项目实施方案。

三、实施方案的完善

既然初步实施方案更多的只是为了各级财政部门进行项目识别以及项

目入库的需要，在项目确保能入库而时间又允许的情形下，咨询机构自然也可以直接编制项目实施方案，而不再编制简版的初步实施方案。除财金〔2014〕113 号外，财政部、国家发展改革委和国务院 PPP 相关规范性文件中已不再提及初步实施方案，而是要求编制项目实施方案，也就是详版的实施方案，只是实施方案编制后要经过系列的完善程序。但实操中有部分咨询机构会只编制初步实施方案，入库后不再进行细化完善，用初步实施方案来作为项目实施的依据，这显然是不符合 PPP 相关政策要求的，而且这样的实施方案由于只是涉及 PPP 运作相关内容的概括说明，故不具实操性。

（一）财政部关于实施方案的完善程序的规定

财政部对实施方案如何进行完善主要体现在财金〔2014〕113 号和财金〔2016〕92 号中，接下来对财政部关于实施方案如何完善以及实操中的完善程序进行简要分析。

1. 财政部关于两个评价的规定

（1）两个评价与实施方案的关系。

财金〔2016〕92 号第七条规定"各级财政部门应当会同同级行业主管部门根据项目实施方案共同对物有所值评价报告进行审核。物有所值评价审核未通过的，项目实施机构可对实施方案进行调整后重新提请本级财政部门和行业主管部门审核"，第八条规定"经审核通过物有所值评价的项目，由同级财政部门依据项目实施方案和物有所值评价报告组织编制财政承受能力论证报告……出具财政承受能力论证报告审核意见"。《关于印发〈PPP 物有所值评价指引（试行）〉的通知》（财金〔2015〕167 号）第六条规定"应统筹定性评价和定量评价结论，做出物有所值评价结论。物有所值评价结论分为'通过'和'未通过'。'通过'的项目，可进行财政承受能力论证；'未通过'的项目，可在调整实施方案后重新评价，仍未通过的不宜采用 PPP 模式"。《关于印发〈政府和社会资本合作项目财政承受能力论证指引〉的通知》（财金〔2015〕21 号）第五条规定"财政承受能力论证的结论分为'通过论证'和'未通过论证'。'通过论证'的项目，各级财政部门应当在编制年度预算和中期财政规划时，将项目财政支出责任纳入预算统筹安排。'未通过论证'的项目，则不宜采用 PPP 模式"。即物有所值评价报告编制的基础是项目实施方案，而实施方案又要在物有所值评价报告审核结果的基础上进行完善，物有所值评价报告是否通过将是判断一个项目是否可以采用 PPP 模式的依据。而此次完善后的实施方案和通过论证的物有所值评价报告又是财政承受能力报告编制的基础，财政承受能力论证又是决定一个项目是否可以采用 PPP 模式的另一个依据。

财金〔2014〕113 号第九条规定 "……通过物有所值评价和财政承受能力论证的项目，可进行项目准备"，第十二条规定 "财政部门（政府和社会资本合作中心）应对项目实施方案进行物有所值和财政承受能力验证，通过验证的，由项目实施机构报政府审核；未通过验证的，可在实施方案调整后重新验证；经重新验证仍不能通过的，不再采用政府和社会资本合作模式"。财金〔2015〕167 号第八条规定 "物有所值评价资料主要包括：（初步）实施方案、项目产出说明、风险识别和分配情况、存量公共资产的历史资料、新建或改扩建项目的（预）可行性研究报告、设计文件等"。按照上述规定是需要进行两轮物有所值评价和财政承受能力的验证的，第一次是项目识别阶段，要在初步实施方案的基础上进行物有所值评价和财政承受能力验证，是为了进入项目准备阶段、编制项目实施方案做准备，也是项目入库所需，苏财金〔2017〕36 号对此也做出了明确的规定。第二次是项目准备阶段，要在项目实施方案的基础上进行两个评价的再次验证，是为了进入项目采购阶段做准备。

实操中，几乎都不做项目识别，虽然有时会做初步方案，但两个评价通常只进行一次实质性的验证。为了入库所做的两个评价，财政部门更看重财政承受能力论证报告，这将最终决定能否做 PPP，但此时的财政承受能力论证报告会为了入库而与实际财政情况背离；物有所值评价的验证通常在项目实施方案编制完成后，有的项目实施机构会同财政部门组织专家和相关部门对实施方案和物有所值评价报告进行论证和评审，先提出对实施方案的专家评审意见（修改完善后通过、不予通过或予以通过论证），再对物有所值评价报告进行打分，无论是物有所值评价报告最终审核通过与否，咨询机构都要按照专家和相关部门对实施方案提出的意见进行修改完善。

（2）物有所值评价报告的编制。

什么是物有所值评价？物有所值评价是判断是否采用 PPP 模式代替政府传统投资运营方式提供公共服务项目的一种评价方法，是用来评价政府、组织等机构是否能够通过项目全生命周期的管理和运营，从项目的产品或服务中获得最大收益的一种评价方法，即通过物有所值评价，表明 PPP 项目是否有利于促进资源利用最大化，是否能够更好地实现基础设施和公共服务领域项目建设运营的经济性、效率及效果。物有所值评价包括定性评价和定量评价。定性分析重点关注项目采用 PPP 模式与采用传统政府采购模式相比能否增加供给、优化分配风险、提高运营效率、促进创新和公平竞争等。定量分析主要通过 PPP 项目合作周期内政府支出成本现值与公共部门比较值进行比较，计算项目的物有所值量，判断 PPP 模式是否能够降低项目全生命周期成本。

财金〔2015〕167 号第九条规定"开展物有所值评价时，项目本级财政部门（或 PPP 中心）应会同行业主管部门，明确是否开展定量评价，并明确定性评价程序、指标及其权重、评分标准等基本要求"，第十条规定"开展物有所值定量评价时，项目本级财政部门（或 PPP 中心）应会同行业主管部门，明确定量评价内容、测算指标和方法，以及定量评价结论是否作为采用 PPP 模式的决策依据"。即财政部在发布此政策时，鉴于 PPP 项目在国内实施不久，还不成熟，所以那时的 PPP 项目的物有所值评价以定性评价为主，但 PPP 项目已由原来的起飞阶段进入到了现在的平飞阶段，操作模式已更为规范和成熟，故定量评价也不再是鼓励做而是必须做。

谁来编制物有所值评价报告？财金〔2016〕92 号第六条规定"项目实施机构可依法通过政府采购方式委托专家或第三方专业机构，编制项目物有所值评价报告。受托专家或第三方专业机构应独立、客观、科学地进行项目评价、论证，并对报告内容负责"。财金〔2015〕167 号第七条规定"财政部门（或 PPP 中心）应会同行业主管部门共同做好物有所值评价工作，并积极利用第三方专业机构和专家力量"。实操中一般由项目实施机构所委托的咨询机构直接编制物有所值评价报告，但这种委托方式与财金〔2016〕92 号的规定还是有所冲突的，因为咨询机构通常并不是通过政府采购方式委托的，而更多是通过约谈比选甚至只与一家咨询机构洽谈直接签约方式选定的，按照《政府采购法》及其实施条例的规定，政府采购方式包括公开招标、邀请招标、竞争性谈判、单一来源采购、询价和国务院政府采购监督管理部门认定的其他采购方式〔如《政府采购竞争性磋商采购方式管理暂行办法》（财库〔2014〕214 号）〕。对于如何选定咨询机构，前文中已做了论述，建议项目实施机构对未通过政府采购方式委托咨询机构的，慎重选用由其进行物有所值评价报告的编制。

（3）财政承受能力论证的编制。

财政承受能力论证是指识别、测算 PPP 项目的各项财政支出责任，科学评估项目实施对当前及今后年度财政支出的影响，为 PPP 项目财政管理提供依据。鉴于 PPP 模式采用的初衷之一就是缓解地方政府的财政压力，化解地方政府债务危机，而政府采用 PPP 模式，通常还要通过政府付费和可行性缺口补助等方式承担支出责任，所以虽引入社会资本提供公共产品和服务，但并未免除政府的全部责任。故而对于 PPP 项目适用财政承受能力论证，可以明确政府在 PPP 项目中的财政支出责任，计算 PPP 项目中政府支出责任的数额，从而确保政府财政支出的合理性，保证政府按照合同约定按时履行财政支出责任，也能确保 PPP 模式的采用不违背初衷，能够对地方政府债务实行规模控制和预算管理。

由谁来编制财政承受能力论证报告？财金〔2015〕21 号第七条规定"财政部门（或 PPP 中心）应当会同行业主管部门，共同开展 PPP 项目财政承受能力论证工作。必要时可通过政府采购方式聘请专业中介机构协助"。实操中也通常是由咨询机构直接编制财政承受能力论证报告，在此不再赘述。但应注意的是财金〔2015〕21 号第二十五条规定"每一年度全部 PPP 项目需要从预算中安排的支出责任，占一般公共预算支出比例应当不超过 10%"。《财政部对十二届全国人大五次会议第 2587 号建议的答复》（财金函〔2017〕85 号）中对 10% 的红线做出了解释，称其"是在参考借鉴国际通行标准（6% ~ 7%）的基础上、结合我国城镇化发展实际需要、经过反复论证最终确定的'上限'。且 10% '上限'控制的仅是需要从一般公共预算中安排的支出责任，并不包括政府从其他基金预算或以土地、无形资产等投入的部分，旨在鼓励地方积极盘活存量资源、资产等吸引社会资本参与 PPP 项目"。鉴于 PPP 模式推进两年多来，10% 的红线对于财政较弱、基础设施投资需求大的地方而言，形成了对项目落地率的极大掣肘。通过上述回复，地方政府应注意在进行财政承受能力论证时，应更加重视同一项目中，以不同形式体现的政府支出责任在不同政府预算科目间的配置，厘清不同预算科目能够用于 PPP 项目的支出科目安排，进一步细化 PPP 项目中政府财政支出财务模型及财政承受能力论证方式，使 PPP 项目真正做到物有所值及政府可承受，防范地方政府隐性金融风险。[1]

2. 实施方案的政府审核程序

财金〔2016〕92 号第十条规定"对于纳入 PPP 项目开发目录的项目，项目实施机构应根据物有所值评价和财政承受能力论证审核结果完善项目实施方案，报本级人民政府审核"。即项目实施方案在两个评价验证通过后，最终要报本级人民政府审核，而且审核的批复文件一般作为 PPP 项目合同的附件，其批复也通常作为 PPP 项目合同生效的前提条件。

（二）国家发展改革委关于实施方案的完善方式的规定

1. 实施方案的联审机制

发改投资〔2016〕2231 号第十一条规定 PPP 项目实施方案的审查审批程序，即联合评审机制，"鼓励地方政府建立 PPP 项目实施方案联审机制。按照'多评合一，统一评审'的要求，由发展改革部门和有关行业主管部门牵头，会同项目涉及的财政、规划、国土、价格、公共资源交易管理、审计、法制等政府相关部门，对 PPP 项目实施方案进行联合评审。必要时可先组织相关专家进行评议或委托第三方专业机构出具评估意见，然后再进行联合评审"。当然，如果是一般性政府投资项目不另行编制项目实施

---

① 周月萍、周兰萍等："PPP 运作实务"，2017 年 10 月 14 日。

方案，在可行性研究报告中包括 PPP 项目实施专章的，可结合可行性研究报告审批一并审查。这也是实操中许多项目所采用的关于实施方案的评审机制，即专家论证和部门联合评审相结合，只是区别在于实操中一般由财政部门和行业主管部门牵头组织联审。且很多地区也建立了各个地区的 PPP 专家库，专家库的专家分为政策类、咨询类、法律类、行业类等，财政部门和行业主管部门在组织专家论证实施方案时，可从专家库中选取所需领域的专家。

2. 实施方案的政府审核程序

发改投资〔2016〕2231 号第十一条规定"通过实施方案审查的 PPP 项目，可以开展下一步工作；按规定需报当地政府批准的，应报当地政府批准同意后开展下一步工作。未通过审查的，可在调整实施方案后重新审查；经重新审查仍不能通过的，不再采用 PPP 模式"。按此规定，国家发展改革委提倡的是联审机制，可以对实施方案进行两次审查，实操中也是这样操作的，不再多说。想要说明的是，《国家发展改革委关于开展政府和社会资本合作的指导意见》（发改投资〔2014〕2724 号）曾明确"为提高工作效率，可会同相关部门建立 PPP 项目的联审机制，从项目建设的必要性及合规性、PPP 模式的适用性、财政承受能力以及价格的合理性等方面，对项目实施方案进行可行性评估，确保'物有所值'。审查结果作为项目决策的重要依据"。虽未明确要求出具专门的物有所值评价报告和财政承受能力论证报告及其验证程序，但其字里行间却明确了在对项目实施方案进行可行性评估的时候要对财政承受能力进行评估，要确保物有所值。但发改投资〔2016〕2231 号对此却未再提起。两部委虽未再达成一致，但通常来说，只要需要政府支付费用的项目，如回报机制为政府付费，哪怕是可行性缺口补助的项目都要进行两个评价。

第四节　实施方案的内容

六部委〔2015〕第 25 号令第十条规定："特许经营项目实施方案应当

包括以下内容：（一）项目名称；（二）项目实施机构；（三）项目建设规模、投资总额、实施进度，以及提供公共产品或公共服务的标准等基本经济技术指标；（四）投资回报、价格及其测算；（五）可行性分析，即降低全生命周期成本和提高公共服务质量效率的分析估算等；（六）特许经营协议框架草案及特许经营期限；（七）特许经营者应当具备的条件及选择方式；（八）政府承诺和保障；（九）特许经营期限届满后资产处置方式；（十）应当明确的其他事项。"财金〔2016〕92 号第五条规定"……项目实施方案应当包括项目基本情况、风险分配框架、运作方式、交易结构、合同体系、监管架构、采购方式选择等内容"。发改投资〔2016〕2231 号第九条规定"PPP 项目实施方案由实施机构组织编制，内容包括项目概况、运作方式、社会资本方遴选方案、投融资和财务方案、建设运营和移交方案、合同结构与主要内容、风险分担、保障与监管措施等"。上述三个政策文件规定的实施方案的框架虽不相同，但主要内容还是大致相同的，其只是对实施方案的内容进行概括性的叙述，并未对实施方案每一板块的内容进行详细表述。对实施方案内容表述最为详细的是财金〔2014〕113 号，其将实施方案的内容分为项目概况、风险分配基本框架、项目的运作方式、项目的交易结构、合同体系、监管架构和采购方式选择七个板块，但实操中通常还会将财务测算作为一个板块进行分析。下面就实施方案这八个方面的内容进行简要的分析。

一、项目概况

项目概况主要包括基本情况、经济技术指标和项目公司股权情况等。项目概况中的重点内容是项目的范围，即在项目的合作周期内，政府与社会资本合作的范围和主要合作的内容，项目从立项到移交的整个生命周期内的设计、投融资、建设、运营维护等工作内容，项目实施机构在编制项目实施方案时必须结合具体情况确定项目的范围。

（一）基本情况

基本情况主要明确项目提供的公共产品和服务内容、项目采用政府和社会资本合作模式运作的必要性和可行性，以及项目运作的目标和意义。实操中，通常还会对项目背景、方案编制的目的和依据、项目进展等做简单说明。至于项目为什么要采用 PPP 模式运作，国办发〔2015〕42 号已明确指出，PPP 模式有利于加快转变政府职能，实现政企分开、政事分开；有利于打破行业准入限制，激发经济活力和创造力；有利于完善财政投入和管理方式，提高财政资金使用效益。而 PPP 模式是否可行，要看项目是否属于相关规范性文件要求的基础设施和公共服务领域范畴，是否能吸引社会资本等。需要指出的是很多方案缺少项目的进展情况，如立项是否完成、设计工作进展到何阶段、征地拆迁工作是否已开始等，而这些内容不明确将会影响后续整个方案的内容设计，如设计工作由项目实施机构承担还是由社会资本承担，无论是费用承担还是各方权利义务都将有很大的区别。

（二）经济技术指标

经济技术指标主要明确项目区位、占地面积、建设内容或资产范围、投资规模或资产价值、主要产出说明和资金来源等。如果不是单体项目，如片区开发项目，项目的建设内容、占地面积和建设投资金额等应分子项目进行列表，如有部分子项目已招标，即在建工程也应予以明确以便后续安排其如何转 PPP 等。

（三）项目公司股权情况

项目公司股权情况主要明确是否要设立项目公司以及公司股权结构。实操中，通常还要对设立项目公司的情形下，项目公司如何设立进行阐述，如是与政府方出资代表合资成立还是社会资本独资成立，是由政府方出资代表先成立项目公司后由社会资本增资扩股还是在社会资本采购结束后再成立项目公司等，以及项目公司的组织形式通常为有限责任公司，项目公司的董事、监事、高级管理人员等的提名等也会做出相应的约定。至于项目公司的股权比例，根据目前相关规范性文件要求及 PPP 项目"公私合作"的本意，政府方在项目公司中参股比例应不超过 50%，即不控股、不具有实际控制力和管理权。实践中，项目公司中政府方出资代表持股比例通常为 10% ~40% 不等，当然也有因为政府方考虑资金量需求而将股权比例设置为低于 10% 的。

二、风险分配基本框架

PPP 项目合作期长达 30 年左右，涵盖周期长，合作期内城市的发展、人口结构的变化等都有较大的不确定性。如何在如此长的项目全生命周期内建立科学合理的风险分配机制，是政府和投资人关注的核心基础条件。合理的风险分配是 PPP 项目的目标，也是项目成功的一个关键因素。

（一）风险分配的基本原则

PPP 项目要按照风险分配优化、风险收益对等和风险可控等原则，综合考虑政府风险管理能力、项目回报机制和市场风险管理能力等要素，在政府和社会资本间合理分配项目风险。所谓风险分配优化，主要是在遵守法律、法规之规定和考虑公共利益的前提下，风险应分配给能够以最小成本（对政府而言）、最有效管理它的一方承担，并且给予风险承担方选择如何处理和最小化该等风险的权利，即谁最有能力控制风险就由谁承担，他自然会想方设法去控制风险，从而降低风险发生的概率和风险发生的成本。所谓风险收益对等，是指既关注社会资本对于风险管理成本和风险损失的承担，又尊重其获得与承担风险相匹配的收益水平的权利，这样才能够有效调动风险承担方的积极性。所谓风险可控，是指应按项目参与方的财务实力、技术能力、管理能力等因素设定风险损失承担上限，不宜由任何一方承担超过其承受能力的风险，以保证双方合作关系的长期持续稳定，即各方承担风险要有上限。实际上整个 PPP 项目操作是否成功，要看是否有合理的风险分配体系。

（二）风险分配的机制

原则上，项目设计、建造、财务和运营维护等商业风险由社会资本承担，法律、政策和最低需求等风险由政府承担，不可抗力等风险由政府和社会资本合理共担。虽然有该原则性规定，但是在实际分配风险时，不宜完全遵照。比如政府方通常为了成本控制的目的在进行社会资本采购前就完成了项目的设计，而社会资本最多只是负责项目的设计优化工作，且方案、建议还要经政府审核同意，那么此时设计的风险就应由政府方承担。再比如法律和政策风险，如是项目本级政府不可控的法律、政策等，建议作为政治不可抗力，而本级政府可控的政策等作为政府方应承担的风险才更合理。

实操中，风险分配一般分两个阶段来做，一是项目风险识别；二是风险分担机制设计。在风险识别时，有的按照上述原则中表述的风险种类进行每类风险的细分，如设计风险分为规划变更风险和设计不当风险，建设风险分为成本超支风险、工程质量风险、工期延误风险、安全风险、环境保护风险等，运营风险分为运营维护成本超支和运营质量风险等，不再一一赘述。有的则会从政府、市场、项目、不可抗力四个层面来进行风险识别，如政府层面的风险分为政府征收、政府信用、公众反对、政府干预、决策审批延误等风险，市场层面的风险主要来自利率风险、融资风险、通货膨胀风险、项目需求变化风险等，项目层面风险则包括项目建设、运营和移交各个阶段的具体风险，也是四个层面中最为重要的风险分配部分。

三、项目的运作方式

项目运作模式的确定将直接决定项目交易结构和项目主要边界条件的设计，直接影响社会资本的投资回报机制，进而影响政府在合作期内的支出责任。合理项目运作模式的选择可以最大限度降低项目风险，提高项目的可实施性，进而满足政府方采用 PPP 模式的实施目标。

（一）项目的运作方式种类

财金〔2014〕113 号提出"项目运作方式主要包括委托运营、管理合同、建设—运营—移交、建设—拥有—运营、转让—运营—移交和改建—运营—移交等"。发改投资〔2016〕2231 号提出"政府和社会资本合作模式主要包括特许经营和政府购买服务两类。新建项目优先采用建设—运营—移交（BOT）、建设—拥有—运营—移交（BOOT）、设计—建设—融资—运营—移交（DBFOT）、建设—拥有—运营（BOO）等方式。存量项目优先采用改建—运营—移交（ROT）方式"。六部委〔2015〕第 25 号令第五条提出"基础设施和公用事业特许经营可以采取以下方式：（一）在一定期限内，政府授予特许经营者投资新建或改扩建、运营基础设施和公用事业，期限届满移交政府；（二）在一定期限内，政府授予特许经营者投资新建或改扩建、拥有并运营基础设施和公用事业，期限届满移交政府；（三）特许经营者投资新建或改扩建基础设施和公用事业并移交政府后，由政府授予其在一定期限内运营；（四）国家规定的其他方式"。鉴于实操中所有的 PPP 项目可以说都是特许经营，即授予项目公司在一定期限、一定范围内的经营权，所以 PPP 项目已不再分特许经营和政府购买服务类，而是直接对项目的具体运作方式做描述。

实操中，PPP 项目的运作方式主要包括建设—运营—移交（BOT）、建设—拥有—运营（BOO）、改建—运营—移交（ROT）、转让—运营—移交（TOT）、建设—移交—运营（BTO）、建设—拥有—运营—移交（BOOT）、设计—建设—融资—运营—移交（DBFOT）等多种方式。实操中最为常见的运作方式是新建项目的 BOT 模式、存量项目的 ROT 和 TOT 模式。

BOT 模式，是指由社会资本或项目公司承担新建项目设计、融资、建造、运营维护职责，合同期满后项目资产及相关权利等移交给政府的项目运作方式。TOT 模式，是指政府将存量资产所有权有偿转让给社会资本或项目公司，并由其负责运营维护，合同期满后资产及其所有权等移交给政府的项目运作方式。ROT 模式，是指政府在 TOT 模式的基础上，增加改扩建内容的项目运作方式。而对于新建项目 BOT 模式，如项目公司拥有资产所有权，就应采用 BOOT 运作模式。

（二）项目运作方式的选择

具体运作方式的选择主要由收费定价机制、项目投资收益水平、风险分配基本框架、融资需求、改扩建需求和期满处置等因素决定。PPP 项目没有最佳的运作方式，具体的项目应具体分析，每个 PPP 项目都应该根据项目所在地的实际情况、项目的自身特点和参与者的管理、技术、资金实力，选择合适的运作方式并对之进行优化调整。

另外需要指出的是,《财政部关于进一步做好政府和社会资本合作项目示范工作的通知》(财金〔2015〕57 号)第六条规定,如果采用 BT 方式,财政部将不能将该项目作为示范项目,进而政府无法获得财政部的奖励。实践当中,因为解决存量资产等因素,有可能使一部分 PPP 项目项下的 BOT 方式被认定为 BT 方式。

四、项目的交易结构

交易结构是指实施 PPP 项目所设定的交易体系,主要包括项目投融资结构、回报机制和相关配套安排。

(一)投融资结构

项目投融资结构属于 PPP 交易结构的重要组成部分,主要说明项目资本性支出的资金来源、性质和用途,项目资产的形成和转移等,其有时甚至决定着 PPP 项目运作的成败。

1. 项目资本金比例安排

对于新建类型的 PPP 项目,应按照《国务院关于固定资产投资项目试行资本金制度的通知》(国发〔1966〕35 号)、《国务院关于调整固定资产投资项目资本金比例的通知》(国发〔2009〕27 号)、《国务院关于调整和完善固定资产投资项目资本金制度的通知》(国发〔2015〕51 号)等对固定资产投资项目的资本金比例的规定进行 PPP 项目资本金比例的安排。在具体设计时,应根据项目所属的行业领域确定项目的资本金,除此之外,还应考虑各种融资方式的实际可能性以及不同融资方式的成本,应尽量选择和采取融资成本更低的融资方式。

2. 项目公司的股权结构安排

关于项目公司的股权结构,实操中存在两种情形:一是成立项目公司,由政府方出资代表和中标社会资本组建项目公司负责项目的建设和运营,此时需要考虑政府方不控股的原则、政府方的资金需求量等来设置双方的股权比例,或者是由中标社会资本独资成立项目公司,中标社会资本享有项目公司 100% 股权;二是不成立项目公司,由中标社会资本具体负责项目的建设和运营，此时还要考虑中标社会资本的股权结构问题。

3. 项目的融资安排

实操中，PPP 项目的融资通常指除项目资本金外的债权融资，PPP 项目融资方式多种多样，国务院及其部委发布的相关规范性文件中对 PPP 项目债权融资方式作了规定，如《国务院关于加强地方政府性债务管理的意见》（国发〔2014〕43 号）提出"投资者或特别目的公司可以通过银行贷款、企业债、项目收益债券、资产证券化等市场化方式举债并承担偿债责任"。发改投资〔2014〕2724 号提出"鼓励项目公司或合作伙伴通过成立私募基金、引入战略投资者、发行债券等多种方式拓宽融资渠道"。《国务院关于创新重点领域投融资机制鼓励社会投资的指导意见》（国发〔2014〕60 号）提出"探索创新信贷服务。支持开展排污权、收费权、集体林权、特许经营权、购买服务协议预期收益、集体土地承包经营权质押贷款等担保创新类贷款业务。探索利用工程供水、供热、发电、污水垃圾处理等预期收益质押贷款，允许利用相关收益作为还款来源。鼓励金融机构对民间资本举办的社会事业提供融资支持"。六部委〔2015〕第 25 号令也做出了相应的规定，在此不再一一赘述。

实操中，PPP 项目的债权融资通常包括银行等金融机构贷款、发行企业债券、融资租赁以及近期推出的资产证券化等。其中银行等金融机构贷款方式又包括银团贷款、政策性银行贷款和预期收益质押贷款等。《国家发展改革委 中国证监会关于推进传统基础设施领域政府和社会资本合作（PPP）项目资产证券化相关工作的通知》（发改投资〔2016〕2698 号）提出"PPP 项目资产证券化是保障 PPP 持续健康发展的重要机制"，并对可以采取资产证券化的 PPP 项目提出了具体的条件要求，"一是项目已严格履行审批、核准、备案手续和实施方案审查审批程序，并签订规范有效的 PPP 项目合同，政府、社会资本及项目各参与方合作顺畅；二是项目工程建设质量符合相关标准，能持续安全稳定运营，项目履约能力较强；三是项目已建成并正常运营 2 年以上，已建立合理的投资回报机制，并已产生持续、稳定的现金流；四是原始权益人信用稳健，内部控制制度健全，具有持续经营能力，最近三年未发生重大违约或虚假信息披露，无不良信用记录"。鉴于资产证券化要求项目正常运营 2 年以上才可实施，所以对于项目建设期的融资需求无益，但对于基金的财务退出、社会资本的股权结构优化还是有实践意义的。收益权的质押是目前 PPP 项目实现项目融资主要运用的增信手段。

4. 项目资产的形成和转移

实操中大多 PPP 项目资产归政府方所有，一是因为 PPP 项目为基础设施和公用事业，关乎国家安全和社会公共利益，政府方拥有所有权有利于保障国家安全和社会公共利益。二是涉及期满资产移交，通常项目公司在合作期内并不拥有资产所有权，即便是存量项目所采取的 ROT 和 TOT 模式也因为在现行税收管理体系下，初始所有权归属于项目公司将导致移交手续复杂、税务负担沉重等问题。尤其是存量项目 TOT 模式，将导致二次交易、双重征税，涉税金额巨大，削弱了社会资本参与的积极性。三是 PPP 项目中的资产为公共设施，而按照《中华人民共和国担保法》（以下简称《担保法》）第三十七条规定，"下列财产不得抵押：……学校、幼儿园、医院等以公益为目的的事业单位、社会团体的教育设施、医疗卫生设施和其他社会公益设施……"因此 PPP 项目中的公共设施无法抵押。四是按照《物权法》的规定，"因合法建造、拆除房屋等事实行为设立或者消灭物权的，自事实行为成就时发生效力"，"建设用地使用权人建造的建筑物、构筑物及其附属设施的所有权属于建设用地使用权人，但有相反证据证明的除外"，而 PPP 项目的建设用地往往由政府融资平台公司获取，所以政府方基于建造这一事实行为而原始取得了 PPP 项目资产所有权。

（二）回报机制

项目回报机制是政府和社会资本合作的重要基础，不同的回报机制风险分配方案和收益回报存在差异。可以说投融资结构和回报机制是 PPP 项目最为重要的两个内容。项目回报机制主要说明社会资本取得投资回报的资金来源，包括政府付费、可行性缺口补助和使用者付费等支付方式。

1. 政府付费

政府付费是指由政府直接付费购买公共产品或服务，付费主体是政府而非项目的最终使用者。在政府付费机制下，政府可以依据项目设施的可用性、产品或服务的使用量以及质量向项目公司付费。政府付费是公用设施类和公共服务类项目中较为常用的付费机制，在一些公共交通项目中也会采用这种机制。

2. 可行性缺口补助

可行性缺口补助是指使用者付费不足以满足项目公司成本回收和合理回报时，由政府给予项目公司一定的经济补助，以弥补使用者付费之外的缺口部分。可行性缺口补助是在政府付费机制与使用者付费机制之外的一种折中选择。实践中，可行性缺口补助的形式多种多样，具体可能包括土地划拨、投资入股、投资补助、优惠贷款、贷款贴息、放弃分红权、授予项目相关开发收益权等其中的一种或多种。但应注意的是，可行性缺口补助补的是缺口，目的是让社会资本能够收回成本并获得合理收益，而不是通过补助让社会资本获得超额收益。所以 PPP 项目采用可行性缺口补助回报机制的，一般要设置超额收益分享机制，如发生使用者需求激增或收费价格上涨等情况，项目公司通过经营管理获得的净利润超出约定的投资回报率或投资回报率的一定比例时，超出的部分由项目实施机构和项目公司按照超额累进的原则进行分成等，以体现风险共担、互利共享的合作机制。

3. 使用者付费

使用者付费是指由最终消费用户直接付费购买公共产品和服务。项目公司直接从最终用户处收取费用，以回收项目的建设和运营成本并获得合理收益。高速公路、桥梁、地铁等公共交通项目以及供水、供热等公用设施项目通常可以采用使用者付费机制。

不同 PPP 项目适合采用的付费机制可能完全不同，一般而言，在设置项目付费机制时需要遵循以下基本原则：既能够激励项目公司妥善履行其合同义务，又能够确保在项目公司未履行合同义务时，政府能够通过该付费机制获得有效的救济。在设置回报机制时，应考虑以下因素：一是项目所提供的公共产品或服务的数量和质量是否可准确计量；二是是否能够保证项目公司获得合理的回报；三是如何设置一定的变更或调整机制；四是该付费机制在融资上的可行性以及对融资方的吸引力；五是财政承受能力是否能通过，尤其是采用政府付费和可行性缺口补助机制的项目中，财政承受能力关系到项目公司能否按时足额地获得付费。

（三）相关配套安排

相关配套安排主要说明由项目以外相关机构提供的土地、水、电、气和道路等配套设施和项目所需的上下游服务。相关配套安排是为了保证PPP 项目的顺利实施，而由政府方提供的配套政策。

1. 项目用地

PPP 项目一般要求政府负责或协助项目公司获取项目相关土地权利。实操中，对于新建项目，项目用地取得的主体一般为两种情形：一是政府融资平台公司获取项目用地；二是项目公司获取项目用地。按照《土地管理法》的规定，在用途管制方面来看，土地分为农用地、建设用地和未利用地。PPP 项目基本为建设项目，一般只能使用建设用地，使用其他类型用地必须办理相关审批手续。在土地的社会主义公有制方面，分为全民所有制和劳动群众集体所有制。PPP 项目一般只能使用国家所有的土地，乡镇的 PPP 项目一部分涉及集体土地的问题，但大部分仍涉及的是国有土地问题。然而国有土地实行的是所有权与使用权分离制度。

PPP 项目土地使用权取得的方式主要有两种，一是无偿供应，即划拨方式取得项目用地，对于哪些项目可以使用划拨土地，《中华人民共和国城市房地产管理法》第二十四条和《土地管理法》第五十四条均有相关规定，具体操作目前按照国土资源部〔2001〕9 号令中列举的划拨用地目录。对于哪些主体可以取得划拨土地并没有限制。实操中，PPP 项目中使用的划拨土地更多的是登记在政府平台公司（多数为平台公司，少数为政府某机关单位）名下，无偿给社会资本方或项目公司使用；当然也有少数登记在项目公司名下。二是有偿供应，根据《中华人民共和国土地管理法实施条例》的规定，包括出让、租赁、作价出资或入股方式。实操中出让是供应国有建设用地的最主要方式，租赁和作价入股均作为补充。出让方式又包括协议出让和招拍挂方式。财政部和发展改革委对 PPP 项目如何获取项目用地也做出了相关的规定，如《20 部委联合公布第三批 PPP 示范项目》（财金〔2016〕91 号）指出："（一）符合《划拨用地目录》的，可以划拨方式供应；（二）不符合《划拨用地目录》的，除公共租赁住房和政府投资建设不以盈利为目的、具有公益性质的农产品批发市场用地可以作价出资方式供应外，其余土地均应以出让或租赁方式供应，及时足额收取土地有偿使用收入；（三）依法需要以招标拍卖挂牌方式供应土地使用权的宗地或地块，在市、县国土资源主管部门编制供地方案、签订宗地出让（出租）合同、开展用地供后监管的前提下，可将通过竞争方式确定项目投资方和用地者的环节合并实施。"此规定对作价出资方式做出了一定的限制，即只有两类项目是可以作价出资方式获取项目用地的，但作价出资方式虽符合《公司法》相关规定，但实际上还是有问题的，比如不经过招拍挂流程，对土地作价出资或入股，如何确定土地价格，是否会造成国有资产流失等问题。以租赁方式取得土地使用权的，租金收入参照土地出让收入纳入政府性基金预算管理，未来将逐渐鼓励以租赁方式供地，如《养老服务设施用地指导意见》规定，营利性养老服务设施用地，应当以租赁、出让等有偿方式供应，原则上以租赁方式为主。

上述项目用地取得方式中，几种方式在法律层面都没什么障碍：划拨方式不用支付出让金，对社会资本最有利；出让可以收取出让金，对地方政府有利；租赁方式比较灵活，但难以抵押融资；出让金作价入股可以缓解地方政府的资金压力。具体采取哪种取得方式，既要符合 PPP 相关政策要求，也要符合《土地管理法》等相关法律规定。且在实施方案中还应明确土地获取费用，包括土地出让金、征地补偿费用、土地恢复平整费用以及临时使用土地补偿费等。鉴于实操中项目用地的获取主体和费用支付的主体有可能不是同一主体，故还要明确相关费用是由政府方先出、项目公司成立后返还；还是由政府方承担，不再纳入总投资。而且还应对不同获取方式下土地使用权的限制在项目合同中进行具体约定。

2. 水、电、气和道路等配套设施和项目所需的上下游服务

PPP 项目的实施，社会资本通常无法独自完成，需要政府给予一定的配套支持，包括建设部分项目配套设施，完成项目与现有相关基础设施和

公用事业的对接等。当然上述工作可以由政府方全部负责建设，可以由政府方和项目公司共同负责建设，但相关的建设费用如何承担应予以明确。而且在实施方案中如果约定政府方完成上述工作，通常还要求明确政府方完成相关建设的标准，如政府方负责将本项目的供电、供水、进场道路等各项前期配套设施建设至项目施工区红线外一米处；当然在合同中还应明确上述工作完成的时间及相应的违约责任，以及项目公司对此的协助工作和费用的承担方式等。如果是双方共同负责完成上述工作，还要对双方各自的工作职责进行细分，以及双方如何沟通等，以保证项目工程进度的统一和顺利实施。

五、合同体系

合同体系是指项目实施机构在编制项目实施方案时对构建政府和社会资本合作关系的安排设想，即如何通过一系列的合同，主要包括项目合同、股东合同、融资合同、工程承包合同、运营服务合同、原料供应合同、产品采购合同和保险合同等合理构建双方的权利义务关系。项目合同是其中最核心的法律文件。而项目边界条件是项目合同的核心内容，主要包括权利义务、交易条件、履约保障和调整衔接等边界，实施方案中应重点对这四个边界条件进行拟定，以便为后续 PPP 项目实施工作确定框架，尤其是为 PPP 项目合同的编制奠定基础。

（一）权利义务边界

权利义务边界主要明确项目资产权属、社会资本承担的公共责任、政府支付方式和风险分配结果等。

1. 双方权利义务

实操中，实施方案在此部分主要对政府方和项目公司的权利和义务做概括性约定，另外从项目的设计、建设、运营和移交等阶段对不同阶段中双方的权利义务进行细化。如项目设计会约定设计主体、设计费用的承担及设计责任等；项目建设会约定工程验收、工程变更、工程监理和审计、建设期绩效考核等如何实施；项目运营会约定运营维护的内容、运营维护的费用如何计取、运营期绩效考核等，当然政府支付方式也会在此部分进行约定，如何时开始第一次付费、付费的程序，尤其是如何与绩效考核结果进行衔接、进行按绩效付费等要进行概述，具体的细节安排需要在项目合同中细化；项目移交会约定移交的方式、程序等。鉴于在 PPP 项目公司设立之前还有许多前期工作要做，如项目的立项、土地使用权的获取、咨询、采购甚至监理等，这些工作是否已完成，相关的费用是否已由政府方承担，将来是否要纳入总投资等也要在权利义务边界中予以明确。

2. 股权锁定期

鉴于社会资本基于融资和退出等原因的考虑，通常希望在合作期间能自由地转让股权，而政府方通过采购程序采购社会资本来和政府方出资代表成立项目公司，就是想确保实施项目的社会资本符合项目采购阶段对社会资本融资能力、技术能力、管理能力的要求，或至少应具备项目建设、运营维护相应阶段的相应能力，所以往往会要求设置股权锁定期。双方之间的博弈就体现在股权锁定的边界条件的设定上。对政府方而言，股权变更限制是实现其监管职能的重要抓手，通常会设置一个固定期限，一般为自项目合同生效之日起至项目运营日后的一段时间，如 2 年、5 年等。

（二）交易条件边界

交易条件边界主要明确项目合同期限、项目回报机制、收费定价调整机制和产出说明等。

1. 项目合同期限

项目合同期限则指合同的有效期，通常自 PPP 项目合同签署时开始至合同期满或提前终止时结束。《关于组织开展第三批政府和社会资本合作示范项目申报筛选工作的通知》（财金函〔2016〕47 号），指出"PPP 示范项目的合作期限原则上不低于 10 年"。六部委〔2015〕第 25 号令指出"合同期限最长不超过 30 年；对于投资规模大、回报周期长的项目，可以根据项目实际情况、约定超过前期规定的特许经营期限"。财金〔2014〕113 号指出"转让—运营—移交（TOT）、建设—运营—移交（BOT）、改建—运营—移交（ROT）运作方式合同期限一般为 20～30 年；委托运营

（O&M）运作方式合同期限一般不超过 8 年；管理合同（MC）运作方式合同期限一般不超过 3 年。建设—拥有—运营（BOO）运作方式则不涉及合同期限"。实操中，PPP 项目合同期限一般介于 10～30 年。需要注意的是，具体 PPP 项目合作期限的设置是综合考虑多方面因素的结果，《关于规范政府和社会资本合作合同管理工作的通知》（财金〔2014〕156 号）项目合同指南中列举了影响期限设置的因素："（1）政府所需要的公共产品或服务的供给期间；（2）项目资产的经济生命周期以及重要的整修时点；（3）项目资产的技术生命周期；（4）项目的投资回收期；（5）项目设计和建设期间的长短；（6）财政承受能力；（7）现行法律法规关于项目合作期限的规定；等等"。实践操作中，项目本身的财务情况、政府的付费能力和项目所处的行业特征等是决定期限的重要因素。当然，项目合同期限并不是绝对不变的，项目合同中会详细约定合同期限延长和续期等事项。

2. 收费定价调整机制

在长达 10～30 年的 PPP 项目周期中，市场环境的波动会直接引起项目成本的变化（包括利率成本、人工成本等），进而影响项目公司的收益情况。在实施方案中要根据相关法律法规规定，结合项目自身特点，设置合理的定价和调价机制，以明确项目定价的依据、标准，调价的条件、方法和程序，以及是否需要设置唯一性条款和超额利润限制机制等内容。通过收费定价调整机制的设置，可以将政府付费金额/使用者付费金额维持在合理的范围，防止过高或过低付费导致项目公司超额利润或亏损。实操中常用的是公式调整机制，当然还有基准比价机制和市场测试机制，但这两种调价机制尚不成熟。

（三）履约保障边界

履约保障边界主要明确强制保险方案以及由投资竞争保函、建设履约保函、运营维护保函和移交维修保函组成的履约保函体系。

1. 强制保险方案

某种意义上，项目风险的合理分配及转移是 PPP 项目实施过程中的主线，而 PPP 项目中购买保险并维持其效力是转移风险的重要一环。PPP 项目合作期内各方对购买并维持保险的责任分工、各方在保险中所占的角色分配、应购买的合理保险种类、保险覆盖的项目范围、保险获得的风险等问题都是最终与项目风险密切相关的问题。实施方案中一般要求项目公司购买建设期保险和运营期保险，并对各个阶段保险的内容作概括性约定。

2. 履约保函体系

《PPP 项目合同指南（试行）》将履约担保界定为"为了保证项目公司按照合同约定履行合同并实施项目所设置的各种机制"，这是对"履约担保"的广义解释，而通常在实施方案中所涉及的主要是中选社会资本/项目公司与政府方之间的履约保障体系。履约担保并非必须，如果项目公司的资信水平和项目本身的机制足以确保项目公司不提供履约担保同样能够按照合同约定履约，且在项目公司违约的情形下，政府有足够的救济手段，则可以不需要项目公司提供履约担保。而实操中由于项目公司是采购社会资本后才设立的，其资信能力尚未得到验证，故而政府方多会要求社会资本或项目公司提供履约担保。履约担保的方式通常包括履约保证金、履约保函以及其他形式的保证等。实操中最常用的履约担保方式是保函。政府方会根据项目的实际情况，要求项目公司在不同期间提供不同的保函，常见的保函包括建设期履约保函、运营期履约保函、移交保函以及投标保函。实施方案中会对各阶段保函的金额、提交的时间和担保的范围等做出约定。而项目合同中则会对保函的形式提出具体要求、对未按约定提交保函的违约责任承担方式以及保函被提取后的补足责任等做出约定。

（四）调整衔接边界

调整衔接边界主要明确应急处置、临时接管、提前终止、合同变更、合同展期以及项目新增改扩建需求等应对措施。

1. 应急处置

应急处置主要是指，项目公司应针对自然灾害、重特大事故、环境公害及人为破坏等各类可能发生的事故和所有危险源制定应急预案和现场处置方案，明确事前、事中、事后的各个过程中相关部门和有关人员的职责。项目公司制定的应急预案应征求政府方的意见并报经政府同意后实施。

2. 临时接管

按照财金〔2016〕92 号第二十六条规定，社会资本方违反 PPP 项目合同约定，导致项目运行状况恶化，危及国家安全和重大公共利益，或严重影响公共产品和服务持续稳定供给的，本级人民政府有权指定项目实施机构或其他机构临时接管项目，直至项目恢复正常经营或提前终止。临时接管项目所产生的一切费用，根据合作协议约定，由违约方单独承担或由各责任方分担。实施方案中一般会对临时接管的情形予以约定。

3. 提前终止

按照财金〔2016〕92 号规定，项目因故提前终止的，除履行相应的移交工作外，如因政府原因或不可抗力原因导致提前终止的，应当依据合同约定给予社会资本相应补偿，并妥善处置项目公司存续债务，保障债权人合法权益；如因社会资本原因导致提前终止的，应当依据合同约定要求社会资本承担相应赔偿责任。但在实施方案中，一般会对引起提前终止的情形和终止补偿的机制予以明确约定。

4. 合同变更

实施方案中一般会约定，在项目合作期内，如果由于项目边界条件发生重大变化、不可抗力事件、法律变更或其他事项，如需求量增加等导致项目合同无法按照原有内容继续履行，经签约双方协商一致，可对项目合同内容进行变更。PPP 项目合同中则会对合同变更的程序与变更后的处理机制做出详细约定。

5. 合同展期

如果项目实施机构在临近合作期满时仍决定采用 PPP 方式进行项目设施的运营、维护和管理，则项目公司可向实施机构发出书面申请，请求实施机构再次授予其运营、维护和管理本项目设施的权利和义务。而这样的请求如被批准，则需要约定项目公司在同等条件下的优先权。

6. 项目新增改扩建需求

实施方案中通常会对项目新增改扩建需求做出如下安排：如因社会经济发展需要，项目实施机构对于项目产生改扩建需求，则优先向项目公司发出谈判邀请，若双方达成一致，则将扩建项目的经营权继续授予项目公司，双方的权利和义务以届时补充协议约定为准；若双方未能达成一致，则重新公开招标遴选社会资本方等。

六、监管架构

监管架构主要包括授权关系和监管方式。授权关系主要是政府对项目实施机构的授权，以及政府直接或通过项目实施机构对社会资本的授权；监管方式主要包括履约监管、行政监管和公众监督等。履约监管主要是指，项目实施机构或其指定机构对项目实施各阶段项目公司是否按照项目合同约定履行相应的义务进行监督管理。行政监管主要是相关职能部门依据职责范围对项目进行项目监管和行业监管。公众监管主要是让实施机构和项目公司向公众充分披露项目实施和运行的相关信息，以保障公众知情权。政府监督管理的主要目的是保证项目的顺利进行，规范有效地提供公共服务产品或服务。

七、采购方式选择

（一）PPP 采购社会资本的方式

财金〔2014〕113 号明确指出"项目采购应根据《中华人民共和国政府采购法》及相关规章制度执行，采购方式包括公开招标、竞争性谈判、邀请招标、竞争性磋商和单一来源采购。项目实施机构应根据项目采购需求特点，依法选择适当采购方式"。但关于 PPP 项目选择社会资本的相关政策，国家发展改革委、财政部存在争议。《关于推广运用政府和社会资本合作模式有关问题的通知》（财金〔2014〕76 号）的规定"地方各级财政部门要会同行业主管部门，按照《政府采购法》及有关规定，依法选择项目合作伙伴"，财政部后续的系列文件对此也有类似规定，不再一一列举。即财政部的政策倾向于认为 PPP 项目选择社会资本的实质是 PPP 项目采购，那么选择社会资本适用《政府采购法》是毋庸置疑的。而发改投资〔2014〕2724 号规定"实施方案审查通过后，配合行业管理部门、项目实施机构，按照《招标投标法》、《政府采购法》等法律法规，通过公开招标、邀请招标、竞争性谈判等多种方式，公平择优选择具有相应管理经验、专业能力、融资实力以及信用状况良好的社会资本作为合作伙伴"。即发展改革委未明确将 PPP 项目选择社会资本纳入政府采购范畴。另外，关于 PPP 的政策文件目前效力层级最高的是六部委〔2015〕第 25 号令，但其只是指出"实施机构根据经审定的特许经营项目实施方案，应当通过招标、竞争性谈判等竞争方式选择特许经营者"，并未对特许经营项目的服务采购做出明确规定。但无论哪个部委的政策，均认同 PPP 是指在基础设施及公共服务领域，政府和社会资本基于合同建立的一种合作关系，旨在利用市场机制合理分配风险，提高公共产品和服务的供给数量、质量和效率。那么从定义的特点可以看出，PPP 项目指向的标的物为公共产品和公共服务的供给，即 PPP 项目采购属于政府采购。故 PPP 项目的采购方式应包括公开招标、邀请招标、竞争性谈判、单一来源采购、询价和国务院政府采购监督管理部门认定的其他采购方式，当然实操中还包括财政部规范性文件中规定的竞争性磋商采购方式。

（二）社会资本的资格条件

除采购方式外，实施方案中还会对社会资本的资格条件进行相应的约定，有的只简单约定一些《政府采购法》中所要求的共性条件，有的鉴于已进行了市场测试，故会约定较为详细的资格要求，但无论是否约定详细，需要指出的是，《政府采购货物和服务招标投标管理办法》（财政部令第 87 号）于 2017 年 10 月 1 日起施行，应注意"采购人、采购代理机构不得将投标人的注册资本、资产总额、营业收入、从业人员、利润、纳税额等规模条件作为资格要求或者评审因素，也不得通过将除进口货物以外的生产厂家授权、承诺、证明、背书等作为资格要求，对投标人实行差别待遇或者歧视待遇"，即资格条件中不要设置差别待遇或歧视待遇的资格要求。

八、财务测算

财务测算主要是以项目的相关调研资料及合理假设为基础，评估项目的经济状况，确定合理的价格机制，加强政府相关领导对项目的了解，便于项目实施机构做出合理决策，为社会资本方采购和谈判工作提供基础。通常实施方案在此部分章节中会约定测算的依据、测算的分析方法、测算的分析边界、测算的核算方法和条件假设，以及测算的结果等。财务测算是物有所值的定量评价与财政承受能力论证的前提条件，也是实施方案的必备内容。实操中，财务测算中出现的问题主要是基本成本不清、财务假定不明、回报率取定不明以及基本财务指标缺失等问题。

第五节　实施方案的关键问题

一、是否必须设立项目公司

财金〔2014〕113 号和发改投资〔2016〕2231 号等规范性文件已明确提出，先由中标社会资本和项目实施机构签订 PPP 项目合同；需要设立项目公司的，待项目公司正式设立后，由实施机构与项目公司正式签署 PPP 项目合同，或签署关于承继 PPP 项目合同的补充合同。由此可见，项目公司并不是必须设立，尤其是政府方不参股、由社会资本独资实施项目的。但实践中，通常政府方都会要求社会资本成立项目公司专门实施 PPP 项目，一方面，因为设立项目公司是社会资本的普遍需求和惯常操作，社会资本通过设立项目公司可以实现有限追索，起到风险隔离的作用；另一方面，如若政府方参股或社会资本为联合体，则更要通过设立项目公司作为一个实体实施项目，可以有效整合联合体之间的资金和资源，也便于政府方的监督和管理①。

二、是否必须由政府方参股项目公司

通过相关规范性文件规定的 PPP 项目合同签约方式也同样可以看出，

① 刘飞、朱宁馨："PPP 项目合同系列谈之一'合同主体'"，PPP 知乎，2016 年 9 月 13 日。

政府方不一定要参股项目公司，可由社会资本单独设立项目公司。实践中政府方通常因为资金量需求、减少监管责任等原因而不愿意参股项目公司，但如政府方不参股项目公司，则只能通过 PPP 项目合同的约定间接对项目公司的决策和履行情况享有知情权，而不能直接地参与项目的重大决策、掌握项目实施情况。当然，政府参股也可以增强社会资本及金融机构对项目的信心，利于项目的开展。最为重要的是，PPP 项目属于公共服务和基础设施，直接关系到公众利益，政府方股东可以对涉及重大公共利益的事项实行一票否决权。

三、部分风险是责任方承担还是共担

PPP 项目风险分配原则上，设计、建造、财务和运营维护等商业风险由社会资本承担，但应注意这并不是绝对的，如建设风险中的成本超支风险、工程质量风险、工期延误风险、安全风险、环境保护风险等，既有可能是由社会资本导致上述风险，也有可能是由政府方导致上述风险，那么完全由一方来承担责任不公平。有些咨询机构认识到了这个问题，但在进行风险分配时却将其表述成了风险共担，这显然是不合理的。所以在利用表格进行风险分配时，不妨表述为政府方承担、社会资本承担（如成立项目公司，建议为项目公司承担，以免主体混乱，责任分担不明确）、政府方和项目公司承担（此为共同承担，主要指不可抗力风险）、政府方或项目公司承担（主要由责任方承担）。这样才能将风险进行有效而准确地分配，才能将风险的责任承担真正落实到项目合同中。

四、如何合理有效处理存量资产

早在 2014 年《国务院关于创新重点领域投融资机制鼓励社会投资的指导意见》（国发〔2014〕60 号）中就明确提出，"鼓励通过 PPP 方式盘活存量资源，变现资金要用于重点领域建设"，"政府可采用委托经营或转让—经营—转让（TOT）等方式，将已经建成的市政基础设施项目转交给社会资本运营管理"。后续《国务院办公厅转发财政部　发展改革委　人民银行关于在公共服务领域推广政府和社会资本合作模式指导意见的通

知》（国办发〔2015〕42号）等系列政策的出台，直到《关于加快运用PPP模式盘活基础设施存量资产有关工作的通知》（发改投资〔2017〕1266号）提出，可通过转让—运营—移交（TOT）、改建—运营—移交（ROT）、转让—拥有—运营（TOO）、委托运营、股权合作等多种方式，将项目的资产所有权、股权、经营权、收费权等转让给社会资本。存量项目将卷土重来。可是如何才能处理好存量资产？其实，ROT、TOT或委托运营、股权合作等方式，实际上核心都是解决好经营权、产权/股权两大方面的权属处置问题。

盘活存量基础设施项目的资产处置，核心就是要解决好TOT项目中到底转让的是什么？实操中存在两种思路：一种是转让项目设施的所有权；另一种是转让项目设施的经营权。这两种方式在实践中都存在，而且都不乏成功的案例，至于究竟采取哪种方式，要结合项目的实际情况和资产原始所有者的项目意图来综合考虑。但应注意的是，无论是项目设施的所有权还是项目设施的经营权，都属于国有资产，转让只有在满足《企业国有资产交易监督管理办法》中关于国有资产转让的程序、方式等规定的前提下，才能真正盘活存量资产，否则在操作上就有违反法律和法规规定的问题。如财金〔2016〕92号第三十条规定"存量PPP项目中涉及存量国有资产、股权转让的，应由项目实施机构会同行业主管部门和财政部门按照国有资产管理相关办法，依法进行资产评估，防止国有资产流失"，第三十一条规定"PPP项目中涉及特许经营权授予或转让的，应由项目实施机构根据特许经营权未来带来的收入状况，参照市场同类标准，通过竞争性程序确定特许经营权的价值，以合理价值折价入股、授予或转让"。即政府方将存量的资产所有权、股权、经营权等转让给社会资本或项目公司，社会资本或项目公司向政府方支付转让价款，转让方式需要履行必要的法定程序，包括清产核资、资产评估和财务审计等工作，还需要进行职工安置（如需）、履行进场交易程序等。故实操中，也有在探索以进行委托运营和租赁方式来解决资产转让和期末的资产移交所带来的二次税费问题以及避免国有资产的交易程序问题。当然，将国有存量资产的转让程序和社会资本的采购程序合并进行也是可以的，但需要当地政府的协调且也避免不了税费沉重的问题。

五、项目资本金是否必然等同于项目公司的注册资本金

国发〔1996〕35 号指出，投资项目资本金是指在投资项目总投资中，由投资者认缴的出资额，对投资项目来说是非债务性资金，项目法人不承担这部分资金的任何利息和债务；投资者可按其出资的比例依法享有所有者权益，也可转让其出资，但不得以任何方式抽回。按照《公司法》的规定，有限责任公司的注册资本为在公司登记机关登记的全体股东认缴的出资额。从概念上来讲，其均为投资人（股东）认缴的出资额，也都是非债务性资金，投资者按出资比例享有所有者权益；而从实际的资金流来看，当项目公司的注册资本全数用于 PPP 项目资本金时，则这笔资金既是注册资本同时也是项目资本金，两个概念反映的是同一笔出资。其两者的区别在于，项目资本金适用于固定资产投资项目，是对项目的出资义务，有最低出资需求，其出资额是由项目审批单位在审批可行性研究报告时核定，出资不到位的可能影响后期的债权融资无法完成；而注册资本适用于公司，是对公司的出资义务，也无最低出资的限制，出资不到位的要向出资到位的股东承担违约责任等。所以法律并未强制要求公司注册资本必须等于项目资本金。

实操中，通常有两种情形：一种是从项目公司会计处理的方便性以及政府方对于项目投资安全性的要求等方面考虑，政府方一般会倾向于在采购文件中要求新设项目公司的注册资本等于所投资 PPP 项目的资本金数额；但此种方式在实操中已出现了较多问题，项目公司要完成后期融资先要将项目资本金出资完毕，而项目资本金和公司注册资本金数额等同时，社会资本如未采取联合体方式投标的，要完成其出资势必要用股权转让方式引进基金等进行股权融资，而这又是不符合《政府采购法》和 PPP 相关规范性文件要求的。另一种是项目公司注册资本少于项目资本金的情形，在会计实务处理中，项目资本金中超出注册资本的部分，可以进入"资本公积"科目进行核算。至于项目资本金和公司注册资本之间的差额部分可以由股东按照股权比例出资，也可由社会资本负责差额部分的全部出资。

但资本公积从项目公司的撤出途径通常仅能以转增资本然后履行合法的减资手续方能实现。

六、社会资本的融资担保责任是否必要

实操中，项目的融资通常由项目公司负责，但鉴于政府方在采购社会资本时，看中的是社会资本的实力，而项目公司又多不享有资产的所有权等，所以政府方通常会要求中标社会资本要协助项目公司获得项目建设所需要的资金，在项目公司融资困难的情况下为项目融资提供担保或自行补足资金不足的部分。当然，鉴于在 PPP 项目中融资方提供融资通常是有必要条件的，如项目政府付费纳入中期财政规划的批文及纳入预算的人大决议、项目的立项文件、土地使用权属证书、规划许可证、施工许可证等，以上种种文件或批文都需要政府方负责提供或协助提供，并提供一定的便利条件。但按照发改投资〔2016〕2231 号规定"PPP 项目融资责任由项目公司或社会资本方承担，当地政府及其相关部门不应为项目公司或社会资本方的融资提供担保"，政府方绝不能做的是为项目融资提供担保。

七、项目的资产权属如何设置

PPP 项目资产，根据项目类型不同，有存量资产、新建资产以及更新和重置资产。实操中应注意的，一是特殊资产权属的确定，《物权法》第五十二条第（二）款规定："铁路、公路、电力设施、电信设施和油气管道等基础设施，依照法律规定为国家所有的，属于国家所有。"铁路方面，2014 年 11 月，国务院发布了《关于创新重点领域投融资机制鼓励社会投资的指导意见》（国发〔2013〕33 号），提出向地方政府和社会资本放开城际铁路、市域（郊）铁路、资源开发性铁路和支线铁路的所有权、经营权。2015 年 7 月，发展改革委发布《关于进一步鼓励和扩大社会资本投资建设铁路的实施意见》（发改基础〔2015〕1610 号），标志着国内铁路经营权、所有权向社会资本的全面放开。而其他领域尚未有法律方面的明文界定。二是存量 PPP 项目资产转让。按照《物权法》第一百四十六条、一百四十七条、一百八十二条规定："建设用地使用权转让、互换、出资或

者赠与的，附着于该土地上的建筑物、构筑物及其附属设施一并处分"
"建筑物、构筑物及其附属设施转让、互换、出资或者赠与的，该建筑物、
构筑物及其附属设施占用范围内的建设用地使用权一并处分""以建筑物
抵押的，该建筑物占用范围内的建设用地使用权一并抵押。以建设用地使
用权抵押的，该土地上的建筑物一并抵押"。即房地一体主义，存量 PPP
项目中，如转让建设用地使用权，则项目资产一并转让；如转让项目资
产，则占用范围内的建设用地使用权应一并转让。三是建设用地使用权人
是基于建造这一事实行为而原始取得的方式取得 PPP 资产所有权是可以有
例外情形的：如在涉及棚改的 PPP 项目中，安置小区公共配套设施中的非
经营性配套设施可以在建成后移交给政府或其指定机构，也就是说，即便
项目公司通过出让方式取得项目建设用地使用权，但一部分市政公共设施
仍可约定，由项目公司在项目开发中配套建设的，其所有权仍归政府。

八、如何降低项目建设投资成本和减轻政府财政支付负担

PPP 项目如何能降低项目建设投资成本和减轻政府财政支付负担一直
是政府方所最为关注的问题，要实现上述目标，不妨从下述四方面考虑。

一是降低项目融资成本。以往金融机构的政策环境宽松时，通常可以
以银行同期基本贷款利率甚至更低的水平获得项目融资贷款，那么此时政
府方也积极联系金融机构，争取较低融资成本的贷款机会，未来在项目实
际融资过程中，将在政府方推荐的融资方案、社会资本的融资方案和银行
同期贷款利率下的融资方案三者之间择优选择。但实操中政府方通常不会
比社会资本的融资方案更优。随着融资环境越来越严峻，往往需要以银行
同期基本贷款利率上浮一定比例来进行融资，那么此时可以分阶段设置不
同的处理机制，如上浮 10% ~20% 不奖不罚，上浮 20% ~30% 政府方承担
一半等。

二是科学地确定项目投资额。以工程量清单综合单价作为项目的投资
额在采购前予以明确（即采用单价合同而非总价合同）。

三是选择合理的采购标的，通过充分竞争有效降低项目投资成本。设
置时应结合 PPP 项目社会资本的投资回报方式，如将社会资本的资本金投

资回报水平、工程量清单综合单价下浮率、运营维护的成本等作为采购标的。实操中，社会资本对其资本金投资回报水平要求并不高，同时结合其工程施工能力和水平，可以让渡较多的工程造价下浮比例，以此通过充分市场竞争有效降低项目建设投资成本。

四是通过建立科学合理的退出机制平滑政府财政支出。如期满移交采取股权退出方式，因项目公司继续存续，仅需考虑社会资本的实际股权对价，不需考虑项目资产剩余价值，从而在选择资产折旧年限等方面比较自由，不同的退出机制会对应不同的财务测算模型，从而带来不同退出方式下政府整体财政支出的不同。

九、通过竞争方式将确定用地者的环节与 PPP 项目采购环节合并实施是否可行

《国土资源部办公厅关于印发〈产业用地政策实施工作指引〉的通知》（国土资厅发〔2016〕38 号），以及财金〔2016〕91 号都指出，PPP 项目中可以采取竞争方式将确定用地者的环节与 PPP 采购环节合并实施，且还对合并实施的前提做了规定，"在市、县国土资源主管部门编制供地方案、签订宗地出让（出租）合同、开展用地供后监管"，即在满足国土部门土地供给基本程序的基础上进行。但上述合并实施的措施还是存在着一定的问题，一是上述两政策晚于发改投资〔2016〕2231 号，却将发改投资〔2016〕2231 号中表述的"如果项目建设用地涉及土地招拍挂，鼓励相关工作与社会资本方招标、评标等工作同时开展"表述为"将通过竞争方式确定项目投资主体和用地者的环节合并实施"，对 PPP 采购环节仅提"通过竞争方式确定"，未限制为"招标"方式，而竞争方式包括哪些并未明确。并且 PPP 项目若是通过出让方式取得项目用地，按照相关规定只能通过招标、拍卖或者挂牌这三种竞争出让方式，土地使用权出让还包括采用协议出让的方式，但是由于协议出让方式条件要求较高、适用范围较窄、具有明确的限定性条件，在 PPP 项目中较为少见，因此不再进行赘述。由此，PPP 采购社会资本可以采用招标、竞争性谈判、竞争性磋商、单一来源采购等多种采购方式，而土地权利通过出让方式获取又只能是招拍挂方

式，如何在 PPP 社会资本采购的同时一并取得竞争出让用地这显然存在无法回避的难题。二是土地竞争出让与 PPP 社会资本竞争采购适用的是不同的流程管理规定，流程之间的差异对于两大竞争环节的合并客观上形成了实施障碍。是用地者竞争环节捆绑在 PPP 采购环节，以 PPP 采购环节为主，将经国土部门确定的土地底价作为 PPP 采购环节中的附加条件的情形，还是将 PPP 采购环节捆绑在用地者竞争环节，以用地者竞争环节为主，将 PPP 采购条件、项目文件作为土地招拍挂环节的附件的情形？实操中并未有较为成熟的经验可以借鉴。三是 PPP 项目已将社会资本的采购和工程施工方的采购两标一招，如再加上土地使用权者的确定一起合并实施，如何进行衔接处理也是一个亟待解决的问题。

十、土地一级开发是否可以纳入 PPP 项目运作模式

关于土地一级开发是否可以纳入 PPP 运作模式中，各部委对此也做出了相关规定。财金〔2016〕91 号规定"PPP 项目主体或其他社会资本，除通过规范的土地市场取得合法土地权益外，不得违规取得未供应的土地使用权或变相取得土地收益，不得作为项目主体参与土地收储和前期开发等工作"。即已明确，土地收储与前期开发工作不得以 PPP 模式进行，PPP 项目中不得包含土地收储及前期开发工作。当然也有观点认为，单纯的土地一级开发因为不具备运营性质，而 PPP 要求必须有运营，所以单纯的土地一级开发不能做 PPP。但根据上述政策，即便是将土地一级开发和运营内容搭配起来仍然是不可以的。《土地储备管理办法》（国土资发〔2007〕277 号）指出"土地储备工作的具体实施，由土地储备机构承担。土地储备机构应对储备土地特别是依法征收后纳入储备的土地进行必要的前期开发，使之具备供应条件。前期开发涉及道路、供水、供电、供气、排水、通讯、照明、绿化、土地平整等基础设施建设的，要按照有关规定，通过公开招标方式选择工程实施单位"。《关于规范土地储备和资金管理等相关问题的通知》（财综〔2016〕4 号）指出，"地方国土资源主管部门应当积极探索政府购买土地征收、收购、收回涉及的拆迁安置补偿服务。土地储备机构应当积极探索通过政府采购实施储备土地的前期开发，包括与储备

宗地相关的道路、供水、供电、供气、排水、通讯、照明、绿化、土地平整等基础设施建设"。通过以上规定可以看出，土地一级开发不能纳入 PPP 项目运作模式，其中的土地收储和前期开发的相关工作，主要指征收拆迁安置补偿工作应由土储部门承担或以政府采购服务的方式进行，而前期开发中的基建工作还需通过公开招标的方式选择有资质的第三方单位进行。

十一、土地收入可否作为 PPP 项目相关资金来源

财金〔2016〕91 号指出："PPP 项目主体或其他社会资本，除通过规范的土地市场取得合法土地权益外，不得违规取得未供应的土地使用权或变相取得土地收益，不得作为项目主体参与土地收储和前期开发等工作，不得借未供应的土地进行融资；PPP 项目的资金来源与未来收益及清偿责任，不得与土地出让收入挂钩。"《国有土地使用权出让收支管理办法》（财综〔2006〕68 号）指出，"从 2007 年 1 月 1 日起，土地出让收支全额纳入地方基金预算管理，收入全部缴入地方国库，支出一律通过地方基金预算从土地出让收入中予以安排，未列入预算的各类项目一律不得通过土地出让收入支出，实行彻底的'收支两条线'。"从以上规定可以看出，以往部分项目，尤其是园区开发类项目，约定从地方政府的财政税收、非税收入和土地出让收入留存部分提取一定比例作为该类 PPP 项目政府付费来源的做法显然与上述财金〔2016〕91 号和财综〔2006〕68 号存在明显冲突。与项目资金来源相挂钩的土地出让收入，通常理解应指的是预期土地出让收入。从这个意义上讲，将未来预期的土地出让收入作为项目建设投资的资金来源，会导致 PPP 项目资金来源的不确定性，势必将从根本上影响项目的顺利实施。

十二、担保前提条件实现的履约保证金是否必要

PPP 项目合同并非签订就生效，除履行相应的审批手续外，PPP 项目合同按照《PPP 项目合同指南（试行）》规定往往会设置合同生效的前提条件，即前提条件全部满足或被豁免后合同才生效，而项目的建设期通常从合同生效才开始起算。而此时投标保证金已退还，建设期履约保函尚未

提交，为了确保项目公司能够按照规定的时间达成融资交割等 PPP 项目合同中约定的前提条件，最好在实施方案编制时要求项目公司在签署 PPP 项目合同之前或 PPP 项目合同生效之前向政府提交一份履约保函，以担保合同前提条件的成就。

十三、是否必须进行资格预审

在 PPP 项目采购的具体实施过程之中，一些项目未经过资格预审就进入社会资本的采购程序，或者并未严格实施资格预审，而是采用资格后审或者模糊用语的"资格审查"。而按照《政府和社会资本合作项目政府采购管理办法》（财库〔2014〕215 号）的第五条规定"PPP 项目采购应当实行资格预审。项目实施机构应当根据项目需要准备资格预审文件，发布资格预审公告，邀请社会资本和与其合作的金融机构参与资格预审，验证项目能否获得社会资本响应和实现充分竞争"。这表明，按照财政部的规定，PPP 项目采购必须实行资格预审，资格预审为"规定动作"，必不可少，且强制使用。PPP 项目到底是否必须强制进行资格预审，还要看 PPP 上位法的依据。前文已经分析，PPP 项目采购属于政府采购服务，按照《政府采购法》及配套政策的相关规定来看，《政府采购法》只规定了资格审查，《政府采购法实施条例》对此的规定基本一致，即虽然明确规定了"资格预审"，但并没有规定采购人必须强制实施资格预审，而是将是否实施资格预审的权利赋予采购人。《政府采购非招标采购方式管理办法》（财政部令第 74 号）并无"资格预审"一词，《政府采购货物和服务招标投标管理办法》（财政部令第 87 号）明确规定了"资格预审"但也只是要求政府采购货物和服务采用邀请招标的方式时，才必须强制实施资格预审，对于公开招标采购货物和服务，则并无强制实施资格预审的要求。即便按照发展改革委的政策文件要求，按照《招标投标法》招选社会资本，《招标投标法》及《招标投标法实施条例》也并未规定要进行强制资格预审。综上，财库〔2014〕215 号属于规范性文件，效力较低，其关于资格预审的规定和上位法有冲突。但是，在 PPP 条例尚未颁布前，建议还是按照财库〔2014〕215 号规定进行资格预审，毕竟财库〔2014〕215 号是专为 PPP 项目采购所制定的采购管理办法。且通过资格预审能够确保招投标活动的竞争效率，能够避免履约能力不佳的企业中标，降低履约风险，能够减少评标工作量等。

十四、公开招标是否优先适用

《财政部关于印发〈政府和社会资本合作项目政府采购管理办法〉的通知》（财库〔2014〕215 号）对于公开招标的适用问题是这样规定的，"公开招标主要适用于采购需求中核心边界条件和技术经济参数明确、完整、符合国家法律法规及政府采购政策，且采购过程中不作更改的项目"，于是有观点认为 PPP 项目投资额大、合作期长、项目复杂，所以核心边界条件和技术经济参数不那么明确完整，采购过程中也不可能不作更改，所以 PPP 项目采购公开招标采购方式不应优先适用，财库〔2014〕215 号的规定也似乎隐含了这个意思。而《政府采购法》则明确规定"公开招标应作为政府采购的主要采购方式"，"采购人采购货物或者服务应当采用公开招标方式的，其具体数额标准，属于中央预算的政府采购项目，由国务院规定；属于地方预算的政府采购项目，由省、自治区、直辖市人民政府规定"。而国务院办公厅印发的《中央预算单位 2015—2016 年政府集中采购目录及标准》规定的政府采购货物和服务项目公开招标数额标准为：单项或批量采购金额一次性达到 120 万元以上；政府采购工程项目在 200 万元以上。地方政府一般会规定更严的标准，所以公开招标对政府是最好的保护。综上，考虑到财库〔2014〕215 号的效力层级，公开招标是最透明、最公正、最公平的方式，不管是对政府来说，还是对社会资本来说，均是一种法律保护。通过此方式，政府能够最大范围地扩散 PPP 项目的招标信息，在更大的范围内寻求适合的社会资本，并促进其之间的竞争，也能够在相对的程度上避免因竞争性谈判、邀请招标、竞争性磋商等方式所带来的道德风险和法律风险。

十五、如何把好财务测算关

财务测算不仅可反映项目财务可行性，还是政府进行项目决策的关键参考基础，也是与潜在社会资本进行财务谈判的依据。财务基本假设条件的任一参数和要素的微小变化，可能都会对运营收益和项目资金缺口产生重大影响。尤其当面对具备丰富项目投资和运营经验的社会资本，因其多年的实践积累了庞大的第一手数据库，为保护政府方的利益，取得预期的融资效果，政府须重视项目财务测算工作。在进行财务测算时应注意以下几个方面。

第一，从财务基本假设数据的来源上，应从以下几个来源取得数据：以国家各部委颁发的准则、方法及其他相关法律法规等文件为基础；参照工可研、初步设计文件等项目技术文件；结合国内外同类项目投资、建设和运营经验数据。并从多个来源、维度对基本假设数据参数进行筛选、交叉佐证，以作为项目的财务测算和谈判依据。

第二，国内外通用的财务测算方法包括现金流量法（包括自有资金现金流量和全投资现金流量）和静态收益率法，实施机构应根据项目的实际情况分别采用不同的测算方法进行财务测算，并对不同财务测算方法进行研究和论证，以便得出相对合理的财务分析结论。

第三，在建立财务模型时，一定应充分结合本项目的具体情况和风险分担情况，而不能简单照搬通用财务软件或模型，或在其基础上简单修改引用，避免财务漏洞和风险。

第六节　实施方案编制过程中应注意的问题

实施方案是整个 PPP 项目如何实施的顶层设计，是提供给政府进行 PPP 项目决策的重要依据，是指导 PPP 项目规范、有序运作的工作指南及纲领性文件，其重要性不言而喻。笔者及团队参与了逾百起 PPP 项目的法律服务工作，接触的实施方案涉及各种类型，有的简简单单十多页，最多只能算个初步方案；有的洋洋洒洒百余页，同一个内容重复地说，关键的问题却表述不清晰。除了前文中讲到的内容外，在编制实施方案时还应注意以下几点。

一、关于实施方案的细化

一个完美的实施方案除了框架结构要完整以外，框架里的实质性内容更是实施方案的关键问题，是一定不能缺失和含混的。为此应做到：形式上，结构完整、条理清晰、模块齐全、表述得当；内容上，交易结构合理、边界条件清晰、风险分配得当、财务测算精准、采购方式合规、各种机制设计齐全且具有实操性等。那实施方案的内容到底细化到何种程度才算合理？很多咨询机构遇到此类质疑时都会说会在项目合同中将有关内容进行细化，但鉴于 PPP 实施方案决定了 PPP 合同实质性内容，故而一些关键问题应进行详细的约定。如项目的运营，一些方案中只写项目公司负责项目设施的运营维护，而项目涉及众多的子项目，每个项目的运营内容、标准都是不一样的，实施方案中应尽可能详细地对此进行约定，而对于运营中的责任如何划分和承担可以在项目合同中予以明确。对于绩效考核，实施方案中不仅要给出具体的考核指标和处罚机制，还要约定具体的考核办法等。对于回报机制，实施方案中不仅要明确回报机制的类型，还要对相应的计算公式予以确定以及对公式进行说明，以便于政府将来能够对每年的付费有个确切的依据。

二、关于征求社会资本对实施方案的意见

发改投资〔2016〕2231 号指出"实施方案编制过程中，应重视征询潜在社会资本方的意见和建议。要重视引导社会资本方形成合理的收益预期，建立主要依靠市场的投资回报机制"，此规定明确了社会资本可以适度介入 PPP 项目实施方案的编制。《关于进一步共同做好政府和社会资本合作（PPP）有关工作的通知》（财金〔2016〕32 号）规定"项目决策后，选择条件成熟、适合采用 PPP 模式的项目，依法选择社会资本方，加快前期工作"，也给社会资本提前介入 PPP 项目、与项目实施机构进行谈判提供了法律依据。尤其是片区开发类项目及旅游类项目等，需要社会资本提前介入，以让社会资本通过参与规划设计等，为项目后期的产业导入及产业发展服务等运营服务环节打下基础。但需要注意的是，与社会资本

的沟通应适度。如果需要进行市场测试或调研，可将实施方案中项目的基本信息，如项目基本情况、合作模式、回报机制、退出机制及是否依法规划等社会资本比较关心的关键问题进行简单的沟通，以便了解其对项目的响应需求；但对于资格条件，因为目前 PPP 项目已经处于遍地开花的状态，所以社会资本的资质、业绩、技术等资格条件在编制实施方案时，咨询公司应结合项目实操经验予以充分考虑其响应度，无须项目实施机构在此阶段过多考虑。也以免因据社会资本所反馈的资质资格对实施方案中的资格条件进行修改而有量身定做的嫌疑，导致失去竞争的公平公正性。

三、关于相关部门在实施方案编制过程中的参与度

前文中提到了财政部与国家发改委，尤其是国家发展改革委对 PPP 项目实施方案的部门联审机制，而笔者认为，在实施方案的编制过程中，项目涉及的相关部门也应适当参与编制过程。如在 PPP 项目实施方案编制初期，项目涉及的国土、规划、发展改革、财政、行业主管部门、审计、住建等相关部门都应尽可能介入实施方案的编制，根据项目相关问题的现状提供解决问题的方案和途径，以便项目实施机构和负责编制项目实施方案的咨询机构对 PPP 项目有个确切的认知，在进行方案设计时也才能更贴合事实、更便于实际操作。如只是在方案编制完成进行部门联合评审时才介入，因方案已整体编制完成，部门内容的调整有可能影响整个项目的进度。

四、关于实施方案的专家评审必要性

PPP 项目只有确保始终处于依法合规的框架之下，才能最大限度地保障项目各方主体目标的实现，取得项目建设和运营的成功。为此，PPP 项目要求委托专业的咨询机构进行实施方案的编制等，且相关的规范性文件也要求政府对实施方案进行审核或审批，但由于咨询机构服务质量参差不齐、政府相关部门专业程度不够等问题，导致政府对项目相关文件的审核与审批形式大于内容，故而聘请专家对实施方案进行论证才能为 PPP 项目推进保驾护航。原因有如下几点。

（一）PPP 基本法的缺失和法律冲突需要法律专家的合法合规审查

《政府和社会资本合作法（征求意见稿）》征求意见结束，但至今此法并未颁布实施，取而代之的是 2016 年国务院第 140 次常务会议明确的由国务院法制办牵头制定 PPP 条例。然而此条例即便出台，也只是行政法规。目前，PPP 政策主要以部门规章，即《基础设施和特许经营管理办法》及国务院、部委规范性文件为主。但无论是即将出台的上述条例还是已经出台的管理办法、规范性文件，其效力层级都在法律之下。不仅如此，财政部和发展改革委两部委规范性文件之间的冲突，规范性文件、部门规章与法律之间的冲突，也让参与 PPP 项目服务的人员不知所措。故而法律专家参与实施方案论证是必不可缺的，法律专家的参与，不仅可以在实施方案论证时分析其边界条件界定的合理性，还可以把控实施方案这一 PPP 项目纲领性文件中的法律风险。

（二）PPP 项目的复杂性需要其他相关行业领域专家的把关

PPP 项目从准备到采购完成的前期咨询服务往往跨度半年到两年的时间，整个合作周期在 10～30 年，在此过程中项目的政治风险、法律风险、商业风险、运营风险等如何通过专业的操作去防范、控制与化解，需要综合类咨询机构、专业类咨询机构（包括会计师事务所、律师事务所、保险、税收等），以及各相关行业领域的专家的参与。毕竟只一家咨询机构做出的涉及各专业领域的实施方案还是不能面面俱到。

（三）咨询机构服务质量不高增加了政府相关部门审核的难度

前文中已提到咨询机构服务的现状以及所导致的实施方案不完善等问题，而政府的财政和法制部门等对 PPP 项目审核力量又相对薄弱。首先，法制部门人员不可能专注 PPP 项目的政策法规，且通常缺乏 PPP 专业理论知识和经验。其次，财政部门人员进行财务测算毕竟不如会计师专业。政府或者项目实施机构如果想转嫁风险，保证项目合法合规实施这一底线，又能实现 PPP 项目的减少政府负债等目的，最好的办法就是专业的事由专业的人做。咨询机构擅长的是工程、财务等专业领域，律师擅长的是法律和风险防范。政府在 PPP 项目实施方案审核中应充分利用专家的优势，真正做到实施方案的风险把控。

第四章

<<<<<<<
PPP 项目绩效考核实务

PPP 项目绩效考核是指在既定的项目目标下，利用特定的标准和考核指标，对项目实施情况及成效进行评估的体系和过程。对于政府和社会资本合作而言，绩效考核工作能否有效开展，评价结果能否被有效利用，是 PPP 项目能否成功推行的重要因素之一。为此，需要项目实施机构认真了解和掌握有关 PPP 项目绩效考核的实务要点。

一、PPP 项目绩效考核相关政策

为了促进我国 PPP 项目的稳步推进和有序发展，财政部也在积极推进相关的制度建设，陆续出台了一系列的文件来指导 PPP 项目的实施和推进。在 PPP 项目绩效评估推进和试点的过程中，财政部根据 PPP 项目的运行特征，出台了多个文件。

财金〔2014〕76 号规定："完善项目财政补贴管理……财政补贴以项目运营绩效评价结果为依据，综合考虑产品或服务价格、建造成本、运营费用、实际收益率、财政中长期承受能力等因素合理确定。"

财金〔2014〕113 号规定："政府有支付义务的，项目实施机构应根据项目合同约定的产出说明，按照实际绩效直接或通知财政部门向社会资本或项目公司及时足额支付。"

财金〔2016〕92 号规定："合同应当约定项目具体产出标准和绩效考核指标，明确项目付费与绩效评价结果挂钩""各级财政部门应当会同行业主管部门在 PPP 项目全生命周期内，按照事先约定的绩效目标，对项目产出、实际效果、成本收益、可持续性等方面进行绩效评价，也可委托第三方专业机构提出评价意见。"

发改投资〔2016〕2231 号规定："PPP 项目合同中应包含 PPP 项目运营服务绩效标准。项目实施机构应会同行业主管部门，根据 PPP 项目合同约定，定期对项目运营服务进行绩效评价，绩效评价结果应作为项目公司或社会资本方取得项目回报的依据。"

财办金〔2017〕92 号规定："……二、严格新项目入库标准存在下列情形之一的项目，不得入库……（三）未建立按效付费机制。包括通过政府付费或可行性缺口补助方式获得回报，但未建立与项目产出绩效相挂钩的付费机制的；政府付费或可行性缺口补助在项目合作期内未连续、平滑支付，导致某一时期内财政支出压力激增的；项目建设成本不参与绩效考核，或实际与绩效考核结果挂钩部分占比不足 30%，固化政府支出责任的。"首次以政策文件的形式明确规定了可用性付费与绩效考核的挂钩，并明确了 30% 挂钩比例，强调了绩效评估对于项目入库的指导意义。

从以上规定可以看出，随着相关部委对 PPP 规范操作的要求不断完善，PPP 越来越强调绩效考核机制的设计。但 PPP 项目的绩效考核机制需要以实施机构为主要操作人，先选方法，再定指标，之后组织考核，最后兑现考核结果。这其中的考核方法、指标及权重、兑现方式等，在目前阶段不能指望非"绩效管理"专业的项目实施机构对此做到"完善和完美"。

二、PPP 项目绩效考核中存在的问题

财政部出台的规范性文件虽都强调了项目绩效评价的相关问题，但多是指导意见和纲领性文件，缺乏具有可操作性的方案和办法。据我们了解，目前尚没有一套针对 PPP 项目的科学系统的绩效评估方案，这也使得我国的 PPP 项目处在一种"粗放"的发展期，缺乏有效的质量监督与控制工具。很多的 PPP 项目由于缺乏系统、全面的绩效评估与管理，导致其可持续发展受到严重影响，其对政府的公信力、对地方生态环境的影响已经产生了令人担忧的发展趋势，对未来政府与社会资本合作的稳定性、持久性也产生巨大影响。同时，笔者认为，在真正到了政府付费的时间节点，真正需要"按效付费"时，如果没有一个真正科学合理有效的考核评价方法，将会在政府和社会资本之间产生较大的分歧，从而导致矛盾和纠纷的

发生，甚至会对簿公堂，这对项目的运行和发展是极其不利的。

PPP 项目绩效考核在实践中存在的主要问题有以下几点。

（1）未在方案和合同中建立具有可操作性的按效付费机制。在 PPP 项目实施方案设计和编制初期，未设计"按效付费"的方案，未建立与项目产出绩效相挂钩的付费机制；在 PPP 项目合同中也没有有关"按效付费"的合同约定，以及违约后的责任如何承担。

（2）绩效考核的有关设计方案仅在建设及运营期，对项目的前期立项及后期移交都没有涉及。

（3）有的 PPP 项目绩效考核标准不够完善，很多都是基于合同履行所进行的技术性质的考核与评价，旨在促进项目可持续发展的治理型考核并不多见。

（4）绩效指标设计要么过于烦琐，要么过于粗放，重点核心不够突出，导致后期的绩效考核操作难度大。

（5）绩效指标权重设计没有结合项目特点，设计比例太过随意，不考虑关键指标权重的占比分量，无法实现真正考核的目的等。

三、PPP 项目绩效考核实务中应把握的要点

合理有效的绩效考核体系能够进一步促进社会资本提供建设和运营管理效率和水平，提升整体服务质量，进一步实现公共利益的最大化。政府方应当依据明确的产出说明，设定合理的绩效考核标准，以对社会资本进行绩效考核。因此，绩效考核应是 PPP 项目全生命周期政府方应主要关注的重点，绩效考核方案编制的优劣也是政府方能否真正实施好绩效考核的重要依据。一个好的可实施的绩效考核方案应做好以下几点。

（一）把握绩效考核的目的和适用原则

1. 绩效考核的目的是公共服务的质量和效率

说到 PPP 项目的绩效考核机制，首先需要明确绩效考核任务和目标。从通用的角度看，所谓的"提高公共服务的质量和效率"，就是 PPP 绩效考核机制的最终目的，因此，绩效机制必须紧紧围绕这一最终目的。绩效考核

如何把握这一目的，最直接的思路就是转变考核设计思路的角度，从公共服务需求满足度视角看问题，应该考核什么，怎么设计考核方式，考核结果如何应用。避免出现考核方法单一、虚假考核、片面考核等考核后果。

2. 绩效考核的适用原则

（1）绩效考核方案的制定必须结合项目特性。财办金〔2017〕92 号的出台，其中所规定的政府付费与绩效考核挂钩、建设成本考核比例不低于 30%，无疑是对以往"绩效考核模糊化"问题的一次明朗化。但在实务中，财办金〔2017〕92 号所规定的绩效考核在适用时存在泛化现象，如生搬硬套在所有使用者付费项目上，也不一定完全不合适，实际制定绩效考核方案或办法时应结合项目的所属性质和行业类别，尤其对经营性、准经营性项目应有所区别。

（2）对核心关键绩效考核指标既要有通用因素又要有个性化定制。绝大部分的 PPP 项目的绩效考核仍然需要以此作为通用性的基础考核模型，但也需要考虑 PPP 项目本身的特性，以体现 PPP 项目的个性化需求。

（3）考核指标权重的设计应从不同角度综合考虑，应突出项目的重点和中心，不能盲目制定。

（二）明确绩效考核目标的主要内容、设置原则和具体要求

1. 绩效目标的主要内容

（1）预期产出目标，包括提供公共产品或者公共服务的数量、质量、时效目标，以及达到预期产出所需要的成本和资源等。

（2）预期效果目标，包括项目经济效益、社会效益、环境效益和可持续影响等。

（3）衡量预期产出、预期效果和相关方满意程度方面的绩效评价指标等。

（4）为实现项目绩效目标所需要的保障制度、措施和工作计划，以及项目管理内容和相应目标要求等。

2. 绩效目标设置的基本原则

项目绩效目标设置需要符合以下要求。

（1）指向明确。绩效目标符合国民经济和社会发展规划、部门职能以及行业发展规划并与相应项目支出范围、方向、效果紧密相关。

（2）具体细化。绩效目标从数量、质量、时效、成本等方面进行细化，尽量进行定量表述。

（3）合理可行。制定绩效目标要以结果为导向，要经过调查研究和科学论证，符合客观实际。

（4）物有所值。绩效目标的设置符合物有所值的理念。

3. 绩效目标的具体要求

开展 PPP 项目绩效评价时，明确项目在考核期间的绩效目标，如果项目在实施方案或者合同中缺少绩效目标、绩效目标不明确或者绩效目标有偏差，需要与项目实施机构进行沟通，根据评价依据以及项目客观情况确定合理的绩效目标。

（1）目标依据的充分性。项目是否符合国家和地区的政策法规；项目是否提供公共产品或服务；项目是否符合公共财政资金保障的范围和支持的方向；项目是否符合规定条件和程序；项目是否按照财政部门对 PPP 项目的程序要求开展各项工作等。

（2）目标设置的合理性。绩效目标是否符合客观实际；项目预期产出效益和效果是否符合正常的业绩水平；依据绩效目标设定的绩效指标和目标值是否科学合理，是否清晰、细化、可衡量等。

（3）目标实现的保障度。是否建立健全保障绩效目标实现的项目实施办法和措施；是否有科学有效的管理能力和充分合理的实施条件；是否有明确的职责分工、严谨有效的财务管理和内控制度等。

（三）合理设置绩效考核机制

1. 全面选择与绩效考核所挂钩的各类要素

不同的 PPP 项目，其建设内容、建设条件、产出、回报机制等各个方面都不一样，绩效考核以 PPP 项目为基础，无法完全套用，建议可从以下几个维度去设置奖惩或激励约束机制。

（1）找准项目属性，现在的 PPP 项目，绩效考核已经面向了所有类型，这个转变可以说明，不同类型的 PPP 项目，绩效考核的基础、标准、方法都是不一样的。

（2）基于项目属性，针对项目特点，充分挖掘可以与项目属性挂钩的考核，应当与政府付费挂钩的各种要素，尽量做到全面、具体、可操作。

（3）慎重选择，综合平衡。在对各种要素进行挖掘时，可能出现过度强调经济利益而忽略社会价值或者 PPP 模式本身特点的情况，因此，在充分掌握各种要素以后，需要进行谨慎的选择。

2. 合理设置绩效考核指标

PPP 项目的绩效指标与社会资本投资建设项目和一般政府投资项目有所区别，由于 PPP 项目自身的特点决定了 PPP 项目的绩效评价势必是在项目各参与方绩效目标之间的一种均衡。在确定 PPP 项目绩效指标时，首先要对项目参与方的关切点进行识别，根据项目各方关切点，确立项目的核心绩效指标。同时，考核指标的制定应当符合功能使用、集约效率、社会满意、考核便利等方面的要求。

绩效考核的指标种类主要包括以下几类。

（1）基础考核指标。PPP 模式不断发展的过程中，已积累了很多共性的东西，对于这些共性的东西可设置为基础考核指标。

（2）行业属性指标。目前在 PPP 模式可以运用的每个领域都有其独特的行业属性与发展定位，对具有行业属性的指标，是绩效考核指标所应该具备的。

（3）当地情况指标。根据不同地区经济发展情况，具体设计符合当地实际的绩效考核指标。

（4）社会价值指标。对提供公共产品和服务的项目，其主要的社会价值与社会责任的绩效考核指标，应当充分考虑。

同时，绩效考核指标的选取和设置是一个比较复杂的问题，因为随着时代的发展和进步，政策所倡导的、社会所关注的、老百姓所需要的重点和中心都有可能发生变化。为此，可以从以下几方面来考虑绩效考核指标的确定。

（1）指标的选取依据取决于政府实施该项目要实现的最终目标，必须紧紧围绕这一目标设置各项。

（2）所选取的指标应是具体可量化，并具备较强可操作性的，而不应是模糊、含混或不可操作的。

（3）绩效考核指标不是一成不变的，对于指标的设置，应有进有退，适应发展的就保留或更新，不适应发展的就改进或退出，必须随着目标重点的调整以及考核技术的发展不断优化。

3. 科学设计指标的权重

鉴于绩效考核的专业性，实施机构组织相关专家拟定绩效考核方案，根据项目实际在合理确定相关关键考核指标后，并科学设计和确定各项指标的权重比例，以真正使考核的方法更具科学性、合理性。

4. 慎重确定打分标准

在明确了考核指标并量化标准后，要慎重确定不同分数段得分的依据，因为基于项目的"按效付费"机制，得分的结果直接与政府付费多少挂钩，必须慎之又慎。

5. 常规考核与临时考核相结合

考核方法上，应将常规考核与临时考核相结合，以及将技术层面的考核与公众真实的反馈相结合，是两条应坚持的基本考核方式。

6. 注重绩效考核结果的应用

绩效考核不是最终目的，而是政府付费依据有效监管的手段，绩效考核的结果不但应当与按效付费相关联，而且应作为对项目公司既有"激励"又有"约束"的有效监管手段。

（四）PPP 项目绩效考核主体问题

1. 关于考核主体的属性

绩效考核主体是代表政府对项目运作效果进行评价的机构，要对评价结果负责。笔者认为，这里"考核主体"实际上是对项目绩效考核的责任主体，而不完全是具体实施考核的主体。实践中，责任主体完全有可能与实施主体并不一致。

2. 考核主体是否必须是政府部门

一个完整的 PPP 项目往往涉及法律、财务、工程咨询、技术咨询等各个专业，由于项目性质不同，其绩效考核的侧重点将各不相同，往往无法单凭政府部门或实施机构来进行或完成对PPP项目的绩效评价，政府部门不应也不必自行实施监测和考核，交由专业第三方机构实施和完成更为合适，并可以避免社会资本担忧的如因绩效评结果不公引发付费不能实现的后果。

鉴于绩效评价（考核）的专业性，必要时可聘请专业的第三方机构协助制定绩效评价方案或由第三方机构独立开展绩效评价工作，这样会使评价结果更加科学、合理、规范。

绩效考核虽是PPP项目实践中的重点，但是现实中存在的绩效考核体系不全面、考核方法不具可操作性、考核结果不合理等问题，都可能导致绩效考核的最终目标难以实现。鉴于目前PPP项目绩效考核的规定只有一些政策文件，没有明确具体的操作细则，笔者认为应从国家层面出台有关PPP绩效评价的工作指引或操作办法，然后从行业层面建立起针对绩效考核指标体系的相关具体标准或细则规定，这才是规范PPP项目绩效考核，推动PPP项目顺利实施，真正实现PPP项目物有所值的根本路径。

附：绩效方案示范案例

湖南永兴县《"两区四园"污水处理PPP项目绩效考核办法》

为切实加强对永兴县"两区四园"污水处理PPP项目的运营维护管理，保障城市污水处理安全运行，提高城市综合承载能力和城镇化发展质量，保障城市水质安全，提供城市生态环境建设质量，根据《城镇污水处理厂运行、维护及安全技术规程》（CJJ 60—2011）、《城镇污水处理厂运行监督管理技术规范》（HJ 2038—2014）、《湖南省城镇污水处理厂运行监督管理办法》及相关技术规范，结合本项目的实际情况，特制定本办法。

1 项目绩效标准

在运营期，本项目考核主要针对项目公司污水处理厂运营维护情况进行监督检查，考核内容分为：人员情况、工艺运行管理、水质管理、污泥管理、设备管理、安全管理、厂容厂貌管理、档案管理八个方面，具体考核内容及要求如下。

1.1 人员情况

（1）项目公司应该制订污水处理操作规程或类似的组织机构章程，明确各岗位的职能、任务、权限和责任。

（2）污水厂主要技术工种上岗前必须都经过技术培训，企业内部应该建立完善的培训制度，并对主要技术工种进行定期培训、考核。

（3）污水厂各生产岗位必须经过技术培训考试合格后持证上岗，包括泵房运行工、净水工、化验工、特种设备操作工、管道工、营销员等岗位。

1.2 工艺运行管理

（1）依据相关标准建立污水处理厂工艺运行管理技术规程及工艺技术参数情况，进水负荷率是否达到一定的要求。

（2）年度分组检修和更新改造停水计划编制情况，厂区噪声和臭味控制情况，生产运行过程控制情况、运行记录和统计报表是否齐全。

1.3 水质管理

（1）污水处理厂的污水应达到建厂环评批复的要求，水样的取样、保管和水质检测应符合相关标准和规范要求。

（2）污水厂应设置专用化验室，具备污染物检测和全过程监控能力，按相关规定实施全过程检测，应制定化验分析质量控制标准，提高检测数据的可靠性，定期检定和校验化验计量设备。

（3）进出厂水在线计量和检测设备联网情况。

1.4 安全管理

（1）污水处理厂安全管理制度是否健全、年度安全生产计划制定情况。

（2）是否按规定设置安全设施，标志是否合理，电气设备和特种设备是否取得相应的证书或检定报告书。

（3）建立各类应急预案，加强重点区域安全保障措施，及时处理各类突发事件。

（4）每年至少开展一次安全隐患专项检查，并形成检查及整改记录，建立安全管理档案资料。

2 考核组织形式及考核方式

2.1 考核组织形式

考核组织形式为：成立污水处理运营维护管理考核小组。

组长：

副组长：

成员：

考核组应具备对污水处理设备设施、污水处理日常运维较为熟悉的技术专家，可委托专业第三方共同完成考评工作。

考核工作应包括现场检查、资料核查和外部调查三个方面。

2.2 考核方式

运营维护期内，政府方通过定期考核与随机考核相结合的方式，对项目公司运维管理情况进行考核，并将考核结果作为污水处理服务费支付依据。

（1）定期考核。定期考核每季度进行一次，一般安排在当季末月月初进行，政府方提前通知项目公司，考核小组在随机选定的污水处理厂区域进行现场考核，项目公司应提供相关资料以供检查，另外可根据需要安排相关人员进行访谈，同时结合客户满意度调查结果形成季度考核得分。

（2）随机考核。政府方提前通知项目公司考核时间，现场随机选取污水处理厂区域进行考核，形成随机考核得分。随机考核每年至少进行一次。随机考核对于抽取的考核项目采用扣分制，未考核项目均按照满分计算。

3 评分办法

本项目采用百分制考核评分办法，扣分项目扣至单项零分为止，人员情况、工艺运行管理、水质管理、污泥管理、设备管理、安全管理、厂容厂貌管理、档案管理，分值分别为 10 分、25 分、30 分、5 分、10 分、9 分、7 分、4 分。

（1）若季度内未进行随机考核，则季度考核得分等于本季度定期考核得分（加权平均值）。

（2）若季度内进行过随机考核，则季度考核得分＝本季度定期考核得分(加权平均值)×0.7＋随机考核得分(加权平均值)×0.3。

（3）年度绩效考核得分＝各季度考核得分之和÷4。

4　政府补贴支付与绩效考核

政府污水处理服务费根据当年绩效评价支付，当年绩效评价＝当年各季度考核得分的算数平均值。绩效评价95（含）～100分政府补贴据实支付；95分以下每扣1分少支付污水处理服务费1%；80分以下每扣1分少支付污水处理服务费2%；低于75分约谈项目公司法人代表及社会资本方法人代表（联合体牵头方法人代表）并限定其3个月内整改完毕；如果项目公司法人代表及社会资本方法人代表连续2次约谈，项目公司整改不到位时（绩效考核达到95分），暂停其当年维护费的发放；如果连续2个年度绩效考核评分都在75分以下，并且项目公司约谈整改不能达到整改目标的，政府方有权终止合同。

第五章 ≪≪≪≪≪≪≪
PPP 项目合同实务

项目合同是指政府方（政府或政府授权机构）与社会资本方（社会资本或项目公司）依法就 PPP 项目合作所订立的合同。在 PPP 项目中，除项目合同外，项目公司的股东之间，项目公司与项目的融资方、承包商、专业运营商、原料供应商、产品或服务购买方、保险公司等其他参与方之间，还会围绕 PPP 项目合作订立一系列合同来确立和调整彼此之间的权利义务关系，共同构成 PPP 项目的合同体系。PPP 项目合同是整个合同体系的基础和核心，政府方与社会资本方的权利义务关系以及 PPP 项目的交易结构、风险分配机制等均通过 PPP 项目合同确定，并以此作为各方主张权利、履行义务的依据和项目全生命周期顺利实施的保障。

PPP 从行为性质上属于政府向社会资本采购公共服务的民事法律行为，构成民事主体之间的民事法律关系。同时，政府作为公共事务的管理者，在履行 PPP 项目的规划、管理、监督等行政职能时，与社会资本之间构成行政法律关系。因此，我国 PPP 项目合同相关法律关系的确立和调整依据，主要是现行的民商法、行政法、经济法等。

《财政部关于规范政府和社会资本合作合同管理工作的通知》（财金〔2014〕156 号）明确要求各地都要高度重视 PPP 合同管理工作，加强对 PPP 合同的起草、谈判、履行、变更、解除、转让、终止直至失效的全过程管理，通过合同正确表达意愿、合理分配风险、妥善履行义务、有效主张权利，地方财政部门在推进 PPP 中要高度重视、充分认识合同管理的重要意义，会同行业主管部门加强 PPP 合同管理工作。

为规范 PPP 合同管理工作，财政部还制定了《PPP 项目合同指南（试行）》，要求各级财政部门在推进 PPP 工作中，要切实遵循依法治理、平等合作、维护公益、诚实守信、公平效率等原则。足见监管部门对 PPP 合同签订履行的重视程度。而作为签约主体的政府方或项目实施机构对此更要认真用心并严格防范 PPP 项目合同可能带来的风险。为此，掌握 PPP 项目合同编制及审核中的实务要点，合理运用 PPP 项目合同保护权利，防范风险对实施机构来说就是非常必要和重要的。

第一节　PPP 项目合同概述

PPP 项目合同是明确政府及社会资本双方权利义务和责任的重要依据，是整个 PPP 项目合同体系的核心，更是 PPP 项目在全生命周期内能顺利实施的基础和保障，PPP 项目合同的签订和履行兼具长期性、疑难及复杂性，其重要性不言而喻。

PPP 项目涉及了包含多方主体、各种合同类型的合同体系，其中 PPP 项目合同是整个合同体系的基础和核心，是在长达 20~30 年的合作期限内，政府方和社会资本方主张权利、履行义务的依据和项目顺利实施的保障。

一、PPP 项目合同的性质及签约主体

(一) PPP 合同的性质

按照《财政部关于规范政府和社会资本合作合同管理工作的通知》(财金〔2014〕156 号) 的精神要求，PPP 项目合同的签订应强化契约意识，对政府方发出的批复文件、函件等政府公文属于行政行为，并不能产生与社会资本方建立合法有效政府与社会资本方合作的法律关系的效果，而应及时与政府方签订合法有效的 PPP 项目合同。一般认为，PPP 项目合同中虽有"政府监管"或"授予特许经营权"的有关条款，但仍不影响其普遍具有的民事合同的性质。

(二) PPP 项目合同的签约主体

根据财金〔2014〕156 号的规定，在项目初期阶段，项目公司尚未成

立时，政府方会先与社会资本方签订意向书、备忘录或者框架协议，以明确双方的合作意向，详细约定双方有关项目开发的关键权利义务。待项目公司成立后，由项目公司与政府方重新签署正式 PPP 项目合同，或者签署关于承继上述协议的补充合同。在 PPP 项目合同中，通常也会对 PPP 项目合同生效后，政府方与项目公司及其母公司之前就本项目所达成的协议是否继续存续进行约定。

二、PPP 项目合同体系

在 PPP 项目中，项目参与方（包括但不限于政府方、社会资本方、融资方、承包商、分包商、专业运营商、原料供应商、产品或服务购买方、保险公司以及其他参与方等）通过签订一系列合同来确立和调整彼此之间的权利义务关系，构成 PPP 项目的合同体系。

PPP 项目的合同体系通常包括 PPP 项目合同、股东协议、履约合同（包括工程承包合同、运营服务合同、原料供应合同、产品或服务购买合同等）、融资合同和保险合同等。其中，PPP 项目合同是整个 PPP 项目合同体系的基础和核心。

首先，在合同签订阶段，作为合同体系的基础和核心，PPP 项目合同的具体条款不仅直接影响到股东协议的内容，而且会影响项目公司与融资方的融资合同以及与保险公司的保险合同等其他合同的内容。此外，PPP 项目合同，将通过工程施工总承包合同的方式，传导到工程承包（分包）合同、原料供应合同、运营服务合同和产品或服务购买合同等方面。其次，在合同履行阶段，合同关系的传导方向也可能发生逆转。例如，分包合同的履行出现问题，会影响到总承包合同的履行，进而影响到 PPP 项目合同的履行。所以，在 PPP 项目合同体系中，各个合同之间并非完全独立、互不影响，而是紧密衔接、相互贯通的，合同之间存在着一定的"传导关系"。

三、PPP 项目合同较之一般合同的特殊性

（一）编制内容的规范性

PPP 合同不同于一般的民事合同，财政部及国家发展改革委对此都制

定了相应的"合同指南"，实践中多数采用财政部财金〔2014〕156 号文中的《PPP 项目合同指南（试行）》。在 PPP 项目合同编制过程中对各方权利义务等的约定，要严格参照该合同指南的相应规范内容编制，不能超越或违背该指南的内容。

（二）严格的职能部门审核流程及审核内容的针对性（行业主管部门、财政、法制）

财政部财金〔2016〕92 号文第十六条、十七条规定，采购结果公示结束后、PPP 项目合同正式签订前，项目实施机构应将 PPP 项目合同提交行业主管部门、财政部门、法制部门等相关职能部门审核后，报同级人民政府批准。

PPP 项目合同审核时，应当对照项目实施方案、物有所值评价报告、财政承受能力论证报告及采购文件检查：合同是否发生实质性变更。并要求重点审核：付费与绩效是否挂钩、成本核算成本变动因素、补贴或收费定价的调整周期、条件和程序等机构主要方面。

（三）特殊的政府审批生效(政府的最终批准是 PPP 项目合同的效力保证)

财金〔2015〕113 号规定，公示期满无异议的项目合同，应在政府审核同意后，由项目实施机构与中选社会资本签署。需要为项目设立专门项目公司的，待项目公司成立后，由项目公司与项目实施机构重新签署项目合同，或签署关于承继项目合同的补充合同。

（四）政府方的监管权利保障

合同中如建设、运营、融资等的监管权，重大公共事务一票否决权、介入权、绩效监测权等，都是区别于一般民事合同的特殊权利。

（五）内容的完整性及灵活性

鉴于 PPP 项目的生命周期通常较长，在合同订立时需明确界定双方在项目融资、建设、运营、移交等全生命周期内的权利义务，既要保证合同内容的完整性和相对稳定性，又要充分合理地设置一些关于期限变更（展期和提前终止）、内容变更（产出标准调整、价格调整等）、主体变更、合同权利义务转让、股权变更等相对灵活的调整机制，为未来可能长达

20～30年的合同执行期预留调整和变更空间。

除以上特殊性以外，PPP项目合同还应与项目实施方案保持一致，尤其是方案中的"边界条件""绩效考核""付费机制"等内容均应在合同中充分体现。

第二节　PPP 项目合同主要内容

一、合作范围、内容和期限

（一）合作范围

根据财政部《PPP项目合同指南（试行）》（以下简称项目合同指南）规定，项目的范围条款，是用以明确约定在项目合作期限内政府与项目公司的合作范围和主要合作内容，是PPP项目合同的核心条款。具体来说，PPP项目应明确合作项目的边界范围：如涉及投资的，应明确投资标的物的范围；涉及工程建设的，应明确项目建设内容；涉及提供服务的，应明确服务对象和内容等。

PPP项目范围条款应包含三个层次的内容：

（1）政府与项目公司的合作内容；

（2）标的项目的内容和范围；

（3）相关排他性的规定。

例如，对于采用BOT运作方式的道路项目，政府与项目公司的合作范围可能包括"设计、融资、建设、运营、维护"等合作内容，也可能不包括"设计"该项合作内容，具体要根据项目的自身特点而定。

通常上述合作范围是排他的，即政府在项目合作期限内不会就该PPP项目合同项下的全部或部分内容与其他任何一方合作。

实操中，存在的实务问题包括以下三方面。

1. PPP项目的建设范围是否包括非基础设施或公共服务的商业项目

PPP模式主要适用于政府负有提供责任又适宜市场化运作的公共服务、基础设施类项目。投资规模较大、需求长期稳定、价格调整机制灵活、市场化程度较高的基础设施及公共服务类项目，适宜采用 PPP 模式。按照国家发展改革委发改投资〔2014〕2724 号"依法依规为准经营性、非经营性项目配置土地、物业、广告等经营资源，为稳定投资回报、吸引社会投资创造条件"，关于 PPP 项目中可对准经营性、非经营性项目配置经营性资源的规定，PPP 项目的标的也不应包含非基础设施、非公共服务类的商业项目。

如商业项目作为 PPP 项目的配置，应注意把握所配置的资源与 PPP 项目本身应具有关联性、所配置资源的运营管理与 PPP 项目本身的运营管理应具有整体性及便利性。

2. 所建设项目的范围和内容是否可以变更

在以下两种情形下，PPP 标的项目范围和内容可以做出适当变更。

（1）PPP 标的项目范围和内容缩小的情形。虽然范围和内容的缩小势必将影响整个项目的投资运营规模、基于规模优势下的收益水平等，但从合法合规的角度而言，由于标的项目范围和内容缩小仍在原项目范围内，如经 PPP 项目合同各方协商一致且经政府方批准同意的前提下，可以变更。

（2）因设计变更、法律变更导致的 PPP 标的项目内容的变化。通常 PPP 项目合同中已对该种情形进行了明确约定，如该种情形对标的项目内容导致的为非实质性变化，且变化对项目投资的影响在一定比例范围内，则可直接适用相关条款进行变更。

另外，在项目实施过程中，若的确需对标的项目的范围进行扩大，且符合《政府采购法》第三十一条"（三）必须保证原有采购项目一致性或者服务配套的要求，需要继续从原供应商处添购，且添购资金总额不超过原合同采购金额百分之十的"情况下，可以通过单一来源采购的方式选择原有供应商。

3. 排他性安排

在采用使用者付费机制的项目中，项目公司通常会要求在 PPP 项目合同中增加唯一性条款，要求政府承诺在一定期限内不在项目附近新建竞争性项目。

PPP 项目合作范围本身的排他性为 PPP 项目合同的应有之意，作为 PPP 项目合同的签订双方，政府方与中选社会资本就项目范围内的合作理应具有排他性，政府方不得将 PPP 项目合同项下全部或部分内容与其他任何一方进行合作，当然，出于强调和明确之意，通常会在项目合同中对该等合作范围本身的排他性进行明确约定。

（二）合作内容

（1）合作内容主要指合作项目的边界范围。

（2）对涉及投资的，应明确投资标的物的范围；对涉及工程建设的，应明确项目建设内容；对涉及提供服务的，应明确服务对象及内容等，以及政府为合作项目提供的主要条件或支持措施。

（3）合作内容必须明确具体，否则合作边界范围不清极容易引起合作双方的矛盾，进而引发纠纷。

（三）合作期限

项目的合作期限通常应在项目前期论证阶段进行评估。评估时，需要综合考虑以下因素：

（1）政府所需要的公共产品或服务的供给期间；

（2）项目资产的经济生命周期以及重要的整修时点；

（3）项目资产的技术生命周期；

（4）项目的投资回收期；

（5）项目设计和建设期间的长短；

（6）财政承受能力；

（7）现行法律法规关于项目合作期限的规定等。

实操中，存在的实务问题包括以下三方面。

1. PPP 项目的合同期限长于 PPP 项目的合作期限

如在 PPP 项目合同中，一般会对 PPP 项目的合作期限做出如下约定："除非提前终止或者延期外，本项目的 PPP 项目合作期限为 15 年，自开工日起开始计算。本合同项下的合作期由建设期和运营维护期组成，其中建设期自开工日起至正式运营日前一日止，运营维护期自正式运营日起至合作期最后一日止。"

而 PPP 项目的合同期限一般会约定，该 PPP 项目合同自签订之日起即生效（先决条件满足的情形下）。在 PPP 项目合同签订生效之日，如果 PPP 项目尚未具备开工条件（即便项目用地是净地，具备施工条件，但是加之开工手续的办理流程，也无法保证 PPP 项目合同签订生效之日，即具备下达开工令），此时 PPP 项目的合同期限明显比 PPP 项目的合作期限要长。

2. PPP 项目的合同期限与 PPP 项目的合作期限亦可以完全重合

实践中，对 PPP 项目合作期限如此约定："建设期为 3 年，自 PPP 项目合同签订之日起至本项目全部工程竣工验收合格日止；运营期为 12 年，自本项目全部工程竣工验收合格日起计算"，此约定将 PPP 项目的合同期限与合作期限重合在一起。

3. 在合同中应体现关于合作期限提前或延迟的特殊性约定以及条件设置

二、前提条件

一般情况下，PPP 项目合同条款并不会在合同签署时全部生效，其中部分特定条款的生效会有一定的前提条件。只有在这些前提条件被满足或者被豁免的情况下，PPP 项目合同的全部条款才会生效。

（一）何谓前提条件

根据项目合同指南的规定，前提条件是指 PPP 项目合同的某些条款生效所必须满足的特定条件。一般在实践操作中，会将前提条件的满足约定为 PPP 项目合同生效的条件。

对项目公司而言，在项目开始实施前赋予其一定的时间以完成项目的融资及其他前期准备工作，并不会影响项目期限的计算及项目收益的获取。而对政府方而言，项目公司只有满足融资交割、审批手续等前提条件才可以正式实施项目，有利于降低项目的实施风险。

（二）常见的前提条件

（1）政府部门已经签发以下有关项目或项目公司的批准文件，包括但不限于 PPP 项目实施方案的批复、PPP 项目合同（含附件）的批复、已生效的《股东协议》和《公司章程》以及工商部门签发的项目公司企业法人营业执照等。

（2）PPP 项目入库审批及政府付费纳入中期财政规划。这两个条件是社会资本方特别关心的问题，关系到整个合作期限内政府付费的合法性和稳定性。通常融资方也会将 PPP 项目入库和政府付费纳入中期财政规划作为其放款的条件之一，以确保将来项目公司现金流的稳定。

（3）融资交割的约定，包括但不限于生效的融资文件备份完成且已被满足或者能够满足，甚至约定中标社会资本完成首笔注册资本的出资及及时到位的义务。

（4）项目公司已提交满足项目合同要求的建设履约保函。

（5）保险已经生效——由项目公司负责满足。

只有所有先决条件满足之日或得到政府豁免之日，项目合同方能生效，当然，无法满足先决条件或者放弃先决条件，且未获得政府豁免，项目公司（此时应该是社会资本）则需要按照前期的 PPP 项目合同框架协议（由政府与中标社会签署）承担合同终止以及经济补偿等相关责任。

（三）未满足前提条件的后果

（1）合同终止：如果双方约定的上述任一前提条件在规定的时间内未满足，并且另一合同方也未同意豁免或延长期限，则该合同方有权终止项目合同。

（2）违约赔偿：如因合同一方未能在规定的时间内满足其应当满足的前提条件而导致合同终止，合同另一方有权向其主张一定的经济赔偿。

在实操中，存在的实务问题包括以下几个方面。

1. "前提条件"是不是 PPP 项目合同生效的条件

前提条件不是整个 PPP 项目合同的生效条件，而是大部分条款的生效条件。通常 PPP 项目合同的条款并不会在合同签署时全部生效，其中大部分条款的生效会有一定的前提条件，只有这些前提条件被满足或被豁免的情况下，PPP 项目合同的全部条款才会生效，而小部分条款（主要指前提条件的履行）则必须在 PPP 项目合同签署时就生效。

2. 是不是必须设定"前提条件"

前提条件本身也是 PPP 项目合同签约双方需要履行的义务，即便不作为前提条件，双方同样有义务履行并完成这些工作，只是不作为执行合同的前置条件。另外，就这些条件的未满足的救济，也可直接关联到合同终止，而作为前提条件的好处之一，就是督促各方尽快满足这些条件。

另外，由于前提条件未满足而提前终止的处理方式与进入建设期或运营期提前终止的处理方式不同，前提条件未满足而导致终止时政府方不需要支付终止补偿金，而仅根据未满足条件的理由和情形由负责满足的一方承担一定的违约责任即可。

3. 是否有必要设置履行前提条件的履约保函

PPP 项目从采购到建设、运营、移交几乎每个阶段都可以设置相应的履约保函，特别是从建设期履约保函到移交保函几乎是首尾相连中间无缝衔接。但根据《政府采购法实施条例》和《政府采购货物和服务招投标管理办法》的规定，"自政府采购合同签订之日起 5 个工作日内退还中标供应商的投标保证金"，也就是说采购阶段的投标保证金在 PPP 项目协议签订后的 5 个工作日内必须退还给供应商，在未到提交建设期履约保函之前的一段时间并没有相应的保函予以保障，而该阶段确实存在由于无法满足一定前提条件而提前终止项目协议的可能性。

在这种情况下由社会资本方/项目公司提交前提条件的履约保函对政府方来说会更有保障。实践中，有些项目虽然未要求提交前提条件的履约保函，但会要求项目公司提前提交建设期履约保函，也就是说项目协议签订后无论何时开工建设，必须先提交建设期履约保函。在这种情况下需要注意约定前提条件未满足和建设期履约保函提取的关联性，否则可能存在不能提取的风险。

三、主体条款

主要包括政府主体、社会资本主体，重点明确对项目合同各主体的资格要求。

在实操中，存在的实务问题有以下两方面。

（1）政府主体条款可以表述为政府主体（甲方），某市（县、区）人民政府授权＿＿＿＿＿＿管理部门（或其他组织或机构）作为政府代表与社会资本签约。政府方负责项目的协调工作，并监督本项目的实施。

PPP 项目合同中政府主体的条款一般包括：①政府主体资格的介绍，包括政府主体的名称、住所、法定代表人等基本情况由代理人签约的，还应注明委托代理人的情况。②政府主体出现机构调整时的延续或承继方式。如果政府机构改革或调整，政府机构可能合并或被撤销。在这种情况下，合并的新机构或继承原机构职责的政府部门应承担项目合同的履行责任。新机构应与项目公司签订项目合同，延续或承继原机构的权利和义务。这种承继属于《合同法》规定的合同主体变更，应按照合同的约定或《合同法》的规定办理主体变更的手续。

（2）社会资本方的主体确立时，应注意联合体投标时的牵头方和参与各方的主体资格。

在起草和审核项目合同时，应注意以下几个问题。

（1）社会资本主体的范围。社会资本主体一般包括法人或其他组织，但其范围也会受到有关法律、法规和政府文件的限制。《基础设施和公用事业特许经营管理办法》（六部委第 25 号令）第十七条规定，实施机构应当公平择优选择具有相应管理经验、专业能力、融资实力以及信用状况良好的法人或者其他组织作为特许经营者。

（2）公民及公民之间的合伙组织不能作为社会资本主体。《基础设施和公用事业特许经营管理办法》明确规定社会资本为法人和其他组织。财政部《PPP 项目合同指南（试行）》进一步明确规定，社会资本是指依法设立且有效存续的具有法人资格的企业，包括民营企业、国有企业、外国企业和外商投资企业，因此，公民及公民之间的合伙组织不能作为社会资本主体。

（3）对社会资本主体的特别要求。除法律、法规、规章、规范性文件对社会资本的限制外，政府的招标文件中也可以对社会资本提出具体的要求。

（4）对政府融资平台公司的限制。本级人民政府下属的政府融资平台公司及其控股的其他国有企业（上市公司除外）不得作为社会资本参与本级政府辖区内的 PPP 项目。财政部《PPP 项目合同指南（试行)》对此做出了明确规定。地方政府的融资平台是地方政府设立的，对外代表地方政府融资，地方国有企业及其控股企业也是地方政府出资设立的。如果上述机构或组织参与本地 PPP 项目的投资，实际上是地方政府用财政资金投资本地项目，与 PPP 项目吸引民间资金的初衷不符，也会增加地方政府的债务。

（5）外商投资企业作为社会资本的地位。目前国家正在逐步扩大外商在我国参与基础设施和公共服务领域的范围。关于外商投资的领域和范围，《基础设施和公用事业特许经营管理办法》第十七条第二款规定，特许经营者选择应当符合内外资准入等有关法律、行政法规规定。

四、权利义务条款

PPP 项目合同基本权利和义务条款首先应概括性地约定各主体的主要权利和义务，具体可参照实施方案中"权利义务边界"主要内容。例如，政府方依法监管权力和行使项目合同约定的权利，遵守项目合同、及时提供项目配套条件等；社会资本主体按约定获得政府支持的权利和按约定实施项目、获得相应回报的权利等，按约定提供项目资金，履行环境、地质、文物保护等义务；除政府方、社会资本方外，在此可以将项目公司的基本权利和义务也予以明确。

（1）应明确社会资本方的回报机制；

（2）应约定关于项目公司资产的权属及运用、收益和处分等；

（3）可以约定关于项目配套设施的建设与相应义务承担；

（4）可以约定各方合法合规参与及其廉政和反贿赂条款的承诺。

在实操中，存在的实务问题有以下几个方面。

（1）政府几项重要权利必不可少。不可少的权利包括一票否决权、重大事项决定权、监管权、介入权等。比如：建设期的监管权、运营及维护的监管权、绩效考核的监管权、必要的行政监管等。在介入权方面，其权利内容包括在项目公司未违约和项目公司违约两种情形下的介入权。

（2）对社会资本方的主要义务不能忽略。主要义务包括及时、足额出资及对项目公司融资担保义务等。

（3）项目公司的主要义务。项目公司的主要义务包括及时足额融资、依法有效运营等。比如：未经政府同意，整个合作期内注册资本金不得减少，项目公司不得转让和解散。在合作期内的某一特定时间段内，政府对股权锁定，未经政府书面同意，项目公司不得转让股权，在这一锁定期结束后，项目公司转让股权需经政府审批等。

五、融资条款

PPP 项目合同中有关项目融资的规定，不一定会规定在同一条款中，有可能散见在不同条款项下，通常包括项目公司的融资权利和义务、融资方权利以及再融资等内容。应结合 PPP 项目实施方案中对融资具体事项的规定，在合同中具体约定，同时注意以下几点。

（1）应根据设定的投资概算，约定好项目投资规模、投资计划（分年度）、投资控制与超支责任等重要内容；

（2）明确社会资本应提供经政府方认可并切实可行的融资方案和资金筹措措施；

（3）约定政府的投融资监管权利及社会资本、项目公司融资违约应承担的违约责任等事项；

（4）股东出资以及资本金到位的具体时间、按照约定相应比例与金额及其计划，如不能及时到位的违约责任；

（5）具体融资方案及合作条件、各自融资成本的承担、担保事宜的承担和处理；

（6）专项资金以及奖补资金的归属性与使用约定；

（7）部级或省级基金或政策性贷款的使用权责与协助义务；

（8）关于协议各方投融资违约责任的承担。

六、建设条款

有关项目建设的条款通常会包括设计和建设两部分内容，在 PPP 项目合同中应主要包括以下内容：

（1）关于建设工程的设计、采购、施工的框架性约定（后续可通过施工合同等分别确立）。

（2）建设的核心内容、建设标准及其履约保证相关手续（提交保函）的约定。

（3）工程竣工、交工、验收的有关约定，例如：①项目公司应当组织项目工程验收，并通过有关职能部门就项目工程的工程质量而组织的验收。②如因项目工程存在某一方面的瑕疵导致项目工程未通过验收，项目公司应当根据有关职能部门的验收意见及时采取措施予以整改或完善，并再次组织相关验收，直到通过该验收为止。③项目公司应当在有关职能部门的验收报告出具之日起 7 个工作日内，提交该等验收报告一套完整复印件给政府方备案。

（4）关于工期延误的有关约定。在有建设内容的 PPP 项目中，工期是建设期中非常重要的内容，有关工期及其延误的约定也是非常重要和关键的。在 PPP 项目合同中有关工期延误条款约定需注意以下几点：①不同原因造成的工期延误，应有不同类型的处理方式。②约定好工期延长的程序：即当出现工期延误的情况时，双方均应尽合理通知义务。③约定好因发生工期延误后，由于拖期、窝工等导致项目公司产生额外的费用，应遵循过错责任原则，由过错方承担。如果由政府方承担，可通过一次性补偿、一般补偿、延长合作期、调整政府付费方式等方式进行。如果由项目公司承担，可通过支付违约金、扣除建设期保函等方式。对于工期延误违约金和运营期延误的违约金，不宜同时适用，否则将构成双重处罚，对项目公司而言并不公平。

（5）项目总投资的确认原则，包括：建筑安装工程费用计价依据，关于基准价格的约定，关于变更估价的约定，由于市场价格波动引起的工程价款调整原则等。

（6）关于工程超概的硬性约定及其超概部分责任承担主体。

（7）关于监理和工程质量以及政府监管的约定，比如：建设或其任何部分严重不符合有关的质量和/或安全要求，政府方可以就此给予项目公司书面通知，要求其在合理时间纠正缺陷；项目公司应遵照执行，尽快采取补救措施，并对由此引起的任何费用的增加和延误负责。此部分费用不计入总投资。在收到政府方上述通知后15天内不能或拒绝纠正缺陷，政府方有权自行或聘请第三方纠正上述缺陷。在这种情况下，项目公司应为此向政府方支付合理且必要的修理费用，否则政府方有权兑取履约保函相应款项。

（8）关于工程保险及权责的问题：工程后期质保和保修、缺陷责任期及其费用和权责分担的约定。

（9）关于扣减保函的约定，比如：政府方按照合同相关约定要求项目公司支付违约金时，政府方有权从建设期履约保函中兑取相应金额。

（10）以上相应行为如违约的，违约责任及承担方式的约定等。

七、运营条款

在PPP项目中，项目的运营不仅关系到公共产品或服务的供给效率和质量，而且关系到项目公司的收入，因此对于政府方和项目公司而言都非常关键。有关项目运营的条款通常包括开始运营的时间和条件、运营期间权利与义务以及政府方和公众对项目运营监督等内容。

（1）确定正式运营日和条件（开始运营日、试运营日、正式运营日）；可以约定竣工验收后的次日为项目的开始运营日。

（2）约定运营维护的内容、基本要求等，比如：开始运营的时间、运营维护的范围、运营维护保函、项目保险、运营维护手册、服务暂停、未履行运营维护义务、运营维护的检查监督、运营绩效考核等。

（3）重点约定合作项目运营的外部条件、运营服务标准。

（4）约定运营期保险、政府监管、运营支出及违约责任等事项。比如，按照PPP项目合同规定，项目公司须服从实施机构或相关职能部门的监管，接受实施机构或相关职能部门对运营维护服务进行的检查与监督，接受当地政府指定机构的监督检查和绩效考核，并承担运营维护服务绩效考核的经济奖罚。

（5）约定在运营过程中产生的主副产品的权属和处置权限，以及运营期间由于政府特殊要求造成社会资本主体支出增加、收入减少的补偿方式、补偿金额、支付程序及协商机制。

（6）运营期限中设施设备的保养、维护、大中小修等例行支出和按照政府特定要求而增加或减少支出的补偿机制设置。

（7）运营期关于财务监管和股东知情权处理的约定。

（8）运营期间的定价机制、调价机制的详细约定、双方权责及执行的环节和对应部门的协助义务、关于价格调整延后的违约责任、调价机制涉及的公众利益导致的政府介入权等，比如：运维绩效服务费调价机制是根据当地居民消费价格指数（CPI）涨跌幅度调整，如果当年度 CPI 涨跌幅度累计超过 10% 时，自次年初起同比例调整运维绩效服务费。由于项目的合作期长，考虑到经营过程中物价、标准、政策等变化的影响，需要在 PPP 项目合同协议中约定价格调价办法，包括调价因素、调价公司、调价管理程序等，以合理控制项目的运营风险。

（9）运营期绩效考核的主体、方式、依据、指标、考核结果应用、如何与回报机制挂钩等，比如：运营期内，政府方会同其他职能部门对每个子项目的运营维护情况进行考核；考核方式为每季度一次的定期检查和不定期抽查；在考核结果的基础上，按照考核结果与绩效费用挂钩，制作绩效考核和运营维护情况对照表。

八、绩效考核条款

绩效考核之于 PPP 模式，有统揽全局协调各方之功，是正确处理政府与市场关系，平衡顶层设计与基层推进，实现政策制定者、市场参与者和社会受益者"共商、共建、共享"利益格局的核心；之于 PPP 项目，有落实产出、保证品质之德，将"务虚合约"转化为"务实合作"，是成就功能导向、效率导向、结果导向和利益导向的关键。

国内对于 PPP 模式尚没有构建出一个完整的绩效评价体系。业界有观点认为，评价 PPP 项目应遵循"共性"和"个性"的思路。原因在于，PPP 模式涉及行业众多，各地区开展 PPP 项目所面临的社会经济条件也有很大不同，单一评价很难奏效，因此有必要在整体把握"共性"评价的基础上突出各地区、各项目的具体的"个性"评价。这就需要一种能够综合考量各方因素的评价指标体系。目前比较合适的就是通过构建财务、顾客、内部经营流程、创新与成长、政策与环境等五个维度，设立相应的具体评价指标来评价项目运作效果，具体为：①财务维度指标；②顾客维度指标；③内部经营流程维度指标；④创新与成长维度指标；⑤政策与环境维度指标。

实操中，存在的实务问题包括以下几个方面。

（1）应约定政府方对工程质量、运营标准的全过程监督和考核，确保公共产品和服务的质量、效率和延续性。

（2）应约定建设期、运营期的绩效考核结果均应作为政府付费及支付补贴的依据。

（3）在项目全生命周期实施中期评估，评价结果向社会公示，和绩效考核结果一起作为合同调整的重要参考依据，并据此作为价费标准、财政补贴等的支付依据。

（4）可约定实施方案中绩效考核内容作为合同的附件一起执行。如想进一步细化绩效考核约定的，可以将实施方案中建设期及运营期绩效考核的主要内容作为合同条款进行约定。对考核的主体、内容、指标、流程、结果等都可以约定。比如：考核的主体为实施机构组织相关协调监管单位组成的考核小组；考核的内容为项目公司对 PPP 项目运营、维护、管理情况，包括运营成果、设施维护、规范管理等；考核的方式为年终考核，年度考核成绩实行百分制，总分为 100 分，参照附表进行分项打分，对各分项得分进行汇总得出年度考核成绩。

九、付费机制条款

付费机制是政府与社会资本合作的重要基础，关系到收益回报，因而是双方共同关注的核心问题，也是 PPP 项目合同最为关键的问题，为此，关于付费机制的有关条款，在 PPP 项目合同约定时应充分注意以下问题。

（1）需要根据项目的不同，设置不同的付费机制。主要有政府付费、使用者付费、可行性缺口补助三种。

①关于政府付费。

a. 可用性付费：明确界定可用与不可用的标准；出现不可用情形时，宽限期的设置；出现不可用情形仍可获得政府付费的"豁免事由"等。

b. 使用量付费：应设置最低使用量、最高使用量；政府方承担最低使用量的风险；实际使用量低于最低使用量时政府付费应做出相应安排。

c. 绩效付费：应设定绩效标准，应有绩效监控机制以及绩效未达标应承担的后果。

以上各类付费形式均应与绩效考核挂钩。

②关于使用者付费。

a. 明确使用费如何确定；

b. 明确政府是否需要保障项目公司的最低收入；

c. 明确设置"超额利润分享机制"。

③关于可行性缺口补助。

a. 明确缺口补助来源；

b. 明确缺口补助计算公式；

c. 明确缺口补助与绩效考核挂钩等。

（2）需要在合同中明确不同付费机制应考虑和反映的核心要素。

（3）不同的付费机制应设置合理的项目定价和调价机制，以及变更和调整机制。比如：可用性服务费调价机制可以根据同期中国人民银行公布的五年及以上贷款基准利率，自次月起按社会资本中标时的投资回报率倍数调整投资回报率；本项目工程竣工验收后，如经第三方审计单位审计的项目总投资低于（或超过）本方案中的项目总投资，则实际应支付的可行性缺口补助应进行调整。

（4）明确项目定价依据、标准，调价的条件、方法、程序等；根据不同的回报机制考虑是否设置超额利润限制或分享机制。比如：在使用量付费和使用者付费项目中，设计付费机制时应考虑设定一些限制超额利润的机制，包括约定投资回报率上限、使用量上限等，超出上限的部分归政府所有，或者就超额利润部分与项目公司进行分成等。但基本的原则是无论如何限制，付费机制必须能保证项目公司获得合理的收益，并且能够鼓励其提高整个项目的效率。

（5）明确财务的监管及各方违约责任的承担等事项。

（6）明确付款的时间和程序，明确不及时付款的违约责任。比如：项目公司先将可行性缺口补助账单报实施机构，实施机构根据《PPP 项目合同》对项目公司进行绩效考核，审核不通过则将可行性缺口补助账单退回并附审核不通过之书面通知，项目公司须在收到不通过之书面通知后整改并重新提交至实施机构。考核合格和账单审核确认无误后交至财政局，县财政局确认后据此账单和发票将可行性缺口补助支付给项目公司。具体支付方式及流程由财政局按照相关法律法规的规定执行。

（7）明确付费与绩效考核挂钩。比如：①当考核结果为优秀时，按实际可行性缺口补助的 100% 支付；②当考核结果为良好时，实际可行性缺口补助 = 应支付可行性缺口补助 × 系数 1；③当考核结果为合格时，实际可行性缺口补助 = 应支付可行性缺口补助 × 系数 2；④当考核结果为不合格时，政府方约谈项目公司总经理及中标社会资本方法人代表并限定其三个月内整改完毕，如果项目公司仍整改不到位，暂停本年度可行性缺口补助的发放，直到整改到位、重新进行绩效考核且考核结果为达标为止。

十、履约担保条款

履约担保广义上是指为了保证项目公司按照合同约定履行合同并实施项目所设的各种机制。履约担保的方式通常包括履约保证金、履约保函以及其他形式的保证等。根据财政部项目合同指南，履约担保的一般选择原则及目的（包括选择的担保方式和担保额度）包括两点：其一为"所选用的担保方式可以足够担保项目公司按合同约定履约"，即担保的履约威慑力足够；其二为"在出现违约情形下政府有足够的救济手段"，即便于政府方实行违约救济。

在实操中，存在的实务问题包括以下几个方面。

（1）PPP 项目合同中的履约担保应当明确担保的方式、履约担保的类型、担保的范围、保函的提供方式、提供时间、担保额度、兑取条件和退还流程等。

保函是当前项目实践中应用最为广泛的担保形式。应注意的是，虽然相关规定已明确担保形式包括"金融机构、担保机构出具的保函"，但实际上项目实施机构对保函出具方往往有明确要求，比如"国有大型银行出具的保函"。此外，在部分 PPP 项目中政府方要求社会资本/项目公司缴纳现金投标保证金和履约保证金，这与《政府采购法实施条例》及相关规定中的"非现金形式"存在冲突。

另外，对于履约保证金的数额，在项目合同中需要关注以下约定。

①明确被扣除的担保金额应由担保提供方及时补足恢复至规定金额。为了维持履约担保的效力，PPP 项目合同中通常约定在政府方提取履约保证金以后，项目公司限期补足履约担保金额的义务，否则政府方有权从政府付费中予以扣除。

②根据项目自身特点，设置根据项目进度相应降低担保金额的机制。

③明确提取条件和退还时间、方式。首先，PPP 项目合同中关于履约保证提取的约定应注意，导致履约保证规定的提取条件成就时能够保障政府方及时、便捷地进行提取。其次，当社会资本依照合同规定，履行了合同义务，履约担保期间结束后，政府方应当及时将履约保证金退还给社会资本。PPP 项目合同对履约担保的退还通常设置如下前提条件：a. 所担保的履约期限届满；b. 下一阶段的履约保函提交后的一定期限内（移交维修保函除外）。实践中，若以现金形式提交履约保证金的，如需提供后续履约担保，通常在 PPP 项目合同中约定不需要退还而是直接转为下一阶段的履约保证金。

（2）对于合作周期较长的项目，可以约定项目公司或社会资本方分阶段和期间提供履约担保。

（3）保函的数额不宜过高也不宜过低，应根据相对具体情况适中选取，尤其注意，移交保函的数额应能够完全覆盖移交前的大修。

（4）不及时提供或不充分提供履约担保的违约责任。

十一、股权结构设置与退出条款

在 PPP 项目中，虽然项目的直接实施主体和 PPP 项目合同的签署主体通常是社会资本设立的项目公司，但项目的实施仍主要依赖于社会资本自身的资金和技术实力。项目公司自身或其母公司的股权结构发生变化，可能会导致不合适的主体成为 PPP 项目的投资人或实际控制人，进而有可能会影响项目的实施。鉴于此，为了有效控制项目公司股权结构的变化，在 PPP 项目合同中一般会约定限制股权变更的条款。该条款通常包括股权变更的含义与范围以及股权变更的限制等内容。

（一）关于股权结构设置

未来 PPP 项目公司（SPV 公司）的股权结构（法人治理结构）的设置，是影响公司正常运作的重要保障。对此，在 PPP 项目合同中应按照《公司法》的要求结合项目的具体情况予以明确。

在实操中，存在的实务问题包括以下几个方面。

（1）要有关于项目公司的设立与内部治理结构、经营和监督管理机制的设置。比如：项目公司按《公司法》设股东会、董事会和监事会。项目公司股东会由各投资方组成，是公司的最高权力机构，股东会的权利根据《公司法》和公司章程行使。但是基于本项目采用 PPP 合作模式的特殊性，政府方股东对影响社会公众利益的行为具有一票否决权。

（2）项目公司的股权设置应与实施方案中的内容相一致。

（3）明确项目公司增资扩股的情形和持股股东分红权、投票权、知情权、否决权等相应权限的约定和法律适用。比如：项目公司股东会会议做出修改公司章程、增加或者减少注册资本的决议，公司合并、分立、解散或者变更公司形式的决议，以及涉及公共安全和公共利益的事项，必须经全体股东通过。政府方和社会资本按照股权比例进行利润分红。

（4）明确政府方持股是否享有分配权益？对政府方股东代表在项目公司的法人治理结构中进行特殊安排。比如：在合作期内，项目公司进行利润分配前，应当提取税后利润的 10% 作为公司法定公积金，当法定公积金累计额达到注册资本的 50% 时可不再提取，项目公司弥补亏损和提取公积金后所余税后利润，由项目公司双方股东按股权比例进行分配。

（二）关于股权退出

PPP 项目的合作期限均很长，根据财政部于 2015 年 6 月 25 日印发的《关于进一步做好政府和社会资本合作项目示范工作的通知》（财金〔2015〕57 号）的规定，政府和社会资本合作期限原则上应不低于 10 年。因此，如何拟定在 10 年或 10 年以上的超长合作期限内项目公司（也称 SPV 公司）股权变更条款，确实需认真思考，在拟定 PPP 项目公司股权变更条款时，应根据 PPP 项目的具体特点和 PPP 模式的特性详细予以规定，以使之既能保障政府方的权益，又能满足社会资本方的诉求，同时又达到社会公共利益最大化需求。

在实操中，存在的实务问题有以下几个方面。

（1）在 PPP 项目合同中要设置关于股权退出的限制性条款或门槛条件。比如：股权锁定期自本合同生效之日起至项目进入稳定运营满 3 年。股权锁定期结束后，须经政府事先书面同意并报经政府审批后，项目公司股东方可向符合本合同规定条件的受让方转让其在项目公司的股权。

（2）对涉及项目公司持股股东相应的股权抵押、质押等要有明确限制或约定。比如：项目公司为筹措公共基础服务设施、建筑物及附属设施建设资金，可以将经营权和/或公共基础服务设施、建筑物及附属设施服务费收费权进行质押，但这种质押只能用于本项目。上述质押应事先征得政府方的书面同意，相应的融资文件应得到项目公司的批准。

（3）股权变更条款主要针对社会资本方，一般不限定政府方的股权变更。

（4）建设期或期满后短时间股权一般不允许变更，否则涉嫌"以 BT 方式移交"。一般"股权锁定期"限定为 5 年，也可以设置"合作期内不得变更"的限制。

（5）主要以运营为主的项目，一般可约定"进入稳定运营期满三年后"允许转让股权。

（6）项目合作期内任何时间转让股权（包括政府不参股的项目公司转让股权）都必须把征得政府方同意作为前提条件。

（7）在拟订 PPP 项目公司股权变更的条款时，还必须考虑股权变更的行为，是否侵害到社会公共的利益，需要保证公共利益最大化。

十二、保险条款

某种意义上，项目风险的合理分配及转移是 PPP 项目合同的主线，而 PPP 项目中购买保险并维持其效力是转移风险的重要一环。PPP 项目合作期内各方对购买并维持保险的责任分工、各方在保险中所占的角色分配、应购买的合理保险种类、保险覆盖的项目范围、保险获得的风险等问题都是保险最终与项目风险密切相关的问题。

在实操中，存在的实务问题有以下几个方面。

（1）关于投保人，应为项目公司，项目合同指南也将"获得项目相关保险"列为"通常由项目公司承担的风险"，作为项目的实施主体，由项目公司购买保险无疑也是最为合适的。PPP 项目合同条款中也同时会约定当项目公司未按约定投保时，由政府方自行购买保险，此时投保人为政府方。

（2）关于被保险人，根据《中华人民共和国保险法》的规定，"被保险人是指其财产或者人身受保险合同保障，享有保险金请求权的人"，根据险种的不同，被保险人将出现差异，但项目公司应始终作为被保险人之一，在保险事故发生后享有保险金请求权，根据合同约定的不同，政府方或政府指定机构也可作为被保险人。

（3）关于保费，PPP 项目合同中应明确项目相关保险费由谁承担，这通常影响到项目可用性付费、运维成本的计算。

（4）项目合同应约定工程建设期需要投保的险种、保险范围、保险责任期间、保额、投保人、受益人、保险赔偿金的使用等；项目合同应约定运营期需要投保的险种、保险范围、保险责任期间、保额、投保人、受益人、保险赔偿金的使用等。

十三、移交条款

项目移交通常是指在项目合作期限届满或者项目合同提前终止后，项目公司将全部项目设施及相关权益以合同约定的条件、范围和程序移交给政府或者政府指定的其他接收机构。

在实操中，存在的实务问题有以下几个方面。

1. 明确移交的内容及标准

（1）项目移交的标准包含权利和技术两方面的标准，移交时项目设施、土地及所涉及的任何资产不存在权利瑕疵，其上未设置任何担保及其他第三人的权利。

（2）在提前终止导致移交的情形下，如移交时尚有未清偿的项目贷款，则为该未清偿贷款所设置的担保允许存在。

（3）同时，项目设施应符合双方约定的技术、安全和环保标准，如对项目外观质量、系统功能、安全性能等进行要求，且不应存在任何环境问题或环境遗留问题。比如，在一些 PPP 项目合同中，会要求移交时设施处于良好的运营状况，且会对"良好运营状况"的标准做进一步明确，如在不再维修的情况下，项目可以正常运营 3 年等。

（4）移交不达标时政府方扣"移交保函"的规定。

2. 明确移交的程序及移交效力

（1）双方可以约定将项目合作期限届满前的某特定期间（通常为期满前 12 个月至 36 个月）作为移交的过渡期；

（2）在过渡期内，政府方和项目公司应共同成立移交工作组商定项目设施移交的详细程序、确认移交情形和补偿方式以及制定资产评估和性能测试方案。例如，政府和项目实施机构需要做好性能测试的以下相关工作：①应组建项目移交工作组，制定资产评估和性能测试方案。②应委托具有相关资质的资产评估机构，按照项目合同约定的评估方式，对移交资产进行资产评估，作为确定补偿金额的依据。③性能测试结果不达标的，移交工作组应要求社会资本或项目公司进行恢复性修理、更新重置或提取移交维修保函。

（3）在过渡期内，项目公司应继续负责项目的运营管理工作，并给予政府或其指定接受机构充分的配合，在具体移交过程中按照移交方案执行。

（4）各方应当在 PPP 项目合同中约定，自项目正式移交日起，除质保义务外，项目公司在 PPP 项目合同项下的权利和义务即宣告终止，项目实施机构或者政府指定机构应接管项目设施的运营，以及概括承受因 PPP 项目合同而产生的于协议终止后仍有效的任何其他权利和义务。

（5）重点约定政府向社会资本主体移交资产的准备工作、移交范围、履约标准、移交程序及违约责任等。

（6）重点约定社会资本主体向政府移交项目的过渡期、移交范围和标准、移交程序、质量保证及违约责任等。

（7）明确各方在移交工作中违约行为的认定和违约责任，可视影响将违约行为划分为重大违约和一般违约，并分别约定不同违约行为应承担的违约责任。

十四、变更、修订与转让条款

鉴于 PPP 合同的履行期限均较长，期间会有多种导致合同变更的因素发生，为此，PPP 项目合同中应约定相应的变更机制，主要包括以下几方面。

（1）允许提出变更的主体；

（2）变更提出的时间（建设期及运营期，一般在建设期内不允许提出变更）；

（3）针对项目投资额增减的变更约定；

（4）如何实施变更以及变更程序的约定；

（5）政府的批准：根据提出变更方式的不同，政府有权决定是否同意或拒绝实施批准，如法律规定导致变更的，应遵守合同下法律变更机制的条款；

（6）明确合同变更、修订或转让后新增（减）投资和相应运营费用的责任主体；变更价款的来源及支付：对于政府提出的变更，政府应承担因此而发生的费用。项目公司提出的，政府一般不承担，除非双方之前另外达成安排。

十五、提前终止条款

PPP 项目合同的履行期均在 10 年或以上，在此期间可能出现各种人为或不可抗力的情况导致合同的提前终止。为保障各方利益在提前终止后得到有效维护，在合同中应注意明确约定以下几项内容。

（1）应明确约定 PPP 项目合同可以终止的详细情形。比如：政府方重大违约；项目公司（中选社会资本方）重大违约；法律变更或政府行为等。

就"政府方重大违约"而言，通常将政府方重大违约情形中可能导致项目公司利益严重受损、影响合同目的实现等情形作为合同提前终止的情形在 PPP 项目合同中进行约定。比如：声明与保证条款中出现严重失实；违反排他性（唯一性）条款；未能按时完成征地拆迁补偿工作；未能按时支付政府付费等。

就"项目公司（中选社会资本方）重大违约"而言，通常将项目公司重大违约情形中可能严重影响项目可用性的情形作为合同提前终止的情形在 PPP 项目合同中进行约定。比如：声明与保证条款中出现严重失实；未能完成项目融资；建设工程质量、进度不符合要求；运营期内绩效考核严重不达标；违反股权变更的限制等。

（2）应约定不可抗力导致的提前终止情形。按照《PPP 项目合同指南（试行）》第十六节的规定，不可抗力条款是 PPP 项目合同中一个重要的免责条款，用于明确一些双方均不能控制又无过错的事件的范围和结果，通常包括不可抗力的定义和种类以及不可抗力的法律后果两部分内容。除此之外，还应将不可抗力导致提前终止的情形在合同中约定明确。由于不可抗力将触发对 PPP 项目合同的修改和提前终止，因此应严格限定不可抗力事件的范围，对于可通过其他途径追究相关责任方但对项目本身存在不利影响的事件（如付款延误、供应商责任等），不应列为不可抗力事件。

（3）应约定提前终止提出的程序以及提前终止的后果。例如，提前终止提出的程序为：①解除权人。通常在 PPP 项目合同中约定，一旦出现提前终止的情形，在有违约情形的情况下，仅守约方有权发出终止通知；无违约情形的情况下，任何一方均可发出终止通知。②合同终止意向通知。约定终止意向通知的目的是希望各方通过友好协商并采取补救措施，尽量避免 PPP 项目合同的提前终止。但为了保证提前终止条款不被协商过程架空，在 PPP 项目合同中通常会约定协商期限，在该期限内若各方达成一致意见，则停止提前终止程序，若未能达成一致意见，则解除权人可正式发出合同终止通知。值得注意的是，发出合同终止意向通知并非合同终止的必经程序，由合同各方根据项目情况在 PPP 项目合同中自行约定。③合同终止通知。为了督促当事人充分、积极地行使自身的权利，在 PPP 项目合同中通常会约定发出提前终止通知的期限，超过该期限当事人不行使发出合同终止通知的权利，则该权利消灭。

提前终止的后果为：一般来说，由于 PPP 项目多为基础设施建设类项目，因此，一旦发生合同提前终止，项目公司需要进行项目设施移交，政府方要根据事先约定的金额，向项目公司支付提前终止补偿金额。需要注意，从提前终止事件发生到合同实际提前终止（一般以合同约定的"终止日"为准），往往还有一段时间（如双方对提前终止事件的发生进行通知，对争议进行协商，对提前终止补偿金额进行计算等），截至提前终止日，PPP 项目合同依然是有效的，双方仍应履行合同项下的义务。

（4）应约定提前终止后的提前移交范围和程序。例如，合同任何一方发出提前终止通知后，项目公司应向政府方提前移交项目设施、相关文件资料和与项目设施相关的所有权利和权益。移交的范围通常包括：①项目设施；②项目土地使用权及项目用地相关的其他权利；③与项目设施相关的设备、机器、装臵、零部件、备品备件以及其他动产；④项目实施相关人员；⑤运营维护项目设施所要求的技术和技术信息；⑥与项目设施有关的手册、图纸、文件和资料（书面文件和电子文档）；⑦移交项目所需的其他文件。

（5）应约定提前终止如何补偿的计算方法。例如，因政府方违约、政府行为、法律变更在建设期提前终止的计算方法：已投入的资本金＋已到位的贷款本金＋实际发生的贷款利息＋已投入的资本金按回报率计算的投入期间回报＋提前终止所发生第三方的费用（工程、采购服务合同提前终止补偿、解除劳动合同的补偿金等）。因政府方违约、政府行为、法律变更在运营期提前终止的计算方法：尚未支付的可用性付费额现值＋提前终止所发生第三方的费用（提前还贷的违约金、采购服务合同提前终止补偿、解除劳动合同的补偿金等）。

（6）应约定导致提前终止的违约责任承担。例如，PPP项目合同通常会对违约责任作一般原则性规定，适用于所有的违约情形。根据《中华人民共和国合同法》（以下简称《合同法》）的规定，违约责任的承担方式有如下几种。第一百零七条："当事人一方不履行合同义务或者履行合同义务不符合约定的，应当承担继续履行、采取补救措施或者赔偿损失等违约责任。"第一百一十二条："当事人一方不履行合同义务或者履行合同义务不符合约定的，在履行义务或者采取补救措施后，对方还有其他损失的，应当赔偿损失。"第一百一十三条第1款："当事人一方不履行合同义务或者履行合同义务不符合约定，给对方造成损失的，损失赔偿额应当相当于因违约所造成的损失，包括合同履行后可以获得的利益，但不得超过违反合同一方订立合同时预见到或者应当预见到的因违反合同可能造成的损失。"另外，通常PPP项目合同中也会相应地约定非违约方的减损义务：非违约方必须采取合理措施减轻或最大限度地减少违约方违反本合同引起的损失，并有权从违约方获得为谋求减轻和减少损失而发生的任何合理费用。如果非违约方未能采取前述措施，违约方可以请求从赔偿金额中扣除本应能够减轻或减少的损失金额。

十六、违约及解约条款

（1）对于合同中涉及违约的各种情形在合同中予以集中约定，并对相应的违约责任进行明确细化。

（2）应明确各方在各个环节中违约行为的认定和违约责任，可视影响将违约行为划分为重大违约和一般违约，并分别约定违约责任。

（3）按照公平合理的原则，重点约定合同的退出机制，即明确合同解除事由、解除程序以及合同解除后的结算、项目移交等事项。

（4）结合项目特点和合同解除事由，可分别约定在合同解除时项目接管、项目持续运行、公共利益保护以及其他处置措施等。

十七、甲方的监督和介入

由于 PPP 项目通常是涉及公共利益的特殊项目，从履行公共管理职能的角度出发，政府需要对项目执行的情况和质量进行必要的监控，甚至在特定情形下，政府有可能临时接管项目。PPP 项目合同中关于政府方的监督和介入机制，通常包括政府方在项目实施过程中的监督权以及政府方在特定情形下对项目的介入权两部分内容。

（1）应约定在项目合作期内，甲方有权以合法的方式监督掌握项目融资、建设及运营维护情况但甲方监督权必须在不影响项目正常实施的前提下行使。例如，甲方在介入前，应就介入的原因、介入的范围和程度、介入代表、介入时间事先书面通知并咨询乙方，并充分考虑乙方在咨询过程中所做出的申述。甲方根据该约定进行介入无须获得乙方的同意。

（2）应约定甲方介入的前提条件，包括乙方违约情况下和不违约情况下的介入情形。乙方未违约情形下的介入：①存在危及项目范围内人员生命安全、重大财产安全的风险；②行使政府的法定责任；③发生紧急情况，且政府合理认为该紧急情况将会导致人员伤亡、严重财产损失或造成环境污染，并且会影响项目的正常实施。乙方违约情形下的介入：①擅自停业、歇业，严重影响社会公共利益和公共安全的；②擅自处分项目资产，导致本项目不能正常运营的；③自身管理不善发生重大质量、生产安全事故，导致本项目不能正常运营的；④自身经营管理不善等原因，造成财务状况严重恶化，导致本项目不能正常运营的；⑤项目公司法人主体资格终止或撤销。

（3）应约定甲方介入的程序以及持续的时间、范围。例如：①甲方的介入并不直接导致本合同中止、终止或转让或合作期的中止、终止；②甲方所进行的介入，将一直并仅应持续到乙方改正了或可以合理地被期望有能力改正导致介入的违约事件，以较早发生的时间为准；③介入范围不应超过足以使乙方改正或有能力改正导致介入的违约事件或解除紧急事件或使乙方具有应对能力解除紧急事件所必须的范围和程度。

（4）应约定乙方在甲方介入期间的义务。

（5）应约定甲方介入期间的费用和收入如何安排。

（6）应约定中期评估的内容。例如，评估周期，中期评估为每 3 年一次，从正式运营日起算。评估小组，中期评估由政府方与项目公司共同发起，并组织有关专家组成评估小组对项目公司的运营、维护等相关服务进行评估。评估内容包括：①确认本合同及合资经营协议是否实现了其目标；②评估项目公司在项目合作期内的运营维护状况；③与项目运营有关的其他需评估事项。评估报告，评估小组在评估结束后 15 日内向政府方提交评估报告，内容包括：评估结果、修改本合同和股东协议的建议等。评估结果处理：①政府指定机构有权决定是否采纳评估小组所提出的建议；②如评估小组提出的项目合同修改建议被采纳，则合同双方应在政府方的主导下对本合同进行修改，修改的合同条款在随后的项目合作期内对双方具有约束力；③如评估小组所提出的建议未被政府方采纳，则该建议无法律效力。

（7）应约定应急处置的内容。例如，针对自然灾害、重特大事故、环境公害及人为破坏等事件的发生等各类可能发生的事故和所有危险源制定应急预案和现场处置方案，明确事前、事中、事后的各个过程中相关部门和有关人员的职责。社会资本方制定的应急预案应征求政府方的意见并报经政府备案后实施。

十八、政府承诺

为了确保 PPP 项目的顺利实施，在 PPP 项目合同中通常会包括政府承诺的内容，用以明确约定政府在 PPP 项目实施过程中的主要义务。一般来讲，政府承诺需要同时具备以下两个前提：一是如果没有该政府承诺，会导致项目的效率降低、成本增加甚至无法实施；二是政府有能力控制和承担该义务。

由于 PPP 项目的特点和合作内容各有不同，需要政府承担的义务有可能完全不同，在不同 PPP 项目合同中，政府承诺有可能集中规定在同一条款项下，也有可能散见于不同条款中，建议单列章节予以明确以下内容。

1. 付费或补助

在采用政府付费机制的项目和可行性缺口补助机制的项目中，需要政府提供一定程度的补助，应约定：政府应按照合同约定的时间和金额付费或提供补助。

2. 负责或协助获取项目相关土地权利

在一些 PPP 项目合同中，根据作为一方签约主体的政府方的职权范围以及项目的具体情形不同，政府方有可能会承诺提供项目有关土地的使用权或者为项目公司取得相关土地权利提供必要的协助，对此，应要求在合同中予以明确。

3. 提供相关连接设施

一些 PPP 项目的实施，需要政府给予一定的配套支持，包括建设部分项目配套设施，完成项目与现有相关基础设施和公用事业的对接等。因此，在这类 PPP 项目中，政府方可能会承诺按照一定的时间和要求提供其负责建设的部分连接设施，对此，应要求在合同中予以明确。

4. 办理有关政府审批手续

通常 PPP 项目的设计、建设、运营等工作需要获得政府的相关审批后才能实施。为了提高项目实施的效率，一些 PPP 项目合同中，政府方可能会承诺协助项目公司获得有关的政府审批。尤其是对于那些项目公司无法自行获得或者由政府方办理会更为便利的审批，甚至可能会直接规定由政府方负责办理并提供合法有效的审批文件。对此，应要求在合同中予以明确。

5. 防止不必要的竞争性项目

在采用使用者付费机制的项目中，项目公司需要通过从项目最终用户处收费以回收投资并获取收益，因此必须确保有足够的最终用户会使用该项目设施并支付费用。通常会规定政府方有义务防止不必要的竞争性项目，即通常所说的唯一性条款。

十九、法律变更

《PPP 项目合同指南（试行）》指出，缔约政府部门在界定"法律变更"时，通常需要考虑以下几个问题：①什么是法律（通常称为"适用的法律"）；②什么构成法律的变更；③法律变更发生的基准日；④基准日之前的可预见性标准（如是否为"公众所知晓"）。

方式 1：由缔约政府部门承担所有的风险——在一些市场中，缔约政府部门通常承担所有的法律变更风险，并向私营合作伙伴提供完整的救济。

方式 2：由私营合作伙伴承担基本的风险——私营合作伙伴只有在证明其在某个特定时期内（比如一个日历年）因为法律变更所产生的总成本超过约定的标准时才有可能获得赔偿。

方式 3：更成熟的风险分担方式——在一些法域出现了更为成熟的法律变更风险分担方式，并且已经成了标准化合同模板的一部分。

方式 4：由私营合作伙伴承担所有风险——这种方式非常少见，并且只有在非常成熟且法律稳定的市场中才可能实现。在此类市场中，私营合作伙伴在法律上可以通过收取费用或征收税费的方式将增加的成本转移给第三方用户，并且不会对用户需求造成不利影响。

二十、PPP 项目合同中应该具有的其他重要条款

除以上重要内容外，PPP 项目合同还应约定政府和社会资本合作关系的其他重要事项，主要包括：前期工作、合作内容、资产归属等。

（一）关于"前期工作"应有明确的约定

（1）重点约定合作项目前期工作内容、任务分工、经费承担及违约责任等事项。比如：政府方需组织专业机构对存量资产的产权现状、资产情况、债权债务、权利负担等进行全面的尽职调查并在完成后出具相应的存量资产尽职调查报告；政府方负责公共基础服务设施、建筑物及附属设施建设场地的征地、所有地上物拆迁等工作；如因各方原因造成审批进度迟

延，由责任方承担责任；如因非社会资本方的原因造成工程停工的，工期顺延，运营期相应顺延；如造成行政处罚的，费用由责任方承担，该处罚费用不得纳入总投资等。

（2）对于政府开展前期工作的经费需要社会资本主体承担的应明确费用范围、确认支付方式以及前期工作成果和知识产权归属。

（3）项目合同应明确各方在前期工作中违约行为的认定和违约责任。可视影响将违约行为划分为重大违约和一般违约，并分别约定违约责任。

（二）关于"合作内容"的约定应与"合作范围"区别开

合作内容不是合作范围，它是 PPP 项目合同中应着重明确合作项目的边界范围。如涉及投资的，应明确投资标的物的范围；如涉及工程建设的，应明确项目建设内容；如涉及提供服务的，应明确服务对象及内容等。根据项目的不同，双方合作内容包括基础设施和公共服务项目的融资、投资、设计、建设、运营、维护、移交等全部或部分，通常，根据 PPP 项目的具体运作方式即可基本判断该项目的总体合作内容，如《项目合同指南》所述："以 BOT 运作方式为例，项目的范围一般包括项目公司在项目合作期限内建设（和设计）、运营（和维护）项目并在项目合作期限结束时将项目移交给政府。"当然，对于上述合作内容中各项工作的承担边界还需在后续条款中进行详细约定。

（三）关于"资产归属"的约定

明确社会资本主体在合作期间各阶段项目有形及无形资产的所有权、使用权、收益权、处置权的归属及应受到的限制。一般约定内容包括：项目公司拥有本项目建设期内投资建设形成的各项资产以及运营期内因更新重置或升级改造投资形成的资产的使用权、经营权和收益权，但不具有所有权。在运营期满政府方完成支出责任后，项目公司将相关资产和权益无偿移交给政府方或其指定机构。项目资产的确认以政府审计部门的审计结果为准。

（四）关于"土地"有关的约定

（1）合作期内，项目土地使用权不发生转移，乙方及项目公司不享有土地使用权。

（2）项目公司有权在建设期内使用项目用地进行以实施、履行本合同为目的的活动。

（3）项目公司不得将土地权益转让给第三方，不得将本项目土地使用权进行质押融资或用于该项目以外的其他用途。

（4）如因乙方或项目公司违反适用法律或本合同的约定使用土地导致国家、公共利益或第三人造成损害，乙方与项目公司应当连带赔偿因此造成的损失。

（5）为保证对项目开展拥有足够的监督权，甲方享有出入项目建设用地的权利。

基于国有建设用地供应中双方各自的利益考量，双方一般会在 PPP 项目合同中约定，根据土地利用总体规划和城乡规划，首先由社会资本方负责编制总体方案和开发计划，然后在经政府方批准后的开发总体方案和开发计划基础上，进一步就建设用地指标获取、土地征收和拆迁安置计划、土地供应和出让计划的编制和实施等事项进行详细约定和安排。

首先，在获取建设用地指标方面：双方一般会约定由政府方先期向社会资本方提供一定数量的建设用地（或建设用地指标），并会约定政府方应每年向社会资本方提供一定数量的年度计划内的建设用地指标和耕地占补平衡指标。其余指标则需通过市场方式获得，社会资本方需负责积极获取购买建设用地指标和耕地占补平衡指标的市场信息，并及时足额提供购买指标所需的资金。

其次，在土地征收和拆迁安置方面：土地征收和拆迁安置工作的具体实施应由政府方负责，而土地征收计划和拆迁安置计划编制的分工可由双方在合同中予以约定。考虑土地征收计划需配合开发总体方案和开发计划且以获取建设用地指标为前提，双方可约定由社会资本方负责编制土地征收计划经政府方批准；而拆迁安置计划则因涉及民生、维稳等各方面问题，政府方显然更具有经验和优势，故可由政府方负责编制。

在土地供应和出让方面：国有土地使用权的供应和出让的实际控制权

掌握在政府方，但双方一般仍会约定由双方共同编制土地供应和出让计划。

第三节　PPP 项目合同在实务中容易出现的主要问题

PPP 项目合同的编制是一项专业性极强的工作，不但内容复杂、条款庞杂，对编制人员的专业水准、从业经验、敬业精神等要求很高。再加之 PPP 项目合同对整个项目的影响是如此"极端"重要。因此，在编制过程中应该"严加小心、格外用心"。但从笔者参与的多起 PPP 项目合同评审及论证的情况来看，PPP 项目合同的编制不容乐观，可以用"很糟糕"来形容。主要存在的问题有如下几个方面。

一、篇章结构混乱

没有严格按照规范性文件的要求，尤其是财政部"合同指南"要求的内容去清晰地表述，对整个合同涉及的众多问题不进行归类，一个问题散落在合同的不同章节、不同之处，让人难以理解，会对未来合同履行有较大影响。

二、主要内容缺项

PPP 项目合同是政府与社会资本（项目公司）在未来若干年合作期内权利义务的基础和保障，为此，应对设计项目顺利开展的主要内容予以明确。但很多 PPP 项目合同恰恰就缺少了主要合同内容，如各方权利义务、付费机制、运营条款、绩效考核、合同变更、履约担保、政府承诺等。为未来合同的履行埋下很多隐患。

三、边界条件不清

PPP 项目的边界条件中，权利义务边界主要是明确项目资产权属、社会资本承担的公共责任、政府支付方式和风险分配结果等。交易条件边界主要是明确项目合同期限、项目回报机制、收费定价调整机制和产出说明等。履约保障边界主要是明确强制保险方案以及由投资竞争保函、建设履约保函、运营维护保函和移交维修保函组成的履约保函体系。调整衔接边界主要是明确应急处置、临时接管和提前终止、合同变更、合同展期、项目新增改扩建需求等应对措施等。以上这些都构成了 PPP 项目合同得以顺利实施的保障，但在实践中，很多合同，对此要么没有约定，要么不明确约定。导致一些事关合同履行的重要事项未明确约定，一旦双方发生纠纷或矛盾，根本找不到合同依据。

四、付费机制含糊

PPP 项目建设完成后政府方如何付费？付多少费？社会资本方（项目公司）的回报如何计算？从哪来？……这都是合同双方最为关注的问题，也是 PPP 项目合同的核心条款。但多数合同对此条款的表述就是一句话或一个简单的计算公式（很多公式也是错误的），没有建立一个完整的"付费机制"予以保障，如付费来源、付费计算公式、付费方式等。这同样会给合同履行带来很大的履行风险。

五、绩效考核虚化

绩效考核事关政府付费，一个 PPP 项目如何进行绩效考核，绩效考核如何在合同中约定，对合作双方都是非常重要和关键的。但很多 PPP 项目合同对此约定较为形式化，或者直接套用实施方案中的内容，或者套用其他 PPP 项目的模板，根本对此不假思索。如何约定绩效考核，如何让考核指标和方案更具合理性和可操作性，如何与政府付费挂钩等，均没有在合同中有所体现，这也是合同的巨大风险。

六、违约责任不明

多数合同在履行过程中都可能出现一方违约的行为，PPP 项目合同也不例外，对违约行为的认定及违约责任的承担进行明确约定，是保护守约方权利和合同顺利履行的重要途径和方法。但在实践中很多 PPP 项目合同对此约定非常不清，对违约行为的承担结果就一句话"承担违约责任"。至于承担何种违约责任，方式是什么（支付违约金、赔偿损失、终止合同等），具体多少，如何承担等都不进行细致约定，等于是对违约责任的约定没有承担后果。最终导致一方出现违约行为时，守约方无法追究违约一方的责任，也无法真正保护自己的权利。

七、模板化抄袭严重

每个 PPP 项目都是不同的，因此要求 PPP 项目合同在编制时应根据实际情况，有针对性地设计合同条款内容，这样才会对项目的实施和履行带来真正的帮助和促进。但现实中，有的 PPP 项目合同要么抄袭其他项目的合同，要么按照财政部合同指南内容生搬硬套，完全脱离项目现状，没有体现项目的主要内容以及合作双方的主要真实意愿。这样的合同对于项目的实施也是隐含巨大风险的。

第四节　PPP 项目合同审核要点

对于 PPP 项目合同的审核和批准要点，财政部财金〔2016〕92 号《政府和社会资本合作项目财政管理办法》第十六、第十七条对此进行了规范，要求：一是在 PPP 项目合同在项目采购公示结束后、正式签署前，应经行业主管部门、财政部门、法制部门等相关职能部门审核后，报本级人民政府批准；二是合同审核要对照审核实施方案、要有物有所值评价报告、财政承受能力论证报告及采购文件，检查合同是否发生实质性变更；三是重点审核合同是否满足以下内容要求：①合同应当根据实施方案中的风险分配方案，在政府与社会资本双方之间合理分配项目风险，并确保应由社会资本方承担的风险实现了有效转移；②合同应当约定项目具体产出标准和绩效考核指标，明确项目付费与绩效评价结果挂钩；③合同应当综合考虑项目全生命周期内的成本核算范围和成本变动因素，设定项目基准成本；④合同应当根据项目基准成本和项目资本金财务内部收益率，参照工程竣工决算合理测算确定项目的补贴或收费定价基准。项目收入基准以外的运营风险由项目公司承担；⑤合同应当合理约定项目补贴或收费定价的调整周期、条件和程序，作为项目合作期限内行业主管部门和财政部门执行补贴或收费定价调整的依据。

除以上规定应在合同审核时严格遵照执行外，鉴于 PPP 项目合作期限长、投资数额大、风险不可控、合同内容复杂等多种因素，作为项目实施机构和财政部门，在实践中审核 PPP 项目合同时还应重点关注以下主要内容：

（1）关于前期工作，应重点审查：合同中有无分清责任主体和责任范围；项目前期有关费用如何承担等事项。

（2）关于融资条款，应重点审查：关于股东出资以及资本金到位的时间、数额及相应违约责任约定是否清晰可行；社会资本方提供的投资计划及融资方案是否能够落实；项目的总投资控制、投融资监管及违约责任等事项是否约定明确。

（3）关于建设条款，应重点审查：工程建设范围、标准、总投资如何控制，进度安排、质量要求、安全要求、工程变更管理、工程交竣工验收、工期延误、工程保险等事项是否有约定，调价机制是否充分、合理并可行。

（4）关于运营条款，应重点审查：有无约定运营维护的内容、标准、基本要求、如何考核；运营期限中对设施设备的保养、维护、大中小修等如何约定；约定运营期保险、政府监管、运营支出及违约责任等事项。

（5）关于付费机制条款，应重点审查：有无项目定价和调价机制，以及变更和调整机制；有无明确付费的来源、付费公式、支付时间及流程，付费公式是否合理可行；有无明确无论建设期还是运营期的政府付费及缺口补助，均应与绩效考核挂钩。

（6）关于绩效考核条款，应重点审查：建设期及运营期绩效考核设置的考核内容、考核方法、考核指标及考核流程和考核结果的应用等事项，是否合理且可执行；是否约定了建设期、运营期的绩效考核结果均应作为政府付费及支付补贴的依据。

（7）关于股权转让退出条款，应重点审查：在 PPP 项目合同中有无设置合理的关于股权退出的限制性条款或门槛条件；对社会资本方股东的股权抵押、质押等是否有明确限制或约定；转让股权是否把征得政府方同意作为前提生效条件；是否约定了股权受让人相应的资质条件；是否对包括 PPP 基金在内的产业发展类基金等的进入保留了"入口"等。

（8）关于移交资产，应重点审查：审查政府向社会资本主体移交托管资产的范围、托管形式（有偿还是无偿）、移交程序及违约责任等。社会资本主体向政府移交项目的过渡期、移交范围和标准、移交程序、质量保证及违约责任等。

（9）关于合同变更，应重点审查：合同变更提出的时间是否合规可行（建设期及运营期，一般在建设期内不允许提出变更）；有无约定变更应经政府的批准；有无明确合同变更后新增（减）投资和相应运营费用的责任主体以及变更后价款的来源。

（10）关于合同解除，应重点审查：合同的退出机制是否可行，合同解除事由、解除程序以及合同解除后的清算、项目移交等事项是否在合同中明确约定。

（11）关于提前终止，应重点审查：合同中有无明确约定 PPP 项目合同可以提前终止的详细情形，提前终止后的提前移交范围和程序，提前终止如何进行补偿的计算方法，以及导致提前终止的违约责任承担方式。

第六章

PPP 项目采购实务

按照财政部《政府和社会资本合作项目财政管理暂行办法》（财金〔2016〕92 号）的规定：对于纳入 PPP 项目开发目录的项目，项目实施机构应根据物有所值评价和财政承受能力论证审核结果完善项目实施方案，报本级人民政府审核。本级人民政府审核同意后，由项目实施机构按照政府采购管理相关规定，依法组织开展社会资本方采购工作。项目实施机构应当优先采用公开招标、竞争性谈判、竞争性磋商等竞争性方式采购社会资本方，鼓励社会资本积极参与、充分竞争。

为此，PPP 项目实施机构在项目采购过程中应了解政策法规对社会资本采购的有关规定并掌握有关实务问题。

第一节 资格预审

一、资格预审的概念

资格预审，一般是指采购人在采购活动中，在发放招标文件之前，对潜在投标人的能力、业绩、资格和资质、历史工程情况、财务状况和信誉等进行审查，以此来确定合格投标人名单的过程。

根据《政府和社会资本合作项目政府采购管理办法》（财库〔2014〕215 号）第五条规定："PPP 项目采购应当实行资格预审。项目实施机构应当根据项目需要准备资格预审文件，发布资格预审公告，邀请社会资本和与其合作的金融机构参与资格预审，验证项目能否获得社会资本响应和实现充分竞争。"

PPP 项目采取资格预审的目的，主要是验证项目能否获得社会资本的响应和获得足够的竞争，为后续开展的采购获得把控源头，并促其顺利开展。对一般政府采购项目而言，资格预审不是必经的前置程序，PPP 项目采购选择社会资本，采用公开招标、邀请招标、竞争性谈判或竞争性磋商采购方式的，均需要进行资格预审，除单一来源采购，因其只有唯一的供应商，不需经过资格预审。

二、资格预审中应注意的问题

（一）资格预审文件的编制

资格预审的文件由项目实施机构组织有关专家人员编制，也可委托设计单位、招标代理机构或项目咨询机构进行编制。

《政府采购货物和服务招标投标管理办法》（财政部令第 87 号）第二十一条对资格预审文件应当包含的主要内容有明确规定。该管理办法第十七条对资格预审文件内容做了限制性规定："采购人、采购代理机构不得将投标人的注册资本、资产总额、营业收入、从业人员、利润、纳税额等规模条件作为资格要求或者评审因素，也不得通过将除进口货物以外的生产厂家授权、承诺、证明、背书等作为资格要求，对投标人实行差别待遇或者歧视待遇。"

（二）评标专家的选择

评审小组由项目实施机构代表和评审专家共 5 人以上单数组成，其中评审专家人数不得少于评审小组成员总数的 2/3。评审专家可以由项目实施机构自行选定，但评审专家中至少应当包含 1 名财务专家和 1 名法律专家。项目实施机构代表不得以评审专家身份参加项目的评审。

（三）同一个采购项目资格预审可以进行的次数

同一个采购项目，资格预审最多可进行两次，两次流标的，不能再采用 PPP 模式。

（四）资格预审程序时间节点

根据财金〔2014〕113 号、财库〔2014〕215 号以及财政部令第 87 号等法规及规定，资格预审公告的期限为 5 个工作日。

（五）资格预审文件中对"两标变一招"的约定须明确

目前 PPP 项目招标多数采用"两标变一招"，在《关于在公共服务领域深入推进政府和社会资本合作工作的通知》（财金〔2016〕90 号）中也明确提出，"对于涉及工程建设、设备采购或服务外包的 PPP 项目，已经依据政府采购法选定社会资本合作方的，合作方依法能够自行建设、生产或者提供服务的，按照《招标投标法实施条例》第九条规定，合作方可以不再进行招标"。因此在设置资格预审文件时，如果意向采取"两标变一招"，应在"拟纳入招标合作的工程范围"中明确约定，"本项目拟纳入招标合作范围的工程施工可不再另行招标，由履行了项目出资义务的社会资本直接实施"。以避免在后期采购方式选择上陷入被动。

第二节　项目采购

一、PPP 项目采购方式的概念及适用范围

根据财政部《政府和社会资本合作模式操作指南（试行）》（财金〔2014〕113 号）规定，PPP 项目采购方式包括公开招标、邀请招标、竞争性谈判、竞争性磋商和单一来源采购，项目实施机构应根据项目采购特点，依法选择适当采购方式。

公开招标方式主要适用于项目核心边界条件和技术经济参数明确、完整，符合国家法律法规和政府采购政策，且采购中不做更改的项目。

邀请招标是指招标采购单位依法从符合相应资格条件的供应商中随机邀请 3 家以上供应商，并以投标邀请书的方式，邀请其参加投标。主要适用两类项目：一是技术复杂、有特殊要求或者受自然环境限制，只有少量

潜在投标人可供选择；二是采用公开招标方式的费用占项目合同金额的比例过大。

竞争性谈判，是指采购人直接邀请 3 家以上供应商，由谈判小组与符合资格条件的供应商就采购货物、工程和服务事宜进行谈判，供应商按照谈判文件的要求提交相应文件和最后报价，采购人从谈判小组提出的成交候选人中确定成交供应商的采购方式。其适用范围主要有：一是招标后没有供应商投标或者没有合格标的，或者重新招标未能成立的；二是技术复杂或者性质特殊，不能确定详细规格或者具体要求的；三是非采购人所能预见的原因或者非采购人拖延造成采用招标所需时间不能满足用户紧急需要的；四是因艺术品采购、专利、专有技术或者服务的时间、数量不能确定等原因不能事先计算出价格总额的。

竞争性磋商是指采购人、政府采购代理机构通过组建竞争性磋商小组与符合条件的供应商就采购货物、工程和服务事宜进行磋商，供应商按照磋商文件的要求提交响应文件和报价，采购人从磋商小组评审后提出的候选供应商名单中确定成交供应商的采购方式。

符合下列情形的项目，可以采用竞争性磋商方式开展采购：一是政府购买服务项目；二是技术复杂或者性质特殊，不能确定详细规格或者具体要求；三是因艺术品采购、专利、专有技术或者服务的时间、数量不能确定等原因不能事先计算出价格总额的；四是市场竞争不充分的科研项目，以及需要扶持的科技成果转化项目；五是按照《招标投标法》及其实施条例必须进行招标的工程建设项目以外的工程建设项目。

单一来源采购是指采购人从某一特定供应商处采购货物、工程和服务的采购方式。其适用于：只能从唯一供应商处采购的；发生了不可预见的紧急情况不能从其他供应商处采购的；必须保证原有采购项目一致性或者服务配套的要求，需要继续从原供应商处添购，且添购资金总额不超过原合同采购金额 10% 的。

二、如何选择适合项目的采购方式

PPP 项目采购人按照政府采购相关法律法规及有关规定，并结合项目的具体特点、市场测试情况等因素选择合适的采购方式，通过充分的竞争选择出有投资运营管理经验的社会资本。

三、竞争性磋商与竞争性谈判的主要区别

竞争性磋商采购方式不是《政府采购法》规定的政府采购方式，其是财政部于 2014 年通过《政府采购竞争性磋商采购方式管理暂行办法》，依法创新的政府采购方式。第一，我国《政府采购法》规定的政府采购方式并不包括竞争性磋商，竞争性磋商是财政部于 2014 年依法创新的政府采购方式。

竞争性磋商与竞争性谈判相比，二者关于采购程序、供应商来源方式、采购公告要求、响应文件要求、磋商或谈判小组组成等方面的要求基本一致；二者的最大区别在"竞争报价"阶段。竞争性谈判主要是在符合项目要求、治理和服务相等的基础上看价格，即从质量和服务均能满足谈判文件实质性要求的供应商中按照最后报价从高到低的顺序提出成交候选人，即"最低价成交"；竞争性磋商主要是根据综合评审情况看，即根据综合评分情况，按照评审得分从高到低的顺序推荐成交供应商，即类似于公开招标的"综合评分法"。

第三节　PPP 项目采购过程中应注意的问题

一、关于招标文件中招标条件及评标标准设置的有关问题

PPP 项目采购包括资格预审和项目招标。无论是资格预审还是项目招标均涉及招标条件设置，通过对供应商的资格、技术、商务条件等提出要求，确保实现政府采购的目的。《政府采购货物和服务招标投标管理办法》（财政部令 87 号）对政府方不得将投标人注册资本、资产总额、营业收入、从业人员、利润、纳税额等规模条件作为资格要求或评审因素做了限制性规定；《政府采购法》对投标人（供应商）参加政府采购应当具备的

条件也做了规定。总结上述规定可知，政府方可以根据采购项目的特殊要求，规定社会资本方的特殊条件，但不得以不合理条件对社会资本方实现差别待遇或者歧视待遇。实施机构在编制招标文件时对招标条件的设置，要考虑的因素主要有：

（1）对投标人的资格、技术、商务条件的设置要力求准确，不得违反财政部87令的规定。

（2）对投标人的资格、技术、商务条件设置要有针对性，要与实施的项目内容有必然联系，并符合项目要求。

（3）避免以不合理条件对社会资本方设置差别待遇或歧视待遇。如以特定行业业绩、奖项作为评分或加分因素等。

（4）保证审查或评审标准的一致性。评审标准要与招标文件保持一致，不得在同一个项目中对不同的供应商持不同的审查或评审标准。

二、公开招标失败后的处理

PPP项目一般采用《政府采购法》的招标流程。当公开招标不足三家供应商而流标可以转竞争性谈判或竞争性磋商等其他采购方式，但前提是公开招标的文件中对流标情况提前说明，若无说明需重新走政府审批程序。

如果超过两次流标还可直接申请走单一来源采购。但根据《政府采购法》第三十一条的规定，申请单一来源采购的理由有三种：①只能从唯一供应商处采购的；②发生了不可预见的紧急情况不能从其他供应商处采购的；③必须保证原有采购项目一致性或者服务配套的要求，需要继续从原供应商处添购，且添购资金总额不超过原合同采购金额的10%的。采用这种方式的前提一般是服务或货物的PPP采购，工程类项目较少使用，且转为单一来源采购方式须经过专家论证。

三、如何招到"满意"的社会资本方

项目采购时，能招到实施机构满意且符合项目特点的社会资本方，使得项目能够真正"落地"并有效运营，是每个实施机构的目标和愿望。但现实中，项目落地率并不高，流标现象也比比皆是，为此，笔者建议在项目采购前应做好以下工作。

（1）重视对项目的市场测试，充分利用市场调研的机会，广泛落实社会资本对项目的意愿和实际需求。

启动项目正式采购程序前，进行充分的市场调研和测试，以此检验有关项目方案设想是否符合市场参与主体的意愿，并借此获得各类市场主体的反馈，对 PPP 项目实施方案进行充分合理调整，使之符合市场潜在需求。

（2）对通过资格预审的投标申请人实际履约能力充分考察，确保有效申请人的人数不少于 3 人。

确定合格的投标申请人审查后，通过分析投标申请人报送的资格预审申请书的内容，实地考察其主体身份、履约能力，约谈了解其实际需求等方式，确定中标申请人能否实际投标。

（3）设置符合项目自身特点和实际需求的招标条件（竞价条件）。

这是成功招标的关键，针对 PPP 项目的特殊性，在设置招标条件时既要考虑减轻政府支付压力，又要考虑社会资本的投资回报，同时要结合项目未来实际建设运营的特点，合理设置竞价条件，确保招标成功。

四、如何避免项目"合作意向"或"合作框架协议"带来的串标嫌疑

项目准备阶段，项目实施机构可以与潜在社会资本方签订"合作意向"或"合作框架协议"。为避免串标嫌疑，在上述协议的内容约定上要注意以下几点。

（1）协议只能对一些合作事项作原则性约定，如项目名称、范围、合作内容等。

（2）内容不能具有 PPP 项目合同的实质性条款，如融资利息、项目回报方式等。

（3）不能约定双方的违约责任（尤其是不履行合同的违约责任）。

（4）应约定"该协议在 PPP 项目合同签订后自动失效"。

五、社会资本对 PPP 项目采购的哪些情形可以提出质疑

在 PPP 项目投标过程中，参与 PPP 项目投资的社会资本如在 PPP 项目采购中发现资格预审文件及采购文件中出现约定有歧义之处，采购过程出现串通投标、围标现象，采购结果明显不公正公平的等，可以向采购人提出质疑，在对质疑的答复不满意时可以向同级政府采购监督管理部门投诉，对投诉的处理结果不满意的，还可以提起行政复议或行政诉讼。

质疑的问题通常主要包括以下几点。

（1）资格条件设置是否合规。有无以不合理的采购条件（包括设置过高或无关的资格条件，过高的保证金等）对潜在合作方实行差别待遇或歧视性待遇的。

（2）评审标准设置是否合理。《政府采购法实施条例》第二十一条规定：已进行资格预审的，评审阶段可以不再对供应商资格进行审查。而资格预审文件中通常会约定"未参与资格预审的不得参与投标"，意味着 PPP 项目一般不允许资格后审。既然如此，那么在招标时，评审标准中就不应再设置超出资格预审文件中设置的资格条件范围。

（3）参与项目采购的社会资本身份是否合规的有关问题。如本级政府所属融资平台公司及其他控股国有企业是否作为社会资本参与了当地 PPP 项目；单位负责人为同一人或者存在直接控股、关联关系的不同供应商，是否参加了同一 PPP 项目采购；联合体参与项目采购是否合法合规。

（4）申请文件格式要求是否明确。

六、PPP 项目联合体与传统建筑工程项目联合体（以下简称工程联合体）的区别

（1）联合体成员的主体不一致。按照《招标投标法》的规定，"两个以上法人或者其他组织可以组成一个联合体"。工程项目可以据此规定成立联合体，但 PPP 相关规范性文件对政府平台公司作为社会资本是有限制性规定的，故 PPP 项目的联合体成员有限制性要求。

（2）联合体承担工作范围不一致。按照 PPP 项目具体模式如 BOT、BOO 的不同，联合体承担的责任和义务也不同。工程联合体主要承担工程建设施工的责任。

（3）确定中标人程序不同。工程联合体只能按照《招标投标法》规定的招标方式，以及招标文件的要求进行投标。PPP 项目采购方式共有五种，且在竞争性磋商程序中，在采购文件响应阶段，投标联合体可以与招标人针对合同的实质性条款进行谈判。

七、律师对项目采购文件审查的必要性分析

PPP 项目获得批准后，项目进入采购阶段。PPP 项目采购是政府选择社会资本的重要阶段。其决定了政府方能否通过项目采购，通过充分竞争，将符合项目条件的社会资本招进来，是 PPP 项目顺利推进的关键步骤。律师对项目采购过程的全方位服务，是确保采购操作合法有效的途径。

（1）律师参与 PPP 项目采购的法律服务，可以有效避免项目采购程序上的瑕疵。项目采购对程序要求比较高。如招标公告发布时间、提交投标文件截止时间、澄清或解疑的时间等，在资格预审文件和招标文件中均有涉及。通过律师审核，可以有效避免政府方在采购过程中因对具体程序不熟悉，导致流标或招标无效。

（2）通过律师对资格预审、招标文件的审查，杜绝招标文件因设置的不合理或歧视性条款，导致被投诉或异议。

（3）通过律师对招标文件中评标标准审查，让足够多的投标人平等地参与投标，使项目形成充分有效的竞争，政府方最终找到满意的社会资本。

（4）律师对项目采购过程的参与，能够把控招标投标过程的风险，最大限度发挥招标投标双方风险控制和履约的积极性。

第四节 财政部第 87 号令对 PPP 项目采购的"新要求"

一、不得将投标人规模条件作为资格的要求

财政部第 87 号令第十七条规定：采购人、采购代理机构不得将投标人的注册资本、资产总额、营业收入、从业人员、利润、纳税额等规模条件作为资格要求或者评审因素，也不得通过将除进口货物以外的生产厂家授权、承诺、证明、背书等作为资格要求，对投标人实行差别待遇或者歧视待遇。

本条规定有两层含义。第一层含义是投标人的注册资本、资产总额、营业收入、从业人员、利润、纳税额等规模条件，既不能作为招标的资格要求，也不能作为评审因素。其中评审因素既包含评分因素，也包含实质性要求。应当注意的是，不得将供应商规模条件作为资格条件和评审因素，并不意味着采购人、采购代理机构就一概不能对供应商提一些关于人员、盈利状况等方面的要求并将其作为评审因素。与供应商履约能力有关的一些要求，如项目服务团队的人数、专业、岗位设置等要求，供应商近年来是否亏损等条件还是可以规定的。

第二层含义是不得通过将除进口货物以外的生产厂家授权、承诺、证明、背书等作为资格要求，对投标人实行差别待遇或歧视待遇。财政部第 87 号令仅强调这些不能作为资格要求，并没有说不能作为评审因素。从这一条的立法本意可以看出，厂家授权、承诺等因素也不能作为实质性要求，可以列为评分项，但分值也不宜设置过高。否则，仍然可能构成以不合理条件"对供应商实行差别待遇或者歧视待遇"。

从防范采购人风险的角度考虑，财政部第 87 号令规定进口货物做了除外规定，即采购进口货物，既可以把厂家授权、承诺等作为资格条件，也可以将其作为实质性要求或者评分因素。

二、项目采购需求应在资格预审文件中表述的要求

财政部第 87 号令明确要求在资格预审公告中须公告"采购人的采购需求"。通常项目资格预审公告中关于"采购需求"的表述，主要包含项目基本概况、项目运作方式、合作范围、项目需求以及项目合作期限，尤其是项目的回报机制，包括未来的收费定价机制、投资收益水平、风险分配框架和政府补贴等因素都应告知社会资本。

资格预审公告既要让社会资本全面知晓项目的要求，知晓中标后需承担或完成的工作任务，又要让社会资本全面知晓未来的风险和收益，以便在资格预审阶段做出是否参与项目投标的决定，防止因为采购需求不明确，导致通过资格预审的社会资本在采购阶段不参与而使投标社会资本不足 3 家而废标。

三、资格要求和评审标准要和项目需求保持一致的要求

财政部第 87 号令第十七条规定："采购人、采购代理机构不得将投标人的注册资本、资产总额、营业收入、从业人员、利润、纳税额等规模条件作为资格要求或者评审因素，也不得通过将除进口货物以外的生产厂家授权、承诺、证明、背书等作为资格要求，对投标人实行差别待遇或者歧视待遇。"

第五十五条规定，综合评分法，是指投标文件满足招标文件全部实质性要求，且按照评审因素的量化指标评审得分最高的投标人为中标候选人的评标方法。评审因素的设定应当与投标人所提供货物服务的质量相关，包括投标报价、技术或者服务水平、履约能力、售后服务等。资格条件不得作为评审因素。评审因素应当在招标文件中规定。评审因素应当细化和量化，且与相应的商务条件和采购需求对应。商务条件和采购需求指标有区间规定的，评审因素应当量化到相应区间，并设置各区间对应的不同分值……货物项目的价格分值占总分值的比重不得低于 30%；服务项目的价格分值占总分值的比重不得低于 10%。

《政府和社会资本合作项目财政管理暂行办法》（财金〔2016〕92 号）

第十二条规定："项目实施机构应当根据项目特点和建设运营需求，综合考虑专业资质、技术能力、管理经验和财务实力等因素合理设置社会资本的资格条件，保证国有企业、民营企业、外资企业平等参与。"第十三条规定："项目实施机构应当综合考虑社会资本竞争者的技术方案、商务报价、融资能力等因素合理设置采购评审标准，确保项目的长期稳定运营和质量效益提升。"

以上规定都要求，PPP 项目的采购，无论对投标人的资格条件还是评审标准设置，都要和项目特点及项目的建设运营需求保持一致。在评审时，也要结合投标人的技术方案、商务报价、融资能力等多个因素，综合评定，谨慎打分，确保招到最适合项目需要的中标人。

四、不得设定最低限价、不得区间报价的要求

财政部第 87 号令第十二条规定："采购人根据价格测算情况，可以在采购预算额度内合理设定最高限价，但不得设定最低限价。"

之所以不能设投标最低限价，一是为了规避采购人或者采购机构利用设置最低限价来控标的风险。二是规避供应商围标、串标的风险。三是为鼓励充分竞争，不设最低限价旨在鼓励质量竞争，提高服务质量这一核心要素。

五、对不合理报价的规定

财政部第 87 号令第六十条规定，评标委员会认为投标人的报价明显低于其他通过符合性审查投标人的报价，有可能影响产品质量或者不能诚信履约的，应当要求其在评标现场合理的时间内提供书面说明，必要时提交相关证明材料；投标人不能证明其报价合理性的，评标委员会应当将其作为无效投标处理。

该条款的适用条件：一是该投标价格与其他投标人相比的价格，参照对象是"其他投标人的价格"，非"成本价"。二是在价格明显低于其他投标人的报价情况下，有可能影响产品质量或者不能诚信履约。三是应当要求其在评标现场合理的时间内提供书面说明，必要时提交相关证明材料。

四是投标人不能证明其报价合理性的，评标委员会应当将其作为无效投标处理。

六、项目实施机构对社会资本的资格条件进行考察核实的规定

《政府和社会资本合作项目政府采购管理办法》第十一条规定："项目实施机构应当组织社会资本进行现场考察或者召开采购前答疑会，但不得单独或者分别组织只有一个社会资本参加的现场考察和答疑会。项目实施机构可以视项目的具体情况，组织对符合条件的社会资本的资格条件进行考察核实。"

七、对已发出的招标文件等进行澄清或修改的规定

财政部第 87 号令规定，采购人或者采购代理机构可以对已发出的招标文件、资格预审文件、投标邀请书进行必要的澄清或者修改，但不得改变采购标的和资格条件。澄清或者修改应当在原公告发布媒体上发布澄清公告。澄清或者修改的内容为招标文件、资格预审文件、投标邀请书的组成部分。

澄清或者修改的内容可能影响投标文件编制的，采购人或者采购代理机构应当在投标截止时间至少 15 日前，以书面形式通知所有获取招标文件的潜在投标人；不足 15 日的，采购人或者采购代理机构应当顺延提交投标文件的截止时间。

澄清或者修改的内容可能影响资格预审申请文件编制的，采购人或者采购代理机构应当在提交资格预审申请文件截止时间至少 3 日前，以书面形式通知所有获取资格预审文件的潜在投标人；不足 3 日的，采购人或者采购代理机构应当顺延提交资格预审申请文件的截止时间。

八、禁止采购人擅自终止招标的规定

财政部第 87 号令规定："采购人、采购代理机构在发布招标公告、资格预审公告或者发出投标邀请书后，除因重大变故采购任务取消情况外，不得擅自终止招标活动。"同时规定，在终止招标活动后，采购人或者采

购代理机构需要履行一系列的通知、退还保证金、退还孳息手续。而根据《合同法》的规定，招标公告为要约邀请。

鉴于《合同法》并未规定要约邀请的撤回、撤销的程序或责任，实践中对采购方随意终止招标的行为并没有相关规定的约束。财政部第87号令新增的这一规定，无疑是对采购人和采购代理机构的有力约束，有效保护了投标人的合法利益。

第七章 <<<<<<<
PPP 项目公司实务

第一节　项目公司基本知识

一、项目公司的组建

PPP 项目公司是为 PPP 项目运作专门设立的"特殊目的"公司。国家政策鼓励通过设立 PPP 项目公司的形式来实现 PPP 项目的独立运作和风险隔离，为此，在组建项目公司过程中应注意以下问题。

（1）严格按照公司法的有关规定设立。

（2）在编制 PPP 项目实施方案时有关项目公司设立的主要问题应予以明确，包括公司的性质（有限责任公司还是股份有限公司）、公司经营范围（项目融资、投资、建设、运营、维护、管理、资产处置移交等）、各方股份占比、股东数量及各方出资责任、公司管理架构等。

（3）注册项目公司的基本流程：①预审核项目公司名称；②确定公司办公地址；③编制（完善）公司章程和《公司设立协议》；④办理营业执照（三证合一）；⑤申请开立银行账号；⑥申请刻章等。

二、PPP 项目公司与一般工程施工项目公司的区别

（1）项目公司设立的必要性。现有的政策法规并未对 PPP 项目设立进行强制性约束。即 PPP 项目的实施可以设立项目公司也可以不设立。工程施工项目从隔离风险的角度，基本上都要设立项目公司。

（2）设立主体。PPP 项目公司的设立主体可分为两大类：一是社会资

本按照市场化运作原则出资设立；二是由政府和社会资本共同出资设立。工程施工的项目公司一般由施工方设立。

（3）公司经营范围。PPP 项目公司经营范围一般是 PPP 项目的投融资、建设、运营维护。工程施工的项目公司主要是工程施工。

（4）经营期限。PPP 项目公司经营期限一般是 PPP 项目的合作期限，包括建设期和运营期。工程施工项目公司的经营期限一般是工程的施工时间。

三、项目资本金出资形式及资金来源

项目资本金可以用货币出资，也可以用实物、工业产权、非专有技术、土地使用权等出资，但必须经过有资格的资产评估机构依照法律、法规评估作价。

对于以现金形式作为资本金出资，财政部规范性文件要求：严禁以债务性融资的方式出资（财办金〔2017〕92 号文规定"违反相关法律和政策规定，未按时足额缴纳项目资本金、以债务性资金充当资本金或由第三方代持社会资本方股份的"），否则，视为不规范运作，入库的项目也将被清理出库。

四、项目资本金最低比例要求

固定资产投资项目资本金制度自 1996 年实行以来，先后经历两次调整。目前，关于项目资本金比例主要有如下规定。

（1）**城市和交通基础设施项目**：城市轨道交通项目由 25% 调整为 20%，港口、沿海及内河航运、机场项目由 30% 调整为 25%，铁路、公路项目由 25% 调整为 20%。

（2）**房地产开发项目**：保障性住房和普通商品住房项目维持 20% 不变，其他项目由 30% 调整为 25%。

（3）**产能过剩行业项目**：钢铁、电解铝项目维持 40% 不变，水泥项目维持 35% 不变，煤炭、电石、铁合金、烧碱、焦炭、黄磷、多晶硅项目维持 30% 不变。

（4）其他工业项目：玉米深加工项目由 30% 调整为 20%，化肥（钾肥除外）项目维持 25% 不变。

（5）电力等其他项目维持 20% 不变。

此外，城市地下综合管廊、城市停车场项目以及经国务院批准的核电站等重大建设项目，可以在规定最低资本金比例基础上适当降低。

五、项目资本金与注册资本的区别

项目资本金是指在建设项目总投资中，由投资者认缴的出资额，对于建设项目来说是非债务性资金，政府不承担该部分资金的任何利息和债务，投资者可按其出资的比例依法享有所有者权益，也可转让其出资及其相应权益，但不得以任何方式抽回。

注册资本是根据《公司法》《公司登记管理条例》的规定，有限责任公司在登记机关依法登记的全体股东认缴的出资额，其反映的是各股东方为公司设立拟投入的资金以及各自在公司中享有的权益比例。

公司设立必须有股东认缴的注册资本数额，项目资本金是投资人为建设某一项目须具备的资金要求，是项目启动的前提。在实际操作中，项目资本金数额一般大于或等于注册资本。

第二节　项目公司设立过程中的实务问题

一、项目公司可否为社会资本独资公司

根据财政部《PPP 项目合同指南（试行）》规定，项目公司是依法设立的自主运营、自负盈亏的具有独立法人资格的经营实体。项目公司可以由社会资本（可以是一家企业，也可以是多家企业组成的联合体）出资设立，也可以由政府和社会资本共同出资设立。据此规定，社会资本可以单独设立项目公司。

二、项目公司中政府出资方代表和中标社会资本方股比设置

根据财政部《PPP 项目合同指南（试行）》规定，政府和社会资本共同出资设立项目公司的，政府在项目公司中的持股比例应当低于 50%，且不具有实际控制及管理权。据此规定，政府在项目公司中的股权必须低于 50%，不得控股，至于低至多少，也要结合项目的特点、政府方的实力、项目建设运营的需要等因素综合确定。

三、若社会资本为联合体，联合体各方是否必须都参股项目公司

近期颁布的 PPP 相关的政策文件中并未针对该问题做出明确规定，借鉴《招标投标法》和《政府采购法》两部法律关于联合体的规定基本一致："参加联合体的供应商应当向采购人提交联合体协议，载明联合体各方承担的工作和义务。联合体各方应当共同与采购人签订采购合同，就采购合同约定的事项对采购人承担连带责任。"同时，按照财政部财办金〔2017〕92 号规定的精神，"联合体各方只承揽项目施工或设计任务，不实际出资入股"的行为，也属于不规范运作。据此可以推定，作为社会资本的联合体各方必须参股项目公司。

四、社会资本方是否要对项目公司承担建设及运营的连带责任

财政部《PPP 项目合同指南（试行）》规定，在项目初期阶段，项目尚未成立时，政府方会先与中标社会资本（即项目投资人）签订意向书、备忘录或者框架协议，以明确双方的合作意向，详细约定双方有关项目开发的关键权利义务。待项目公司成立后，由项目公司与政府方重新签署正式 PPP 项目合同，或者签署关于承继上述协议的补充合同。基于项目公司与政府方签订项目合同的方式可知，项目公司作为 PPP 实施主体的资格，是从社会资本承继而来的。根据《合同法》关于合同承继理论，合同权利义务全部由出让人转移至承受人，承受人将取代出让人的法律地位，成为合同的新当事人。基于此，项目公司通过与政府方签订承继合同或补充协议，承继了社会资本在项目建设运营的全部权利义务，社会资本方不应为

项目公司承担连带责任。但实际操作中，项目实施机构通常在项目实施方案、PPP 项目合同相关条款中明确约定社会资本方对项目公司的融资等资本运作提供增信，或承担项目公司融资不足时的补足责任。

五、项目公司管理架构如何合理设置

项目公司成立后，政府及社会资本双方各自的管理职位如何安排是合适和恰当的？对此，没有规范性文件的要求和规定，实践中，政府方担任董事长、财务总监职务，社会资本方担任总经理职务的较为普遍，也有政府方只担任副总经理或财务总监一职的，可以根据项目的具体建设运营情况合理设置。但考虑项目公司成立后的主要职责是建设运营，建议从有利于项目实施的角度出发，总经理一职应由社会资本方担任。

六、政府方出资代表在项目公司中如何定位

经政府授权政府方出资代表作为政府方出资人参股项目公司，成为项目公司股东，按照公司章程规定享有股东的权利及义务，为保证项目公司运营过程中可能发生损害公共利益或公共安全的事项，通常在公司章程中约定政府方出资代表股东对影响公共利益或公共安全的事项享有一票否决权。同时，为保障政府方对项目的监管，通常也会在 PPP 项目的实施方案和项目合同中约定，对影响项目公司正常运转的重大事项，包括公司合并、分立，股权转让，对外担保抵押等，必须征得政府方出资代表或项目实施机构的同意。

七、项目公司股权转让的限制

PPP 项目协议中政府一般会对社会资本方的股权转让进行限制性规定，比如约定"项目通过竣工验收且稳定运行满一年前，社会资本方不得转让其在项目公司的出资；项目通过竣工验收且稳定运行满一年后，经政府方书面同意后，社会资本方可以转让其在项目公司的出资"。很多社会资本方，特别是有明确退出需求的金融机构，作为社会资本方参与 PPP 项目合作时会难以接受此限制性条款，而政府方认为 PPP 项目协议中一般都这么

约定，不敢随便修改。项目公司股权转让限制作为一种阻碍流动性的机制，可能会导致政府采购 PPP 项目付出更多代价。

为此，我们必须要弄清楚，限制社会资本方转让其持有的项目公司股权主要目的是什么？或者说，政府方在选择社会资本方时，对不同社会资本方的主要期许是什么？

简单而言，通常可以把 PPP 项目分为投（融）资、建设和运营三大块，因此，如果某一社会资本方（如金融机构）在项目中的主要任务是解决项目的投（融）资问题，在项目融资完成后，就不需要再限制该类社会资本方进行股权转让；同理，承担项目建设任务的社会资本方在项目建成并稳定运行后也可以被允许退出；对承担项目运营任务的社会资本方在其受让方拥有相同或更优同类项目运营能力时也可以被允许退出。此外，考虑到有些社会资本方企业集团内部资产重组的需要，应允许在保障资信条件不下降的情况下，允许社会资本方在关联企业间进行股权转让。

八、项目公司关于锁定期设置需要考量的因素

在 PPP 项目实施方案或者 PPP 项目合同中，股权变更或者股权转让条款涉及各方重大利益，股权变更条款的内容也充分体现了政府方和社会资本之间的利益博弈。各方均关注的焦点之一就是锁定期。

锁定期要根据社会资本的不同情形予以设置，社会资本由联合体组成时，针对不同的参与方——建筑企业、运营企业、金融机构，对锁定期的设置有所不同。

如建筑企业的目的是获得施工项目，项目的运营由专业的运营方进行，拟定此类股权变更条款时，可以考虑在项目竣工验收缺陷期满后，在运行期进行股权变更。

金融机构在联合体中的目的是获得融资本金及融资收益，因 PPP 项目合作期限较长，但金融机构提供的贷款期限通常会小于 PPP 项目合作期，如果金融机构已获得合理的融资收益且收回资本金的情形下，可以考虑让金融机构提前转让股权退出。

但当社会资本为非联合体时，整个 PPP 项目合作期内均由该社会资本

承担项目的建设运营责任，此时的锁定期限制较为严格。实际操作中，一般禁止其股权转让，或锁定期至少要涵盖建设满后的几年，但鉴于实践中会有类似 PPP 基金、产业基金等性质的基金进入，一般对转给此类基金的股权是不设限制的。但是，首先应规定，转让应经政府方的同意和审批，其次，转让出去的股份不宜过多，基金受让的股份占比不宜超过社会资本保留的股份。

九、项目公司章程意思自治的范围及实操建议

《公司法》中规范分为强制性规范和任意性规范。强制性规范是指法律规定必须严格遵守的；任意性规范是指虽有法律的规定但当事人可以加以选择，法律允许当事人做另外约定的。一般情形下，《公司法》中表述为"由公司章程规定""依照公司章程的规定""公司章程另有规定的除外"等属于任意性规范，即公司章程意思自治。其范围主要包括股东出资、股东分取红利和增资优先权、股东表决权、公司经理职权的规定、股权转让等条款。

根据 PPP 项目合作期限长、资金需求量大，对社会资本方融资能力要求高等特点，作为政府方应充分利用公司章程意思自治条款，对股东出资时间和出资违约责任做出约定；社会资本方作为控股股东，应根据股东会、董事会机构设置及议事规则等内容意思自治，争取更多的经营自主权。

十、政府方是否承担项目公司亏损的风险

由于社会资本设立项目公司的目的之一是隔离项目风险和责任，因此在社会资本成立项目公司后，通常由项目公司独立承担与政府签订的 PPP 协议中的相关融、投、建、运、移交等一系列责任，政府方不应承担项目公司亏损的风险。

十一、社会资本是否对项目公司的权利义务承担连带责任

一般 PPP 项目实施方案中的边界条件和 PPP 项目合作协议中都约定：

社会资本对项目公司负有出资及融资义务，而其作为投资方和大股东，是否对项目公司的合同权利义务承担连带责任？实践中的理解和说法都不一。

对政府方而言，他们认为其选择的是社会资本而非项目公司，依赖的是社会资本的信用和资质而非项目公司，为更好地确保项目适当执行并控制项目风险，会要求社会资本就项目公司的部分或全部合同权利义务责任承担连带责任。

我们建议，该等要求应当在招标文件中明示，而社会资本是否接受则取决于社会资本的风险承受能力、双方在项目中的商业地位等各种因素。另外，在部分 PPP 项目中，由于项目公司为新建且项目本身资产和收益也相对单一，金融机构也会要求社会资本对融资承担有限担保甚至是连带担保责任作为融资增信。此种情况下，由于社会资本应承担 PPP 项目中的融资责任，为保证项目公司取得融资，则最基本的要求是社会资本为融资承担相应担保责任。

十二、地方融资平台公司可否作为社会资本参与设立项目公司

出于体现 PPP 项目"公私合作"的本意、实现"公私合作"的价值，也为了确保 PPP 项目的竞争性，财政部 2014 年发布的相关文件均明确要求实施 PPP 项目的本级政府所属融资平台公司及其控股的国有企业不能以社会资本的身份参与本级政府辖区内的 PPP 项目。而国办发〔2015〕42号文对于当地融资平台公司作为社会资本方参与 PPP 项目又给予了适度的开口，但对于其他控股国有企业是否类比开口还并未明确。业内大部分专家对融资平台公司和当地国有企业作为社会资本参与 PPP 项目持相对负面观点，但出于中国国情及优质融资平台公司和地方国有企业发展空间需求的考虑，在充分市场竞争的前提下，给予完全商业化运营的融资平台公司和地方国有企业一定的发展空间也不失为因势利导。

第八章

PPP 项目经典案例

一、宁波文化广场 PPP 项目案例

宁波文化广场位于宁波东部新城中央走廊，是宁波市"十一五"规划建设的大型公共文化综合体，于 2008 年 7 月奠基开工，由宁波开发投资集团有限公司、江东区国有资产投资有限公司、鄞州区城市建设投资发展有限公司共同出资组建的宁波文化广场投资发展有限公司（以下简称文化广场公司）作为建设主体单位，拥有政府投入的资本金 8 亿元，独立承担文化广场项目的开发建设和经营。

宁波文化广场投资近 30 亿元，总建筑面积 32 万平方米，有 4 大区块 9 大文化功能，是宁波有史以来最大的文化综合功能区项目，具备承载区域文化事业、带动区域文化产业发展的优势和功能。

从项目本身来说，公共文化项目投资大、回收周期长的特性导致融资功能弱。文化广场公司积极寻求解决办法：一是在建设环节更多地依靠开投集团公司的融资能力；二是在运营环节，组建影院、科技场馆、体育场馆、教育培训、剧院演出与管理 5 个专业运营平台的运营公司，这些平台与国内外有实力、有影响的文化企业进行合作，引入外资、民资等各种社会资本，建立较好的投资财务模式，发挥运营平台较强的融资能力。

文化广场公司从工程项目实施开始就寻找合作伙伴，一边依托他们已有的运作模式和成功的经验，向银行提供融资的重要依据；一边通过成立合资方的方式，让他们解决一部分资金。针对文化项目投资回报周期长的特点，从投资回报来说，更多的是基于资产的增值。文化广场公司认为当东部新城区块逐渐成熟后，文化广场资产会大幅提升，从而进一步提高融

资能力。从运营层面来看，在政府采购、专项补贴的同时，争取吸收社会公益资金参与。

经过 3 年左右的建设，文化广场公司尝试了许多创新方式。

首先，融资建立分公司，独立运作。宁波大剧院总投资 6.2 亿元，为解决政府资金不足的问题，项目引入了宁波广电集团作为融资主体。项目建设兼顾了文化功能与现代化城市商业活动的结合，配置了部分商业用房，为以后的正常运作奠定了基础。大剧院成立了独立的企业法人，经营内容分两大板块：一是政府购买服务部分，文化演出享受 6 万元/场的高雅艺术补贴；二是市场化运作部分，商业用房出租资金单独核算，收入用来支付广电集团的本金，另外财政给予贴息补助。

其次，提供项目，委托管理。由文化广场公司提供场地教育设施，与上海寓教于乐公司合作组建管理运营班子，文化广场公司派驻监管人员，在文化广场打造"育乐湾"儿童职场和青少年体验教育基地。

最后，合资共建，打造协作单位的连锁店。这一运营模式以广场影城为代表，文化广场公司与 CJCGV 公司合资合作后成立了宁波文化广场希杰影城，注册资本 515 万美元，双方各持 50% 股份。该运营模式不仅带来了全新的影院运营理念和创新性设计，也承担了影院投资的一半近 5000 万元的资金来源。

宁波文化广场采用 PPP 模式的成功之处在于：一是实现了社会资本参与公共文化事业建设，解决了财政资金不足的问题；二是采用企业化管理，降低了运行成本，采用市场化运作，实现了财务平衡；三是政府给予高雅艺术资金补贴实现了票价控制，扩大了受众范围，实现了较好的社会效益。

通过分析宁波文化广场案例，在今后公共文化建设项目中，可以得出以下几点经验。

在 PPP 项目中，要明确职能分工。政府是公共文化建设项目的倡导者、管理者和提供者，在公共文化建设项目过程中需明确政府职能。企业是公共文化建设项目的参与者、投入者，在建设过程中要发挥企业的创新性和积极性，政府和企业在合作过程中实现互补的目的。

分担风险。公共文化建设项目周期长，公益性质明显，在建设过程中应明确政府和社会资本方的风险分担机制，做到损失最小化。

尝试多种融资形式。在项目执行过程中，项目公司不拘泥于现有股权结构，积极探索与其他各类资本的合作，引入资本解决运营问题的同时，也使项目本身实现了丰富群众生活，提高城市形象的目的。

二、兴延高速公路 PPP 项目案例

兴延高速公路位于京藏高速公路以西，呈南北走向，南起西北六环路双横立交，北至京藏高速营城子立交收费站以北，路线全长约 42.2 千米。线路途径昌平、延庆两个区县，其中平原段约 17.8 千米，山区段约 24.4 千米。兴延高速公路工程按高速公路标准设计，其中平原段设计速度为 100 千米/时，山区段设计速度为 80 千米/时。项目总投资约 143 亿元。

兴延高速公路 PPP 项目实施方案经北京市政府批准采用 PPP 模式实施，北京市交通委员会为项目实施机构，北京市首都公路发展集团有限公司为政府方指定出资代表，政府方出资代表与中标社会资本按照49%：51% 的股权比例注册成立项目公司，政府方出资代表不参与项目公司利润分配。

北京市交通委员会与项目公司签订 PPP 项目合同，代表北京市人民政府授予项目公司特许经营权，由项目公司投资建设和运营维护兴延高速公路项目，项目合作期限分为建设期和运营期，其中建设期约 39 个月，运营期为 25 年（自正式通车之日起至项目移交之日止），项目合作期限届满后移交政府部门。

项目特许经营权包括高速公路收费权、沿线广告牌、加油站及附属设施经营权。项目采用可行性缺口补贴付费机制，政府就约定通行费标准与实际通行费标准之间的通行费差额对项目公司进行补贴。

项目采用公开招标方式选择社会资本，最终中国铁建股份有限公司、中铁十二局集团有限公司和中铁十四局集团有限公司联合体中标，目前项目公司已组建完成，项目进入建设阶段。

兴延高速公路项目是北京市政府重点推进的项目之一，也是财政部第

二批 PPP 示范项目，项目目前已顺利完成社会资本采购，进入项目执行阶段，兴延高速公路 PPP 项目是我国近期成功落地实施的公路运输 PPP 项目，在公路 PPP 项目实践操作领域具有典型意义。

下面对公路 PPP 项目操作模式进行如下分析。

（一）公路 PPP 项目回报机制

在公路 PPP 项目中，经营性收费公路具备向最终用户收取车辆通行费的基础，实践中可以采用使用者付费或可行性缺口补贴回报机制。非收费公路项目不具备向最终用户收取车辆通行费的条件，可以采用政府付费回报机制，即对非收费公路项目，可以基于公路项目的可用性、使用量（影子收费）、绩效考核中的一项指标或多项指标的组合由政府付费，实践中一般是以项目的可用性与绩效组合或使用量与绩效组合的指标为依据，由政府支付费用。

（二）公路项目的技术等级和规模

在考虑公路 PPP 项目采用使用者付费或可行性缺口的过程中，政府职能部门必须综合考虑公路项目的技术等级和规模。《中华人民共和国公路法》（以下简称《公路法》）第五十九条规定，符合国务院交通主管部门规定的技术等级和规模的下列公路，可以依法收取车辆通行费：（一）由县级以上地方人民政府交通主管部门利用贷款或者向企业、个人集资建成的公路；（二）由国内外经济组织依法受让前项收费公路收费权的公路；（三）由国内外经济组织依法投资建成的公路。

（三）公路项目的所有权

公路项目的所有权，是指公路建成并通过竣工验收后，如何确定公路项目的所有权主体。目前《公路法》和《收费公路管理条例》中均未对公路项目的所有权设置作明确规定，但《收费公路权益转让办法》第三十五条规定："受让方依法拥有转让期限内的公路收费权益，转让收费公路权益的公路、公路附属设施的所有权仍归国家所有。"此处未区分政府还贷公路和经营性公路，同时《收费公路管理条例》规定收费公路权益是指收费公路的收费权、广告经营权和服务设施经营权。据此可以推断收费公路项目的所有权归国家所有，即收费公路的项目法人只拥有公路的收费权，实践中也按照收费公路所有权归国家所有进行操作，但由于缺乏明确的规定条件，实践操作中的具体方式也存在差异。非收费公路的所有权设置在实践中也参照收费公路的相关规定执行，即公路项目的经营主体不享有公路项目的所有权。

（四）公路项目的移交

公路项目的移交问题，是指在利用 PPP 模式引入社会资本，投资建设和运营维护公路项目的过程中，即构建政府和社会资本的合作关系的过程中，通常会要求设定项目的合作期限，项目合作期限届满后，项目设施如何处置的问题。《公路法》第六十五条规定，有偿转让公路收费权的公路，转让收费权合同约定的期限届满，收费权由出让方收回。由国内外经济组织依照本法规定投资建成并经营的收费公路，约定的经营期限届满，该公路由国家无偿收回，由有关交通主管部门管理。

《收费公路管理条例》第三十八条规定，收费公路终止收费前 6 个月，省、自治区、直辖市人民政府交通主管部门应当对收费公路进行鉴定和验收。经鉴定和验收，公路符合取得收费公路权益时核定的技术等级和标准的，收费公路经营管理者方可按照国家有关规定向交通主管部门办理公路移交手续；不符合取得收费公路权益时核定的技术等级和标准的，收费公路经营管理者应当在交通主管部门确定的期限内进行养护，达到要求后，方可按照规定办理公路移交手续。

《收费公路权益转让办法》第四十条规定，收费公路权益转让合同约定的转让期限届满前 6 个月，省、自治区、直辖市人民政府交通运输主管部门应对公路项目进行鉴定验收。经鉴定和验收，公路符合收费公路权益转让时核定的技术等级和标准的，公路经营企业方可按照国家有关规定，在转让期限届满时向交通运输主管部门办理公路移交手续；不符合转让收费公路权益时核定的技术等级和标准的，公路经营企业应当在交通运输主管部门确定的期限内进行养护，达到要求后，方可按照规定办理公路移交手续。转让期限届满仍未达到要求的，交通运输主管部门应当收回公路收费权，办理公路移交手续，指定其他单位进行养护，养护费用由原公路经营企业承担。

因此收费公路采用 PPP 模式的，合作期限届满的，经交通运输主管部门鉴定和验收合格后，应将公路项目移交给交通运输主管部门并办理移交手续。

对于非收费公路采用 PPP 模式的公路项目，合作期限届满后是否需要将公路项目设施移交给政府部门，法律规范层面缺乏明确的规定。

综上所述，基于公路项目回报机制、公路技术等级和规模、公路项目所有权和公路项目移交等问题的分析论述可知，公路 PPP 项目，实践中一般采用 BOT 模式进行操作，若公路 PPP 项目属于存量项目，则实践中一般采用 TOT 模式，转让标的一般是收费公路的经营权，若公路 PPP 项目属于改扩建项目，则实践中一般适用 ROT 模式。

（五）公路 PPP 项目的合理收益

PPP 项目的合理利润，是指社会资本利用 PPP 模式参与基础设施和公用事业项目的投资建设和运营维护过程中基于社会资本的投资获取的收益，社会资本获得合理收益是政府和社会资本构建长期合作关系的重要保障。

参照《财政部关于印发〈政府和社会资本合作项目财政承受能力论证指引〉的通知》（财金〔2015〕21 号）的规定，合理利润率以商业银行中长期贷款利率水平为基准，充分考虑可用性付费、使用量付费、绩效付费的不同情景，结合风险等因素确定。同时可以将项目的合理收益作为公路项目投资人选取过程中的竞争性指标之一，即项目合理收益作为投资人进入公路 PPP 项目的主要考虑条件，通过公开招标等方式的充分竞争，确定项目的合理收益水平。

在通过招标方式确定公路 PPP 项目的合理收益水平后，为保障项目长久持续运营，有必要对项目收益设计动态监管机制，通过动态跟踪、核算公路 PPP 项目的实际收入（包括政府付费）以及合理费用支出，计算公路 PPP 项目在已发生的合作期限内实现的收益水平。同时依据设立的收益分成机制，对项目收益未达到预期标准的，政府按照一定比例予以补偿，对于项目收益超过预期收益的，政府按照一定比例予以分成，即通过对项目合理收益的动态监督，确保公路 PPP 项目始终处于合理收益水平，防止项目投资人过分亏损而影响投资人长久持续合作的热情，也避免项目收益过高损害公众的利益。

（六）公路 PPP 项目收费权的设立

公路 PPP 项目收费权的设立，是指在经营性公路 PPP 项目中设立公路收费权的过程，目的是获得合法批准，收取车辆通行费。

经营性公路 PPP 项目收费权的设立，必须经历以下两个阶段。一是项目立项阶段对公路属性的确定，即在综合考量公路项目的技术等级和规模的前提下，确定公路项目是否属于收费公路项目。若属于收费公路项目，则需确定公路属于政府还贷公路还是经营性公路，公路项目的属性一经立项确定，则公路项目的经营管理主体不得擅自更改。立项阶段确定为经营性公路是公路 PPP 项目收费权设立的前提条件。存量公路 PPP 项目，按照《收费公路权益转让办法》的相关规定履行收费公路权益转让的前置审批手续是后续设立公路收费权的前提条件。二是公路收费权的批准，根据《收费公路管理条例》的相关规定，收费公路的经营者，在依法取得批准后有权向通行收费公路的车辆收取车辆通行费。必须在收费公路建成并验收合格后，方可收取车辆通行费，不得边建设边收费。收费公路经营者的收费权的设立和批准的主要内容为收费公路收费站设置的审查批准、收费公路收费期限的审查批准和车辆通行费的收费标准的审查批准，收费公路经营者取得省、自治区、直辖市人民政府审查批准后，即具备收取车辆通行费权利。

三、常德海绵城市 PPP 项目案例

（一）项目背景

常德市具有建设海绵城市的天然基础：地处湖南省西北部，位于洞庭湖畔，水系发达，是一座典型的"水敏性"城市，年均降水量达 1200

毫米。2015 年 3 月，常德市在财政部、住建部、水利部组织的国家海绵城市建设试点城市竞争性评审答辩会上突围成功，进入第一批海绵城市建设试点城市，将在建设期 3 年内获得国家 12 亿元的专项补贴资金。

常德市海绵城市建设项目建设目标：根据《常德市海绵城市总体规划（2015—2030 年)》《常德市关于加快推进海绵城市建设的实施意见》，要通过低影响开发技术，形成"源头减排—小排水—大排水"系统，构建"渗—蓄—滞—净—用—排"的复合排水体系，在雨水排放的同时，达到雨水资源化的目的，削减雨水径流量，减少初期降雨面源污染，充分发挥湖泊调蓄作用，减少城市内涝，将常德市打造成为"海绵城市"。

（二）项目实操方案

项目方案如下图所示。

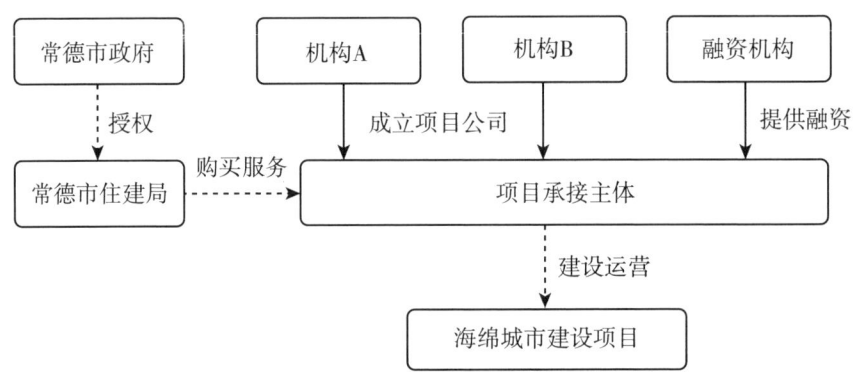

常德海绵城市交易方案图

按照《政府购买服务管理办法（暂行)》，常德市政府授权住房和城乡建设局作为海绵城市项目的购买主体。通过竞争性磋商的方式确定项目承接主体，项目承接主体由机构 A 和机构 B 分别出资成立。常德市住建局与项目承接主体签订《海绵城市项目政府购买服务协议》，明确由项目承接主体负责项目的建设与运营，住建局每年支付购买服务资金。融资机构对项目承接主体进行融资，专项用于常德海绵城市项目的建设与运营。

（三）项目收益

常德海绵城市项目期限为 15 年，包括建设期 3 年和运营期 12 年。若采取前 3 年建设期间只付息，后 12 年运营期间按照等额本金方式进行还本付息，融资机构需要承担包括不限于通道管理费、托管费等。

（四）项目投资价值

（1）从政策可持续性角度。海绵城市属于国家鼓励项目，代表着未来城市建设发展的方向，海绵城市建设是一个长期、持续的过程，项目属于国家级示范项目，中央和地方都给予足够的重视，政策上长期看好。

（2）从异化融资不可持续角度。43 号文出台以后，中央对地方政府融资手段进行严格规范，BT、假 PPP、伪政府购买服务等异化融资手段逐渐被禁止。该项目按照政府购买服务相关法律法规实施，不存在异化融资的问题。

（3）从国计民生工程角度。海绵城市项目是典型的重大民生工程，项目的实施将有效解决城市内涝问题，提升城市基础设施建设水平，改善市民生活环境，本身是具有较高投资价值的。

四、如东县中医院医养融合 PPP 项目案例

（一）项目概况

如东县中医院始建于 1958 年，地处如东县掘港镇，是一所集医疗、急救、科研、教学、康复为一体，规模较大、功能较全、技术力量雄厚的"二级甲等中医医院"。医疗服务覆盖如东县全县 100 多万人口的医疗、康复和保健服务。如东县医养结合项目分两期实施：一期为医疗中心项目，总床位 1000 张，预计建成后年接待门急诊号次 450 000 人次。二期为养老康复中心项目，拟建成具有中医特色"医养结合"的集医疗、养老、康复、护理、健教、养生于一体的中高档的综合养老社区，总建筑面积不少于 10 万平方米，一期、二期项目特许经营期均为 20 年。如东县中医院PPP 项目领导组是该项目的实施机构，本项目通过竞争性磋商由陕西必康制药集团控股有限公司（牵头方）与同济会（医疗法人社团）联合体中标。本项目一期、二期项目范围以内的土地共计 157 亩，使用权性质均为国有划拨。

（二）项目运作模式

鉴于如东县中医院一期医疗中心项目已于 2013 年 9 月开始动工，属于存量项目，因此该项目采用 TOT 模式（移交—运营—移交），已开工建筑、装饰工程仍由原报建、代建及施工单位负责，工程竣工验收通过后经政府协调直接转让给政府与社会资本共同出资设立的项目公司（SPV1）。已投资本息按审计价由 SPV1 按实支付。

如东县中医院属于全民所有制"二级甲等中医医院"，其运营事项被划分为核心医疗部分和非核心医疗部分。其中核心医疗部分由如东县中医院自行运行，非核心医疗部分由 SPV1 负责运营管理并同时获得相应的运营收益，政府基于绩效考核还将另行支付政府购买服务的费用。运营期满后由 SPV1 将一期的医疗中心按既定的标准完好无偿地移交给如东县政府或其指定的部门。

二期养老康复中心项目为新建项目，采用 DBOT 模式（设计—建设—运营—移交），合作期限暂定为 20 年。政府与社会资本共同出资设立 SPV2，政府提出规模、时间、需求等项目建议和要求，由 SPV2 负责设计、可研、立项、招标及建设全过程，建设资金由 SPV2 筹集、支付，社会资本负责整个项目的设计与建造。

与如东县医疗中心项目不同的是，养老康复机构运营并未区分核心部分与非核心部分。康复中心竣工后直接由 SPV2 负责整个项目以及除一般医疗、日常护理、定期体检外的所有的养老服务并获得运营收益，运营管理主要采取使用者付费方式付费，同时，政府基于绩效考核的标准，拟给予 SPV2 一定年限内的政府可行性缺口补助。政府指派如东中医院作为该项目的医疗服务支撑单位，必须为该项目的正常运营提供相应的医疗服务，SPV2 根据双方协议的优惠价格结算服务费用。特许经营期结束后，由 SPV2 按既定移交标准向政府方指定的部门移交。

（三）交易结构

如东县政府授权如东县国有公司作为政府出资人并授权其与拟引入的社会资本共同出资成立一期医疗中心项目公司（SPV1）和二期养老康复中

心项目公司（SPV2）。如东县政府与两个项目公司分别签署 PPP 项目特许经营协议将相应特许经营内容交给项目公司实施。一期医疗中心项目、二期养老康复中心项目的具体交易结构分别如下图所示。

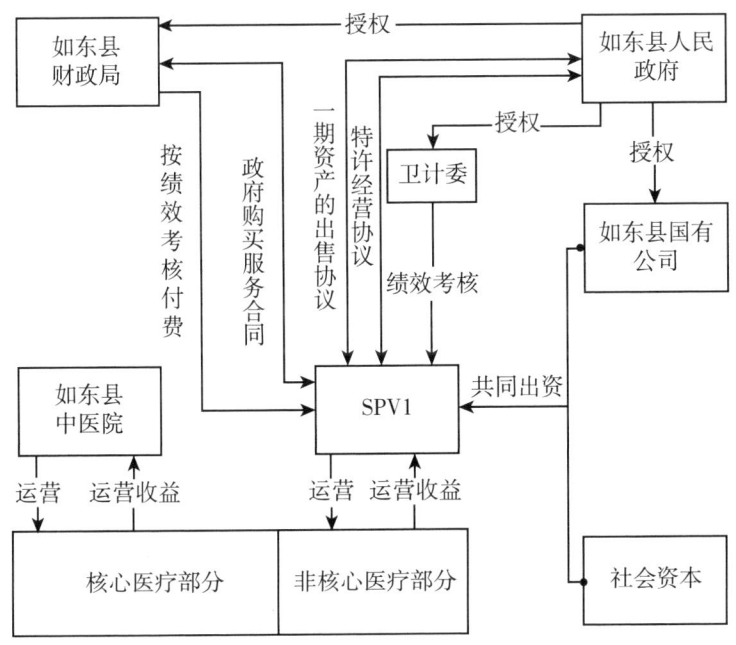

一期项目交易结构示意图

（1）如东县政府和社会资本方与中标社会资本签署 PPP 合作框架协议后授权如东县国有公司与社会资本方签署股东合作投资协议并共同出资设立 SPV1（其中社会资本方出资 60%，政府出资人代表出资 40%）。

（2）如东县政府与 SPV1 签订特许经营协议授权其对医院非核心医疗部分进行自主经营并自负盈亏（包括物业、食堂、医药用品采购等），核心医疗部分仍由如东县医院自主经营。

（3）SPV1 与银行/银团签署融资协议获取贷款，政府方协助办理贷款手续，必要时可由股东方提供担保。

（4）如东县政府授权卫计委根据《1 期医疗中心绩效考核暂行管理办法》对 SPV1 的运营情况进行绩效考核并向如东县政府及财政局反馈。

（5）如东县财政局在如东县政府的授权下根据卫计委的考核结果向

SPV1 发放考核付费。

SPV1 通过运营非核心医疗部分取得的运营收入及市财政局发放的政府付费向银行归还借款本息或向股东分配利润。

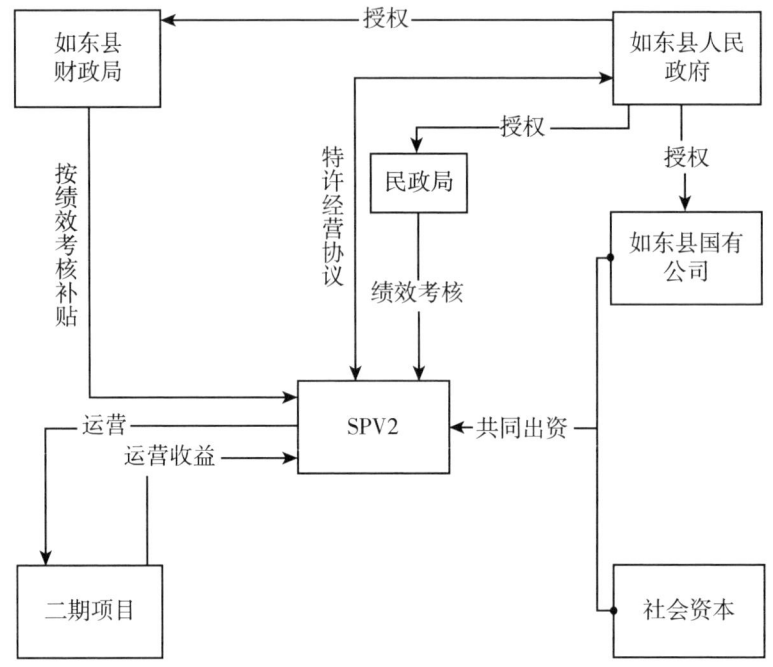

二期项目交易结构示意图

（1）如东县政府和社会资本方与中标社会资本签署 PPP 合作框架协议后授权如东县国有公司与社会资本方签署股东合作协议并共同出资设立 SPV2（其中社会资本方出资 80%，政府出资人代表出资 20%）。

（2）如东县政府与 SPV2 签订特许经营协议授权其对除一般医疗、日常护理、定期体检外的所有的养老服务进行自主经营并取得收入。

（3）SPV2 与银行/银团签署融资协议获取贷款，政府方协助办理贷款手续，必要时可由股东方提供担保。

（4）如东县政府授权民政局根据《2 期养老中心绩效考核暂行管理办法》对 SPV2 的运营情况进行绩效考核。

（5）如东县财政局在如东县政府的授权下根据民政局的考核结果向

SPV2 发放考核补贴。

（6）SPV2 通过运营养老服务取得的运营收入及市财政局发放的政府补贴向银行归还借款本息或向股东分配利润。

（四）项目收益与回报机制

本项目一期医疗中心项目采用"非核心业务营业收入＋政府购买服务费用"的方式。SPV1 与如东县中医院签订使用者付费协议后，通过非核心医疗部分的运营管理（包括药品供给、医疗器具设备采购、物业、食堂、超市、停车场及其他后勤等）从使用者方面获得运营收益，同时可从如东县政府财政局获取基于绩效考核的政府购买服务收益。

二期养老康复中心项目收益来自"养老康复中心运营收入＋政府根据绩效的可行性缺口补助"。项目建成之后，SPV2 通过运营管理从使用者方面获得运营收益。同时，二期项目运营的特定时限内 SPV2 可从如东县财政局获取基于绩效考核的可行性缺口补助。

（五）政府保障与配合

核心医疗部分与非核心医疗部分的划分直接影响投资人的收入来源测算与收益率的测算，进而影响投资人的积极性，因此政府必须在正式采购前完成项目的核心医疗部分和非核心医疗部分的划分工作，为投资人的报价提供准确的计算依据。同时，政府拟对二期养老项目安排财政专项资金，在养老康复中心的床位使用率低于一定比例时给予补贴，以充分保障二期养老康复中心项目的顺利运营。

五、湖南株洲垃圾焚烧发电 PPP 项目案例

（一）项目概况

株洲市城市垃圾焚烧发电项目位于株洲市石峰区铜塘湾街道长石村，占地面积 176.7 亩，总规模为日处理生活垃圾 1500 吨，其中 1 期工程为日处理生活垃圾 1000 吨，总投资约 5.7 亿元。该项目是湖南省首个采用国内外先进的机械炉排炉焚烧技术工艺的垃圾焚烧厂，烟气排放重要指标要求达到欧盟排放标准。项目年发电量约 1.5 亿度，每年可节约标煤 30 多万

吨，降低碳排放 9 万吨。

2008 年 3 月，株洲市城市管理和行政执法局作为政府授权方，经招标程序选择了香港创志集团为本项目投资人，采用 BOT 方式投资、建设和运营本项目，特许经营期 30 年，到期无偿移交。

2012 年 1 月，株洲市政府授权株洲市城市管理和行政执法局与香港创志集团在株洲成立的项目公司签订了正式的《特许经营协议》。

2012 年 5 月，项目正式动工。2014 年 10 月项目点火试运行。项目试运营期间各项技术指标达到相应的技术要求。

（二）投资人：择优选择

对于一个 PPP 项目来说，成功的第一步必然是选择一个合格投资人。资金实力强、技术先进、管理经验丰富的投资主体，必然会为项目顺利进行添加更多的保证。而如何选择具有竞争力的投资人，是很多项目面临的第一个难题。

为此，株洲市政府成立了以商务局为牵头单位的招商小组，公开项目招商信息，广泛征集投资人意向，与意向投资人进行充分的前期沟通，充分了解投资人意向是否符合政府目标。

招商小组从经验和业绩记录、技术能力和管理能力、财务能力等方面对所有意向投资人进行综合评估和实地考察，筛选出符合要求的意向投资人。条件成熟后，政府授权株洲市城市管理和行政执法局为项目实施 PPP 的政府主体，委托招标代理机构采用邀请招标方式进行项目投资人招标，以垃圾处理服务费为主要竞争标的，通过招标程序确定项目投资人。

（三）机制：风险共担与增益分享

首先，项目完工风险完全由项目公司承担。为此项目公司提供 1000 万元的履约保函，如项目公司导致完工延误，自约定的商业运营日至实际的完工日期，每延误一天项目公司应向株洲市城管局支付一定的违约金。

其次，项目公司承担运营、维护和移交的风险。项目公司应始终按谨慎工程和运营惯例及有关质量保证和质量控制要求运营垃圾焚烧发电厂。在移交日，项目公司应保证垃圾焚烧发电厂处于良好的运营状况。项目公司保证在移交日期后 12 个月内，修复由设备、材料、施工、设计缺陷或特许期内项目公司的任何运营维护不当造成的缺陷或损坏及环境污染责任。

投资人在项目中主要承担融资风险。负责资本金出资到位，并在项目公司不能按时筹集到项目资金时，负责建设和运营所需资金。

由于项目规模由政府确定，政府在项目中承担垃圾供应风险，为项目设定了保底垃圾处理量。

重要法律变更的风险由双方共担，由于发生一项或多项法律变更使项目公司的建设或运营成本变化幅度超过垃圾处理服务费的 5%，双方按约定程序计算补偿或调整垃圾价格。应急处理的风险由双方承担，项目公司应在接到应急垃圾处理指令后的第一时间内立即按照已报株洲市政府备案的"应急预案"做好接收和处理应急垃圾的准备。

该项目的另一亮点是建立了收益分享机制，做到多方共赢。根据合同安排，如国家批复的上网电价超过约定电价，则政府分享超额收益的30%，并以调低垃圾处理费的方式分享。同时，项目申请的中央、省级专项资金或补贴资金，视为政府在该项目的投入，采用缩短特许经营期或调低垃圾处理服务费方式分享。

（四）政府：全程监管

在特许协议谈判期间，市政府成立了市级层面的项目领导协调小组，保障政府和社会资本合作积极稳妥推进。为加快项目推进，2011 年株洲市政府成立了以主管副市长为组长，发展改革委、财政局、住建局等部门分管领导组成的城市生活垃圾焚烧发电项目协调领导小组。在协调领导小组的推动下，各方协调更为有力周密，相关决策更为科学民主，项目谈判更为高效透明。

为统筹全市中心城区垃圾的收运和处理，加强对垃圾处理各个环节的监督，牢固树立平等意识及合作观念，集中力量做好市场监管和指导服务，从公共产品的直接"提供者"转变为社会资本的"合作者"以及 PPP项目的"监管者"，株洲市政府在签订特许经营协议的同时，成立了株洲市垃圾处置监督管理处，代表政府对项目公司行使监督管理职能，同时也为项目公司就涉及征地拆迁、项目审批等事项提供相关协调服务。从目前来看，专门监管机构的设立，对于落实政府监管职责、保障项目实施发挥了显著作用。

六、洪泽湖生态环境提升工程美丽蒋坝 PPP 项目案例

（一）项目概况

江苏省淮安市洪泽区蒋坝镇位于全国五大淡水湖之一的洪泽湖东岸，是一座有 400 多年历史的古镇，水陆面积仅有 12.1 平方公里，人口也只有近万人，却有着苏北"小南京"之称。蒋坝自古以来水运和渔业发达，20 世纪八九十年代建成的 205 国道从蒋坝镇穿过，自此这里成为往来南北的陆路咽喉。然而，1996 年，宁连一级公路开通，2006 年宁连高速通车，205 国道成为高速时代的"后街背巷"，因路而兴的蒋坝开始因路而衰。

洪泽湖生态环境提升工程美丽蒋坝 PPP 项目是江苏省第一个成功落地、第一个招标、第一个开工建设、第一批受到财政支持的项目。

2015 年 8 月，该项目入选江苏省 2015 年度第二批省级 PPP 试点项目，得到了省财政厅的认可与推介。2016 年 10 月，该项目成功入选国家第三批 PPP 示范项目，是全省唯一入选的旅游类项目。

（二）项目成功之处

据介绍，在以 PPP 项目为依托，加快苏派特色小镇建设，实现旅游兴镇的过程中，蒋坝镇着重做了以下几方面的工作：

坚持绿色、协调发展，推动蒋坝生态旅游，扩大洪泽湖对外开放程度，使一二三产业配套协调发展，拓宽就业门路，产生良好的经济效益、社会效益和生态效益。

坚持规划引领。蒋坝按照可持续发展原则，编制了《蒋坝镇旅游开发前期规划》《蒋坝镇农业总体规划》等，进行以旅游产业为引领的"多规合一"，寻求全镇整体合作、分片开发。

创新发展机制。充分利用江苏天鹅湾旅游开发有限公司的优势解决乡镇平台在承载力、融资渠道、人才队伍等方面的问题，在社会资本洽谈、

客商招引、金融对接等方面寻求更多的合作机会。

打造特色小镇。做好基础设施建设的同时，集中建设温泉养生、休闲、美食、观光为一体的四季度假集聚区，打造河工风情特色小镇。

选择优秀团队。蒋坝先后吸引了苏州金螳螂建筑装饰股份有限公司、深圳市洪涛装饰股份有限公司、南京金陵饭店管理公司、柏涛建筑设计有限公司等国内一批知名设计和管理公司参与到蒋坝的建设中来。

推进项目建设。成立了蒋坝旅游板块重点项目指挥部，明确 18 个重点项目责任主体，分片包干，倒排工期，同时成立督查组督察，并及时汇报进度和问题。

目前，该镇四个区域 13 个大大小小的旅游项目都在稳步推进，天鹅湾温泉、金陵酒店、观沧海、落霞湾、银杏广场等项目都将陆续对外营业。两年后整个项目将完成，届时在洪泽湖大堤上行走，一边是浩渺的湖水，一边是有现代特色的古镇，镇上有餐饮、民宿、酒吧、咖啡馆，坐在窗口，抬起头就能看到湖水夕阳、渔舟唱晚。

七、河北固安工业园区新型城镇化 PPP 项目案例

（一）项目背景

固安工业园区地处河北省廊坊市固安县，与北京大兴区隔永定河相望，距天安门正南 50 公里，园区总面积 34.68 平方公里，是经国家公告（2006 年）的省级工业园区。

2002 年固安县政府决定采用市场机制引入战略合作者，投资、开发、建设、运营固安工业园区。同年 6 月，通过公开竞标，固安县人民政府与华夏幸福基业股份有限公司（以下简称华夏幸福公司）签订协议，正式确立了政府和社会资本（PPP）合作模式。按照工业园区建设和新型城镇化的总体要求，采取"政府主导、企业运作、合作共赢"的市场化运作方式，倾力打造"产业高度聚集、城市功能完善、生态环境优美"的产业新城。

（二）建设内容与规模

固安工业园区 PPP 新型城镇化项目，是固安县政府采购华夏幸福在产

业新城内提供设计、投资、建设、运营一体化服务。

1. 土地整理服务

配合以政府有关部门为主体进行的集体土地征转以及形成建设用地的相关工作。2008—2013 年，华夏幸福公司累计完成土地整理 29 047.6 亩，累计投资 103.8 亿元。

2. 基础设施建设

基础设施建设包括道路、供水、供电、供暖、排水设施等基础设施投资建设。截至 2014 年已完成全长 170 公里新城路网、4 座供水厂、3 座热源厂、6 座变电站、1 座污水处理厂等相关配套设施建设。

3. 公共设施建设及运营服务

公共设施建设及运营服务包括公园、绿地、广场、规划展馆、教育、医疗、文体等公益设施建设，并负责相关市政设施运营维护。园区内已经建成中央公园、大湖公园、400 亩公园、带状公园等大型景观公园 4 处，总投资额为 2.54 亿元。目前由北京八中、固安县政府、华夏幸福公司合作办学项目——北京八中固安分校已正式开学，按三级甲等标准建设的幸福医院已开工建设。

4. 产业发展服务

产业发展服务包括招商引资、企业服务等。截至 2014 年年底，固安工业园区累计引进签约项目 482 家，投资额达 638.19 亿元，形成了航空航天、生物医药、电子信息、汽车零部件、高端装备制造五大产业集群。

5. 规划咨询服务

规划咨询服务包括开发区域的概念规划、空间规划、产业规划及控制性详规编制等规划咨询服务，规划文件报政府审批后实施。

（三）运作模式

1. 基本特征

固安工业园区在方案设计上充分借鉴了英国道克兰港口新城和韩国松岛新城等国际经典 PPP 合作案例的主要经验，把平等、契约、诚信、共赢等公私合作理念融入固安县政府与华夏幸福公司的协作开发和建设运营之中。其基本特征是：

（1）政企合作。固安县政府与华夏幸福公司签订排他性的特许经营协议，设立三浦威特园区建设发展有限公司（以下简称三浦威特）作为双方合作的项目公司（SPV），华夏幸福公司向项目公司投入注册资本金与项目开发资金。项目公司作为投资及开发主体，负责固安工业园区的设计、投资、建设、运营、维护一体化市场运作，着力打造区域品牌；固安工业园区管委会履行政府职能，负责决策重大事项、制定规范标准、提供政策支持，以及基础设施及公共服务价格和质量的监管等，以保证公共利益最大化。

（2）特许经营。通过特许协议，固安县政府将特许经营权授予三浦威特，双方形成了长期稳定的合作关系。三浦威特作为华夏幸福公司的全资公司，负责固安工业园区的项目融资，并通过资本市场运作等方式筹集、垫付初期投入资金。此外，三浦威特与多家金融机构建立融资协调机制，进一步拓宽了融资渠道。

（3）提供公共产品和服务。基于政府的特许经营权，华夏幸福公司为固安工业园区投资、建设、开发、运营提供一揽子公共产品和服务，包括土地整理、基础设施建设、公共设施建设、产业发展服务，以及咨询、运营服务等。截至2014年华夏幸福公司在固安工业园区内累计投资超过160亿元，其中，基础设施和公共服务设施投资占到近40%。

（4）收益回报机制。双方合作的收益回报模式是使用者付费和政府付费相结合。固安县政府对华夏幸福公司的基础设施建设和土地开发投资按成本加成方式给予110%补偿；对于提供的外包服务，按约定比例支付相应费用。两项费用作为企业回报，上限不高于园区财政收入增量的企业分享部分。若财政收入不增加，则企业无利润回报，不形成政府债务。

（5）风险分担机制。社会资本利润回报以固安工业园区增量财政收入为基础，县政府不承担债务和经营风险。华夏幸福公司通过市场化融资，以固安工业园区整体经营效果回收成本，获取企业盈利，同时承担政策、经营和债务等风险。

2. 主要创新点

固安工业园区新型城镇化 PPP 模式属于在基础设施和公用设施建设基础上的整体式外包合作方式，形成了"产城融合"的整体开发建设机制，提供了工业园区开发建设和区域经济发展的综合解决方案。

（1）整体式外包。在政企双方合作过程中，固安县政府实际上是购买了华夏幸福公司提供的一揽子建设和外包服务。这种操作模式避免了因投资主体众多而增加的投资、建设、运营成本，而且减少了分散投资的违约风险，形成规模经济效应和委托代理避险效应。

（2）"产城融合"整体开发机制。在"产城融合"整体开发机制下，政府和社会资本有效地构建了互信平台，从"一事一议"变为以 PPP 机制为核心的协商制度，减少了操作成本，提高了城市建设与公共服务的质量和效率。

（3）工业园区和区域经济发展综合解决方案。政企双方坚持以"产业高度聚集、城市功能完善、生态环境优美"作为共同发展目标，以市场化运作机制破解园区建设资金筹措难题、以专业化招商破解区域经济发展难题、以构建全链条创新生态体系破解开发区转型升级难题，使兼备产业基地和城市功能的工业园区成为新型城镇化的重要载体和平台。

（四）借鉴价值

固安工业园区新型城镇化在整体推进过程中较好解决了园区建设中的一些难题，具有较高的借鉴推广价值。

1. 采用区域整体开发模式，实现公益性与经营性项目的统筹平衡

传统的单一 PPP 项目，对于一些没有收益或收益较低的项目，社会资本参与意愿不强，项目建设主要依靠政府投入。固安工业园区新型城镇化采用综合开发模式，对整个区域进行整体规划，统筹考虑基础设施和公共服务设施建设，统筹建设民生项目、商业项目和产业项目，既防止纯公益项目不被社会资本问津，也克服了盈利项目被社会资本过度追逐的弊端，从而推动区域经济社会实现可持续发展。

2. 利用专业团队建设运营园区,实现产城融合发展

为提高固安工业园区核心竞争力,固安县政府通过让专业的人做专业的事,华夏幸福公司配备专业团队,政府和社会资本构建起平等、契约、诚信、共赢的机制,保证了园区建设运营的良性运转。固安县政府在推进新型城镇化的同时,统筹考虑城乡结合问题,加快新农村建设,进行产业链优化配置,实现了产城融合发展。

八、垦利县卫生体育设施及配套工程 PPP 项目案例

(一)项目概述

项目由东营西郊现代服务区医院、东营西郊消防站、垦利县人民医院提升改造、垦利县医院门诊楼和县一中体育馆 5 部分组成,占地约 20 亩,总建筑面积近 2 万平方米,总投资 3.47 亿元,采用"建设—运营维护—移交"(BOT)模式运作,合作期为 20 年。

医院建成后将成为一家集门诊、急诊、住院于一体的二级综合型医院。医院的建设将结束东营西郊现代服务区没有高水平医疗机构的历史,为园区及周边群众提供高品质的诊疗服务。

为提高项目运作的规范性、科学性和运作效率,垦利县政府决定聘请青岛习远公司担任 PPP 咨询顾问,协助其实施本项目。

(二)项目进展

项目实施机构(东营西郊现代服务区管委会、县住建局、卫计局)与中标社会资本方(山东金宇建筑集团有限公司)已于 2016 年 7 月 9 日在县商务大厦举行签约仪式,正式签订 PPP 项目合同。现项目公司已成立,正式进入执行阶段。

(三)PPP 实施亮点分析

1. 前期手续齐全是前提条件

规划选址、用地审批、环保评价、用能评估、发改立项等前期论证工作是 PPP 项目付诸实施的前提条件。推广 PPP 模式,必须做好前期工作,各环节要做到规范化、专业化运作。前期工作缺失或者不到位,导致后期

巨大的经济损失或造成政府信誉无可挽回。本 PPP 项目策划及招商时充分认识到项目前期工作的重要性，以提升项目吸引力、增强项目规范操作，保障项目稳步落地。

2. 子项目多，梳理是关键

项目各子项实施的时间要求不一，要求同一时间竣工显然不合理。故合同根据 5 个子项的实施进度计划，约定待完成竣工验收后分别进入运营期，同时要求工程方面至少配备 3 名项目经理、3 套项目管理班组。在项目落地后，投标时配备的项目管理班组人员需持证上岗，不得随意更换，同时实行项目经理押证制度，这样很好地加强了实施机构对项目工程管理人员的监管。其次，由于各子项竣工时间差别并不大，合同约定各子项同步移交，这又大大简化了移交的次数和手续，一定程度上节省、节约了各相关方的支出，提高了项目实施效率。

3. 成本管控措施多

通过公开竞标，中标资本金年投资回报率为 6.85%，清单报价折合建安费下浮率 8%，较好地实现了充分的竞争。本项目建设部分的重点之一是成本管控，故项目采用清单招标、清标确认、第三方跟踪审计等多步措施保障建设成本的监管和控制。如合同约定实施机构保留清标的权利，对乙方所提报的东营西郊现代服务区医院、垦利县医院提升改造项目已标价的工程量清单文件按照采购文件要求逐一复核和审查，乙方无条件对存在的问题修订和整改，并且各子项的总报价不超过中标时的中标报价，调整后的文件作为 PPP 合同、施工承包合同的附件资料，并承诺在整个合作期均对乙方具有约束力。

4. 融资条款约定灵活

中标的融资利率浮动率为上浮 10%，若政府方协助项目公司与金融机构达成比中标融资利率浮动率更低，则按照实际达成的融资条件执行。即运营期内按中标的融资贷款利率浮动率和政府协助达成的浮动率孰低执行，这样更有效地降低了项目成本。

九、存量项目 PPP 运作——以南京城东、仙林污水处理 PPP 项目为例

2015 年 11 月 26 日，南京市城东、仙林污水处理 PPP 项目分别与北控水务（中国）投资有限公司和北京碧水源科技股份有限公司正式签署 PPP 项目合同，标志着历经八个多月的两项目终于落地。

（一）项目运作背景

城东污水处理厂服务范围为南京市东南部地区，服务面积约 175 平方公里，规划服务人口约 148 万。此番 PPP 项目运作前，城东污水处理厂项目总设计能力为 35 万立方米/日，处理后出水达国家《城镇污水处理厂污染物排放标准》一级 A 标准，尾水排放到运粮河。城东污水处理厂始建于 2003 年 10 月，项目分三期建设，至 2013 年 12 月底全部完成，出水水质满足一级 A 标准。其中一期工程于 2005 年 9 月建成投运，规模为 10 万立方米/日，采用 A2O 工艺，二期工程于 2008 年年底改扩建完成，扩建后日处理能力增至 20 万立方米，同时二期工程进行了一、二期一级 A 标准提标改造，污泥处理采用深度脱水工艺，通过重力浓缩、加药调理、板框压滤使产出污泥含水率降至 60% 以下后外运处置。

仙林污水处理厂规划服务面积 80 平方公里，服务人口 20 万。目前日处理能力为 10 万立方米/日，处理后出水达国家《城镇污水处理厂污染物排放标准》一级 A 标准，尾水排放九乡河。仙林污水处理厂设计总规模日处理能力为 10 万立方米，一期工程日处理能力为 5 万立方米，采用 CAST 工艺，于 2009 年开始运行。2014 年开始进行一期改建和二期扩建工程，改扩建后的仙林污水处理厂整体采用 A2O + MBR 工艺，工程于 2015 年 6 月底全部建设完成。污泥处理采用带式浓缩一体式脱水机脱水，脱水后含水率降至 80% 以下外运处置。

本项目由行业管理部门南京市城乡建设委员会（以下简称市城乡建设委）担任项目实施机构，协同南京市财政局（以下简称市财政局）和南京市城市建设投资控股（集团）有限公司（以下简称市城建集团）共同负责推进。

考虑到污水处理工艺的不同，为了便于竞争，本项目分为两个子项目，即城东污水处理厂 PPP 项目和仙林污水处理厂 PPP 项目，以经营权 TOT 方式进行运作。两个厂的经营权转让价格在评估值的基础上皆定为 4 亿元，PPP 项目合作期限为 30 年，由社会资本竞争项目的初始污水处理服务费单价。本项目采用公开招标的采购方法，整个采购流程在江苏省政府采购中心监管下操作。

项目自 2015 年 3 月开始调研至签约落地，市城乡建设委、市财政局、市城建集团及咨询机构等多方紧密配合，对项目交易结构和边界条件等实施方案的主要内容反复分析论证，最终从项目实际情况出发，批准了项目实施方案，并依此制定了个性化的项目采购文件。

由于事前调研分析论证工作充分，财务测算科学扎实、合同条款设置合理，加之项目本身区域优势明显、规模较大、现金流稳定，吸引了众多国内外水务行业第一阵营的社会资本参与竞争，最终北控水务（中国）投资有限公司以 0.742 元/立方米中标城东污水处理厂 PPP 项目，北京碧水源科技股份有限公司以 1.290 元/立方米中标仙林污水处理厂 PPP 项目，中标价格明显低于最高限价，远远超出各方预期，实现了政府的物有所值，也为政府、社会资本、社会公众的多方共赢打下扎实基础。

（二）项目实施方案要点分析

1. 交易范围的设置

交易范围的确定主要取决于以下几个因素。

（1）拟交易资产进行交易的自身条件是否成熟、物理边界和管理边界是否便于划分、资产权属是否清晰确定以及是否存在不可预估的风险。

（2）拟交易资产的经济性（自身现金流能力）。经济性越高，越有利于提升项目的市场价值，从而更有利于项目运作。

（3）兼顾政府方的融资需求，毕竟交易范围直接影响着项目的交易总额。

本项目中，经过多次财务分析和论证，考虑到市场条件不成熟，城东污水处理厂三期工程以及再生水工程的经营权被排除出交易范围，而城东污水处理厂一、二期工程以及仙林污水处理厂的经营权被纳入交易范围，剔枝折叶，确保了项目的交易质量，轻装上阵。

2. 交易主体的设置

污水处理厂进行 TOT 运作，需要理清交易资产的权属关系，确保交易主体的合法性是项目规范运作的必要前提。

PPP 项目交易结构和合同结构复杂，涉及众多交易主体。为了保证项目运作的规范，首先要确保项目各交易主体的合法规范性。本项目中，市政府授权市城乡建设委作为实施机构，负责代表政府签署《PPP 项目合同》（主合同）并签发《特许经营授权书》，南京水务集团有限公司（以下简称水务集团）作为政府指定的出资方参股项目公司，负责签署《合资协议》和《公司章程》；水务集团控股子公司南京公用水务有限公司（以下简称公用水务）作为项目资产权属方负责签署《经营权转让协议》。

其中，由于仙林污水处理厂一期资产产权属于南京公用控股（集团）有限公司（以下简称公用控股公司，市城建集团全资子公司），因此特由公用控股公司向公用水务公司签署了《委托授权书》，确保了公用水务公司代表资产权属方签约的合法性。

3. 交易结构的设计

交易结构是 PPP 项目运作的核心，合理交易结构的设置有利于平衡各方利益，保障项目运作成功。

本项目由政府指定的出资代表与选中的社会资本合资成立项目公司，在合作期内，由项目公司受让交易范围内城东污水处理厂及仙林污水处理厂的经营权，并负责两个污水处理厂项目设施的运营和维护工作，合作期满后将两个污水处理厂项目设施及权益无偿移交给政府或其指定机构。

项目的资金结构为：股本金不低于项目初始投资总额（包括但不限于特许经营权费以及项目公司运营初期的铺底流动资金）的 30%，由政府指定的出资机构与选中的社会资本分别按约定比例以现金出资成立项目公司，由项目公司进行融资并按规定支付本项目的特许经营权费。项目的回报机制主要体现为政府购买服务，资金来源从南京市主城区收缴的污水处理费中列支。

4. 基础水量的设置

基础水量的设置比较敏感，容易被误解为给社会资本提供固定回报。事实上，由于现有的污水处理厂 TOT 项目一般都厂网分开运作（本项目亦是），污水处理进水管网由地方政府负责统筹投资建设，社会资本很难预测和管控实际的污水处理量，若政府不提供最低需求承诺，社会资本反而容易加大对项目风险的判断，并将此风险成本体现到污水处理服务费单价中，形成不合理的风险溢价。

因此，为了合理分配处理水量变动风险，也为了保证社会资本的平等竞争，通常单纯污水处理厂（不含配套管网的终端设施）TOT 或者 BOT 项目中都会设置基础水量，作为政府主要承担原污水供应风险的一种分担机制。但基础水量如何设置以便实现风险分担合理（虽然差别是细微的），需要进行准确的水量预估和精心的付费设计。

本项目中市城乡建设委会同市财政局、市城建集团和咨询机构对基础水量的设置多次开会讨论，并组织相关专家进行反复论证，以会议纪要的形式出具了对项目基础水量的正式意见。既对基础水量的设置提出了明确的意见，又对厂外配套管网的建设提出了具体的要求。

5. 付费机制的设置

基础水量设置的出发点是防范最低需求风险，合理的基础水量值可以保障投资人获得可预期的稳定现金流，但实际执行过程中污水处理量仍然可能高于或者低于该水量值。按照过去通常的做法，当实际处理水量低于基础水量时政府仍然简单按照污水处理服务费单价结算付费，而本项目在此基础上增设引入了"不足单价"概念，即当实际处理水量低于基础水量时，需扣除实际处理水量与基础水量的差值部分未发生的运营成本，这种更加科学和精细化的设置既保障了项目公司资本性投入能正常回收，又维护了政府的合理利益。

6. 调价机制的设置

本项目合作期限（特许经营期）长达 30 年，为了反映对宏观经济风险的合理共担，设定了污水处理服务费单价的定期调价机制。污水处理服务费单价的调整机制主要通过调价公式来实现，其启动需要同时具备两个条件，一是达到一定年限，二是成本幅度变化达到一定比例。

合作期内污水处理服务费单价将根据污水处理全成本变动幅度进行调整，我们梳理出污水处理厂日常运营过程中对污水处理服务费单价变动影响较大的成本项单独设置了调整系数作为主动调价因子（主要为动力费、生产人员的薪酬、化学品费、污泥处理处置费等）并引入电度电价、社平工资等公开统计数据作为调整依据。除主动调价因子外，其他对物价变动敏感度较弱的成本项（折旧、财务费用、税费等）作为被动调整因子，起到对调价公式的稳定平衡作用。

本项目特别之处还在于考虑到项目公司将来人员结构上不可避免会出现借用人员、自主招聘人员不同的薪酬标准和涨幅，我们对工资福利因子按照借用、非借用做了分解，并适用不同的调整参数，增加了调价公式的灵活性，科学合理地分摊了双方风险，保障了双方利益。

7. 维修共管账户的设置

参与竞争的社会资本一般会在投标文件中明确其关于本项目的内部收益率，该收益率体现了各项成本均实际发生的情况下项目公司的合理利润，但若其成本未据实发生，就有可能获取额外的利润，大修费用（含重置）一般按固定资产投资总额计提一定的费率，很难判断其是否据实发生，因此从政府监管的角度看，需要强化对大修费用的监管，本项目中设置了由市城乡建设委和项目公司共管的大修资金账户，专款用于设备的大修和重置，既鼓励项目公司更好地维护项目设施，又维护了政府方的合理利益。

（三）项目采购：规范的招标流程

考虑到项目具有边界条件清晰、运作机制成熟以及市场关注度高等特点，经各方共同研究选择了公开招标的采购方式。首先通过资格预审合理设置门槛，为了确保入围社会资本和项目条件相匹配，满足项目投资和运营需要，济邦咨询曾先后两次以书面调研的形式进行了市场测试；其次通过综合评分方法选出报价低且运营能力强的目标投资人。此种竞争方式，有利于最大限度挖掘市场价值，实现充分竞争，降低政府采购成本。

十、云南大理生活垃圾处置城乡一体化 PPP 项目案例

2015 年为了国内各地区顺利开展政府和社会资本合作（简称 PPP）项目建设，国家发展改革委发布了 13 个 PPP 模式项目典型案例，"大理市生活垃圾处置城乡一体化系统工程"位列其中。

大理市 2012 年启动该系统工程以来，引进先进技术，采用市场化运作，全市垃圾处理生产水平得到提高，城乡环境卫生、境内洱海水质得到了明显改善，取得了良好的生态效益、社会效益及经济效益。

（一）项目概况

大理市是云南省大理白族自治州府所在地，全国历史文化名城、国家级自然保护区、中国优秀旅游城市、最佳中国魅力城市。大理市下辖 10 镇、1 乡、111 个村委会和 501 个自然村，以及创新工业园区、旅游度假区、海东开发管理委员会，总面积 1815 平方公里，总人口 68 万人，全市日均垃圾产量约 688 吨。

为提高全市垃圾处理"减量化、资源化、无害化"水平，创新垃圾收集清运处置新模式，探索洱海环境保护新经验，大理市按照"科学治理、科技领先、城乡一体、市场化运作"的思路，引进先进技术，采用市场化运作，于 2012 年启动实施了洱海流域垃圾收集清运处置系统工程建设，高起点、高标准建设实施生活垃圾处置城乡一体化系统工程。

该工程主要包括三方面内容：

（1）在洱海流域的两区和下关、大理 11 个乡镇，共建设 10 座垃圾中转站，购置 15 辆垃圾转运车、111 辆小型垃圾收集车和 1002 个收集箱体。

（2）实施装机容量 12 兆瓦、日处理生活垃圾 600 吨以上的大理市第二垃圾焚烧发电工程，对生活垃圾进行无害化处理和资源化利用。

（3）构建数字化监管系统，实现对市场化运作、企业运营情况的全方位监管。

目前，大理市洱海流域垃圾收集清运处置系统初步建成，运转正常。全市城乡生活垃圾收集清运量从 2013 年的日均 451.1 吨，提升到 2014 年

的日均 539.5 吨，增长了 19.6%，城乡环境卫生、洱海水质得到了明显改善，基本实现全市城乡生活垃圾"收集清运全覆盖、压缩转运全封闭、焚烧发电资源化、监督管理数字化、建筑垃圾再利用"的预期目标。

（二）项目运作模式、建设模式

2010 年 10 月，大理市以 BOT 方式，引进重庆三峰环境产业集团公司，采用德国焚烧发电处理工艺，投资 4.2 亿元建设一座垃圾焚烧发电厂。

2012 年 6 月，大理市公开招标以 BTO 方式引进重庆耐德新明和公司，采用先进、成熟的处理工艺，投资 1.1 亿元建设 10 座大型垃圾压缩中转站。

此外，各区镇积极探索，采用承包、租赁等方式，通过公开招投标，将城乡生活垃圾收集清运工作推向市场。

（三）运行模式

全市城乡生活垃圾按照统一流程，通过收集、转运、处理三个环节进行处置。

收集清运环节由各区镇负责，用自行投资、承包的垃圾车及配发的垃圾收集车将生活垃圾收集至环洱海 10 座垃圾中转站，经压缩装箱后，全程密闭转运至垃圾焚烧厂进行焚烧发电、无害化处理。最终实现收集清运全覆盖、压缩转运全封闭、焚烧发电资源化。

（四）结算方式

经初步测算，项目建成后，年运营费用为 4430.5 万元，其中：

（1）垃圾焚烧发电厂垃圾处理服务费用为 1445.4 万元（按垃圾处理贴费标准 66 元/吨以及日处理生活垃圾 600 吨测算）。

（2）10 座大型压缩垃圾中转站运行服务费用为 1752.2 万元（根据中转站与第二垃圾焚烧厂实际距离分别测算）。

（3）各乡镇将垃圾收集至中转站的年费用为 1233.0 万元（按日收集清运生活垃圾 600 吨测算）。

大理市生活垃圾的收集费用、转运费用和处理费用统一列入财政预算。

垃圾转运及处理运营企业的服务费用，按照《大理市生活垃圾转运处理服务费结算工作实施方案》，由运营企业每月 3 日前填写上月结算确认通知单，上报至市城管局、环保局、审计局、财政局、服务费结算工作领导组等部门审核签字后进行拨付。

（五）监管方式

1. 数字监管

2013 年 7 月，筹资 326 万元建设生活垃圾收集清运处理信息化管理系统。各站点称重数据、视频数据实时传输到信息中心，同时为垃圾转运车辆安装了 GPS 定位系统。称重数据作为垃圾收集清运奖补经费和政府支付企业运营费用的主要依据，视频数据可以实现对垃圾压缩和处理过程的实时监控，最终实现城乡生活垃圾处置全过程的"数字化、视频化、定位化"目标。

2. 量化考核

市政府与垃圾收集清运责任区镇签订《大理市洱海流域生活垃圾收集清运责任书》，确定垃圾收集清运任务量，依据数字化监管系统统计的各乡镇垃圾清运量，进行一日一公示、一月一通报、一季一考核，对全市垃圾收集清运工作进行科学管理，通过工作目标倒逼服务效果，解决垃圾收集清运工作的监管问题。

3. 政策保障

市政府出台《洱海流域生活垃圾收集清运处置实施办法》《洱海流域污水垃圾和畜禽粪便收集处理监督及奖补办法》《大理市环洱海农村生活垃圾收集清运处置和垃圾收集员履职考核办法》《大理市生活垃圾处理费收费管理办法》《大理市生活垃圾转运处理服务费结算工作实施方案》《大理市人民政府关于加强农村生活垃圾收集清运管理的工作意见》等一系列政策文件，建立生活垃圾处理收费制度，进一步完善城乡垃圾有偿收集清运保洁工作机制和各级资金投入长效机制，为城乡生活垃圾处置系统提供政策保障。

（六）项目借鉴意义

1. 完善法规、健全机制

大理市先后建立生活垃圾处理收费制度、垃圾收集清运责任制度、考核奖补制度，出台相应政策文件，使全套系统的运转有章可循、有据可查，确保工作到位。随着系统的建设，大理市政府明确整个系统由大理市城市管理综合行政执法局作为主管部门进行日常监管，市洱管局、环保局、财政局等部门配合实行按季考核，兑现奖惩。各区、乡镇建立相应的管理部门，人民群众自觉参与到环境卫生整治活动，使系统得以有效运行。

2. 城乡一体、高标准建设

大理市按照流域垃圾治理全覆盖的思路，高起点、高标准规划设计，实施城乡垃圾治理一体化系统建设，提高了农村环境卫生标准，完善了城乡环卫基础设施，初步建立起了城乡一体的流域垃圾收集处理体系。

3. 政府补贴、市场化运作

一是通过招商引资、竞争性谈判，以 BOT 方式引进焚烧发电厂建设项目；二是以 BTO 方式引进垃圾压缩中转站项目；三是收集环节由乡镇负责采用承包、租赁等方式实行市场化运作。

4. 数字同步、信息化监管

建成垃圾收集清运处理信息化管理系统，通过视频的实时监控、车辆的 GPS 定位及数据的实时传输，对垃圾收集、转运、处理环节的全过程实行"数字化、视频化、定位化"实时监管，实现信息化管理。

5. 打破区划、扁平化管理

一是城乡一体化系统打破大理市和创新工业园区、旅游度假区、海开委的行政区划界限，统一规划、建设、管理。

二是中转站建设打破乡镇界限，统一建设，实行市场化运作，例如，喜洲垃圾中转站服务区域辐射到喜洲、银桥、湾桥等多个乡镇乃至洱源县右所镇、邓川镇。

附 录 《《《《《《
常用相关政策法规

一、国务院发布的相关政策法规

国务院关于加强地方政府性债务管理的意见

（国发〔2014〕43 号）

各省、自治区、直辖市人民政府，国务院各部委、各直属机构：

为加强地方政府性债务管理，促进国民经济持续健康发展，根据党的十八大、十八届三中全会精神，现提出以下意见：

一、总体要求

（一）指导思想。以邓小平理论、"三个代表"重要思想、科学发展观为指导，全面贯彻落实党的十八大、十八届三中全会精神，按照党中央、国务院决策部署，建立"借、用、还"相统一的地方政府性债务管理机制，有效发挥地方政府规范举债的积极作用，切实防范化解财政金融风险，促进国民经济持续健康发展。

（二）基本原则。

疏堵结合。修明渠、堵暗道，赋予地方政府依法适度举债融资权限，加快建立规范的地方政府举债融资机制。同时，坚决制止地方政府违法违规举债。

分清责任。明确政府和企业的责任，政府债务不得通过企业举借，企业债务不得推给政府偿还，切实做到谁借谁还、风险自担。政府与社会资本合作的，按约定规则依法承担相关责任。

规范管理。对地方政府债务实行规模控制，严格限定政府举债程序和资金用途，把地方政府债务分门别类纳入全口径预算管理，实现"借、用、还"相统一。

防范风险。牢牢守住不发生区域性和系统性风险的底线，切实防范和化解财政金融风险。

稳步推进。加强债务管理，既要积极推进，又要谨慎稳健。在规范管理的同时，要妥善处理存量债务，确保在建项目有序推进。

二、加快建立规范的地方政府举债融资机制

（一）赋予地方政府依法适度举债权限。经国务院批准，省、自治区、直辖市政府可以适度举借债务，市县级政府确需举借债务的由省、自治区、直辖市政府代为举借。明确划清政府与企业界限，政府债务只能通过政府及其部门举借，不得通过企事业单位等举借。

（二）建立规范的地方政府举债融资机制。地方政府举债采取政府债券方式。没有收益的公益性事业发展确需政府举借一般债务的，由地方政府发行一般债券融资，主要以一般公共预算收入偿还。有一定收益的公益性事业发展确需政府举借专项债务的，由地方政府通过发行专项债券融资，以对应的政府性基金或专项收入偿还。

（三）推广使用政府与社会资本合作模式。鼓励社会资本通过特许经营等方式，参与城市基础设施等有一定收益的公益性事业投资和运营。政府通过特许经营权、合理定价、财政补贴等事先公开的收益约定规则，使投资者有长期稳定收益。投资者按照市场化原则出资，按约定规则独自或与政府共同成立特别目的公司建设和运营合作项目。投资者或特别目的公司可以通过银行贷款、企业债、项目收益债券、资产证券化等市场化方式举债并承担偿债责任。政府对投资者或特别目的公司按约定规则依法承担特许经营权、合理定价、财政补贴等相关责任，不承担投资者或特别目的公司的偿债责任。

（四）加强政府或有债务监管。剥离融资平台公司政府融资职能，融资平台公司不得新增政府债务。地方政府新发生或有债务，要严格限定在依法担保的范围内，并根据担保合同依法承担相关责任。地方政府要加强

对或有债务的统计分析和风险防控，做好相关监管工作。

三、对地方政府债务实行规模控制和预算管理

（一）对地方政府债务实行规模控制。地方政府债务规模实行限额管理，地方政府举债不得突破批准的限额。地方政府一般债务和专项债务规模纳入限额管理，由国务院确定并报全国人大或其常委会批准，分地区限额由财政部在全国人大或其常委会批准的地方政府债务规模内根据各地区债务风险、财力状况等因素测算并报国务院批准。

（二）严格限定地方政府举债程序和资金用途。地方政府在国务院批准的分地区限额内举借债务，必须报本级人大或其常委会批准。地方政府不得通过企事业单位等举借债务。地方政府举借债务要遵循市场化原则。建立地方政府信用评级制度，逐步完善地方政府债券市场。地方政府举借的债务，只能用于公益性资本支出和适度归还存量债务，不得用于经常性支出。

（三）把地方政府债务分门别类纳入全口径预算管理。地方政府要将一般债务收支纳入一般公共预算管理，将专项债务收支纳入政府性基金预算管理，将政府与社会资本合作项目中的财政补贴等支出按性质纳入相应政府预算管理。地方政府各部门、各单位要将债务收支纳入部门和单位预算管理。或有债务确需地方政府或其部门、单位依法承担偿债责任的，偿债资金要纳入相应预算管理。

四、控制和化解地方政府性债务风险

（一）建立地方政府性债务风险预警机制。财政部根据各地区一般债务、专项债务、或有债务等情况，测算债务率、新增债务率、偿债率、逾期债务率等指标，评估各地区债务风险状况，对债务高风险地区进行风险预警。列入风险预警范围的债务高风险地区，要积极采取措施，逐步降低风险。债务风险相对较低的地区，要合理控制债务余额的规模和增长速度。

（二）建立债务风险应急处置机制。要硬化预算约束，防范道德风险，地方政府对其举借的债务负有偿还责任，中央政府实行不救助原则。各级

政府要制定应急处置预案，建立责任追究机制。地方政府出现偿债困难时，要通过控制项目规模、压缩公用经费、处置存量资产等方式，多渠道筹集资金偿还债务。地方政府难以自行偿还债务时，要及时上报，本级和上级政府要启动债务风险应急处置预案和责任追究机制，切实化解债务风险，并追究相关人员责任。

（三）严肃财经纪律。建立对违法违规融资和违规使用政府性债务资金的惩罚机制，加大对地方政府性债务管理的监督检查力度。地方政府及其所属部门不得在预算之外违法违规举借债务，不得以支持公益性事业发展名义举借债务用于经常性支出或楼堂馆所建设，不得挪用债务资金或改变既定资金用途；对企业的注资、财政补贴等行为必须依法合规，不得违法为任何单位和个人的债务以任何方式提供担保；不得违规干预金融机构等正常经营活动，不得强制金融机构等提供政府性融资。地方政府要进一步规范土地出让管理，坚决制止违法违规出让土地及融资行为。

五、完善配套制度

（一）完善债务报告和公开制度。完善地方政府性债务统计报告制度，加快建立权责发生制的政府综合财务报告制度，全面反映政府的资产负债情况。对于中央出台的重大政策措施如棚户区改造等形成的政府性债务，应当单独统计、单独核算、单独检查、单独考核。建立地方政府性债务公开制度，加强政府信用体系建设。各地区要定期向社会公开政府性债务及其项目建设情况，自觉接受社会监督。

（二）建立考核问责机制。把政府性债务作为一个硬指标纳入政绩考核。明确责任落实，各省、自治区、直辖市政府要对本地区地方政府性债务负责任。强化教育和考核，纠正不正确的政绩导向。对脱离实际过度举债、违法违规举债或担保、违规使用债务资金、恶意逃废债务等行为，要追究相关责任人责任。

（三）强化债权人约束。金融机构等不得违法违规向地方政府提供融资，不得要求地方政府违法违规提供担保。金融机构等购买地方政府债券要符合监管规定，向属于政府或有债务举借主体的企业法人等提供融资要严格规范信贷管理，切实加强风险识别和风险管理。金融机构等违法违规提供政府性融资的，应自行承担相应损失，并按照商业银行法、银行业监督管理法等法律法规追究相关机构和人员的责任。

六、妥善处理存量债务和在建项目后续融资

（一）抓紧将存量债务纳入预算管理。以 2013 年政府性债务审计结果为基础，结合审计后债务增减变化情况，经债权人与债务人共同协商确认，对地方政府性债务存量进行甄别。对地方政府及其部门举借的债务，相应纳入一般债务和专项债务。对企事业单位举借的债务，凡属于政府应当偿还的债务，相应纳入一般债务和专项债务。地方政府将甄别后的政府存量债务逐级汇总上报国务院批准后，分类纳入预算管理。纳入预算管理的债务原有债权债务关系不变，偿债资金要按照预算管理要求规范管理。

（二）积极降低存量债务利息负担。对甄别后纳入预算管理的地方政府存量债务，各地区可申请发行地方政府债券置换，以降低利息负担，优化期限结构，腾出更多资金用于重点项目建设。

（三）妥善偿还存量债务。处置到期存量债务要遵循市场规则，减少行政干预。对项目自身运营收入能够按时还本付息的债务，应继续通过项目收入偿还。对项目自身运营收入不足以还本付息的债务，可以通过依法注入优质资产、加强经营管理、加大改革力度等措施，提高项目盈利能力，增强偿债能力。地方政府应指导和督促有关债务举借单位加强财务管理、拓宽偿债资金渠道、统筹安排偿债资金。对确需地方政府偿还的债务，地方政府要切实履行偿债责任，必要时可以处置政府资产偿还债务。对确需地方政府履行担保或救助责任的债务，地方政府要切实依法履行协议约定，作出妥善安排。有关债务举借单位和连带责任人要按照协议认真落实偿债责任，明确偿债时限，按时还本付息，不得单方面改变原有债权债务关系，不得转嫁偿债责任和逃废债务。对确已形成损失的存量债务，债权人应按照商业化原则承担相应责任和损失。

（四）确保在建项目后续融资。地方政府要统筹各类资金，优先保障在建项目续建和收尾。对使用债务资金的在建项目，原贷款银行等要重新

进行审核，凡符合国家有关规定的项目，要继续按协议提供贷款，推进项目建设；对在建项目确实没有其他建设资金来源的，应主要通过政府与社会资本合作模式和地方政府债券解决后续融资。

七、加强组织领导

各地区、各部门要高度重视，把思想和行动统一到党中央、国务院决策部署上来。地方政府要切实担负起加强地方政府性债务管理、防范化解财政金融风险的责任，结合实际制定具体方案，政府主要负责人要作为第一责任人，认真抓好政策落实。要建立地方政府性债务协调机制，统筹加强地方政府性债务管理。财政部门作为地方政府性债务归口管理部门，要完善债务管理制度，充实债务管理力量，做好债务规模控制、债券发行、预算管理、统计分析和风险监控等工作；发展改革部门要加强政府投资计划管理和项目审批，从严审批债务风险较高地区的新开工项目；金融监管部门要加强监管、正确引导，制止金融机构等违法违规提供融资；审计部门要依法加强对地方政府性债务的审计监督，促进完善债务管理制度，防范风险，规范管理，提高资金使用效益。各地区、各部门要切实履行职责，加强协调配合，全面做好加强地方政府性债务管理各项工作，确保政策贯彻落实到位。

国务院

2014 年 9 月 21 日

国务院办公厅转发财政部　发展改革委　人民银行
关于在公共服务领域推广政府和社会资本合作模式指导意见的通知

（国办发〔2015〕42 号）

各省、自治区、直辖市人民政府，国务院各部委、各直属机构：

财政部、发展改革委、人民银行《关于在公共服务领域推广政府和社会资本合作模式的指导意见》已经国务院同意，现转发给你们，请认真贯彻执行。

在公共服务领域推广政府和社会资本合作模式，是转变政府职能、激发市场活力、打造经济新增长点的重要改革举措。围绕增加公共产品和公共服务供给，在能源、交通运输、水利、环境保护、农业、林业、科技、保障性安居工程、医疗、卫生、养老、教育、文化等公共服务领域，广泛采用政府和社会资本合作模式，对统筹做好稳增长、促改革、调结构、惠民生、防风险工作具有战略意义。

各地区、各部门要按照简政放权、放管结合、优化服务的要求，简化行政审批程序，推进立法工作，进一步完善制度，规范流程，加强监管，多措并举，在财税、价格、土地、金融等方面加大支持力度，保证社会资本和公众共同受益，通过资本市场和开发性、政策性金融等多元融资渠道，吸引社会资本参与公共产品和公共服务项目的投资、运营管理，提高公共产品和公共服务供给能力与效率。

各地区、各部门要高度重视，精心组织实施，加强协调配合，形成工作合力，切实履行职责，共同抓好落实。

国务院办公厅

2015 年 5 月 19 日

（此件公开发布）

关于在公共服务领域推广政府和社会资本合作模式的指导意见

财政部　发展改革委　人民银行

为打造大众创业、万众创新和增加公共产品、公共服务"双引擎"，让广大人民群众享受到优质高效的公共服务，在改善民生中培育经济增长新动力，现就改革创新公共服务供给机制，大力推广政府和社会资本合作（Public – Private Partnership，PPP）模式，提出以下意见：

一、充分认识推广政府和社会资本合作模式的重大意义

政府和社会资本合作模式是公共服务供给机制的重大创新，即政府采取竞争性方式择优选择具有投资、运营管理能力的社会资本，双方按照平等协商原则订立合同，明确责权利关系，由社会资本提供公共服务，政府依据公共服务绩效评价结果向社会资本支付相应对价，保证社会资本获得合理收益。政府和社会资本合作模式有利于充分发挥市场机制作用，提升公共服务的供给质量和效率，实现公共利益最大化。

（一）有利于加快转变政府职能，实现政企分开、政事分开。作为社会资本的境内外企业、社会组织和中介机构承担公共服务涉及的设计、建设、投资、融资、运营和维护等责任，政府作为监督者和合作者，减少对微观事务的直接参与，加强发展战略制定、社会管理、市场监管、绩效考核等职责，有助于解决政府职能错位、越位和缺位的问题，深化投融资体制改革，推进国家治理体系和治理能力现代化。

（二）有利于打破行业准入限制，激发经济活力和创造力。政府和社会资本合作模式可以有效打破社会资本进入公共服务领域的各种不合理限制，鼓励国有控股企业、民营企业、混合所有制企业等各类型企业积极参与提供公共服务，给予中小企业更多参与机会，大幅拓展社会资本特别是民营资本的发展空间，激发市场主体活力和发展潜力，有利于盘活社会存量资本，形成多元化、可持续的公共服务资金投入渠道，打造新的经济增长点，增强经济增长动力。

（三）有利于完善财政投入和管理方式，提高财政资金使用效益。在政府和社会资本合作模式下，政府以运营补贴等作为社会资本提供公共服务的对价，以绩效评价结果作为对价支付依据，并纳入预算管理、财政中期规划和政府财务报告，能够在当代人和后代人之间公平地分担公共资金投入，符合代际公平原则，有效弥补当期财政投入不足，有利于减轻当期财政支出压力，平滑年度间财政支出波动，防范和化解政府性债务风险。

二、总体要求

（四）指导思想。贯彻落实党的十八大和十八届二中、三中、四中全会精神，按照党中央、国务院决策部署，借鉴国际成熟经验，立足国内实际情况，改革创新公共服务供给机制和投入方式，发挥市场在资源配置中的决定性作用，更好发挥政府作用，引导和鼓励社会资本积极参与公共服务供给，为广大人民群众提供优质高效的公共服务。

（五）基本原则。

依法合规。将政府和社会资本合作纳入法制化轨道，建立健全制度体系，保护参与各方的合法权益，明确全生命周期管理要求，确保项目规范实施。

重诺履约。政府和社会资本法律地位平等、权利义务对等，必须树立契约理念，坚持平等协商、互利互惠、诚实守信、严格履约。

公开透明。实行阳光化运作，依法充分披露政府和社会资本合作项目重要信息，保障公众知情权，对参与各方形成有效监督和约束。

公众受益。加强政府监管，将政府的政策目标、社会目标和社会资本的运营效率、技术进步有机结合，促进社会资本竞争和创新，确保公共利益最大化。

积极稳妥。鼓励地方各级人民政府和行业主管部门因地制宜，探索符合当地实际和行业特点的做法，总结提炼经验，形成适合我国国情的发展模式。坚持必要、合理、可持续的财政投入原则，有序推进项目实施，控制项目的政府支付责任，防止政府支付责任过重加剧财政收支矛盾，带来支出压力。

（六）发展目标。立足于加强和改善公共服务，形成有效促进政府和社会资本合作模式规范健康发展的制度体系，培育统一规范、公开透明、竞争有序、监管有力的政府和社会资本合作市场。着力化解地方政府性债务风险，积极引进社会资本参与地方融资平台公司存量项目改造，争取通过政府和社会资本合作模式减少地方政府性债务。在新建公共服务项目中，逐步增加使用政府和社会资本合作模式的比例。

三、构建保障政府和社会资本合作模式持续健康发展的制度体系

（七）明确项目实施的管理框架。建立健全制度规范体系，实施全生命周期管理，保证项目实施质量。进一步完善操作指南，规范项目识别、准备、采购、执行、移交各环节操作流程，明确操作要求，指导社会资本参与实施。制定合同指南，推动共性问题处理方式标准化。制定分行业、分领域的标准化合同文本，提高合同编制效率和谈判效率。按照预算法、合同法、政府采购法及其实施条例、《国务院办公厅关于政府向社会力量购买服务的指导意见》（国办发〔2013〕96号）等要求，建立完善管理细则，规范选择合作伙伴的程序和方法，维护国家利益、社会公共利益和社会资本的合法权益。

（八）健全财政管理制度。开展财政承受能力论证，统筹评估和控制项目的财政支出责任，促进中长期财政可持续发展。建立完善公共服务成本财政管理和会计制度，创新资源组合开发模式，针对政府付费、使用者付费、可行性缺口补助等不同支付机制，将项目涉及的运营补贴、经营收费权和其他支付对价等，按照国家统一的会计制度进行核算，纳入年度预算、中期财政规划，在政府财务报告中进行反映和管理，并向本级人大或其常委会报告。存量公共服务项目转型为政府和社会资本合作项目过程中，应依法进行资产评估，合理确定价值，防止公共资产流失和贱卖。项目实施过程中政府依法获得的国有资本收益、约定的超额收益分成等公共收入应上缴国库。

（九）建立多层次监督管理体系。行业主管部门根据经济社会发展规划及专项规划发起政府和社会资本合作项目，社会资本也可根据当地经济社会发展需求建议发起。行业主管部门应制定不同领域的行业技术标准、公共产品或服务技术规范，加强对公共服务质量和价格的监管。建立政府、公众共同参与的综合性评价体系，建立事前设定绩效目标、事中进行绩效跟踪、事后进行绩效评价的全生命周期绩效管理机制，将政府付费、使用者付费与绩效评价挂钩，并将绩效评价结果作为调价的重要依据，确保实现公共利益最大化。依法充分披露项目实施相关信息，切实保障公众知情权，接受社会监督。

（十）完善公共服务价格调整机制。积极推进公共服务领域价格改革，按照补偿成本、合理收益、节约资源、优质优价、公平负担的原则，加快理顺公共服务价格。依据项目运行情况和绩效评价结果，健全公共服务价格调整机制，完善政府价格决策听证制度，广泛听取社会资本、公众和有关部门意见，确保定价调价的科学性。及时披露项目运行过程中的成本变化、公共服务质量等信息，提高定价调价的透明度。

（十一）完善法律法规体系。推进相关立法，填补政府和社会合作领域立法空白，着力解决政府和社会资本合作项目运作与现行法律之间的衔接协调问题，明确政府出资的法律依据和出资性质，规范政府和社会资本的责权利关系，明确政府相关部门的监督管理责任，为政府和社会资本合作模式健康发展提供良好的法律环境和稳定的政策预期。鼓励有条件的地方立足当地实际，依据立法法相关规定，出台地方性法规或规章，进一步有针对性地规范政府和社会资本合作模式的运用。

四、规范推进政府和社会资本合作项目实施

（十二）广泛采用政府和社会资本合作模式提供公共服务。在能源、交通运输、水利、环境保护、农业、林业、科技、保障性安居工程、医疗、卫生、养老、教育、文化等公共服务领域，鼓励采用政府和社会资本合作模式，吸引社会资本参与。其中，在能源、交通运输、水利、环境保护、市政工程等特定领域需要实施特许经营的，按《基础设施和公用事业特许经营管理办法》执行。

（十三）化解地方政府性债务风险。积极运用转让—运营—移交（TOT）、改建—运营—移交（ROT）等方式，将融资平台公司存量公共服务项目转型为政府和社会资本合作项目，引入社会资本参与改造和运营，在征得债权人同意的前提下，将政府性债务转换为非政府性债务，减轻地方政府的债务压力，腾出资金用于重点民生项目建设。大力推动融资平台公司与政府脱钩，进行市场化改制，健全完善公司治理结构，对已经建立现代企业制度、实现市场化运营的，在其承担的地方政府债务已纳入政府财政预算、得到妥善处置并明确公告今后不再承担地方政府举债融资职能的前提下，可作为社会资本参与当地政府和社会资本合作项目，通过与政府签订合同方式，明确责权利关系。严禁融资平台公司通过保底承诺等方式参与政府和社会资本合作项目，进行变相融资。

（十四）提高新建项目决策的科学性。地方政府根据当地经济社会发展需要，结合财政收支平衡状况，统筹论证新建项目的经济效益和社会效益，并进行财政承受能力论证，保证决策质量。根据项目实施周期、收费定价机制、投资收益水平、风险分配基本框架和所需要的政府投入等因素，合理选择建设—运营—移交（BOT）、建设—拥有—运营（BOO）等运作方式。

（十五）择优选择项目合作伙伴。对使用财政性资金作为社会资本提供公共服务对价的项目，地方政府应当根据预算法、合同法、政府采购法及其实施条例等法律法规规定，选择项目合作伙伴。依托政府采购信息平台，及时、充分向社会公布项目采购信息。综合评估项目合作伙伴的专业资质、技术能力、管理经验、财务实力和信用状况等因素，依法择优选择诚实守信的合作伙伴。加强项目政府采购环节的监督管理，保证采购过程公平、公正、公开。

（十六）合理确定合作双方的权利与义务。树立平等协商的理念，按照权责对等原则合理分配项目风险，按照激励相容原则科学设计合同条款，明确项目的产出说明和绩效要求、收益回报机制、退出安排、应急和临时接管预案等关键环节，实现责权利对等。引入价格和补贴动态调整机制，充分考虑社会资本获得合理收益。如单方面构成违约的，违约方应当给予对方相应赔偿。建立投资、补贴与价格的协同机制，为社会资本获得合理回报创造条件。

（十七）增强责任意识和履约能力。社会资本要将自身经济利益诉求与政府政策目标、社会目标相结合，不断加强管理和创新，提升运营效率，在实现经济价值的同时，履行好企业社会责任，严格按照约定保质保量提供服务，维护公众利益；要积极进行业务转型和升级，从工程承包商、建设施工方向运营商转变，实现跨不同领域、多元化发展；要不断提升运营实力和管理经验，增强提供公共服务的能力。咨询、法律、会计等中介机构要提供质优价廉的服务，促进项目增效升级。

（十八）保障公共服务持续有效。按照合同约定，对项目建设情况和公共服务质量进行验收，逾期未完成或不符合标准的，社会资本要限期完工或整改，并采取补救措施或赔偿损失。健全合同争议解决机制，依法积极协调解决争议。确需变更合同内容、延长合同期限以及变更社会资本方的，由政府和社会资本方协商解决，但应当保持公共服务的持续性和稳定性。项目资产移交时，要对移交资产进行性能测试、资产评估和登记入账，并按照国家统一的会计制度进行核算，在政府财务报告中进行反映和管理。

五、政策保障

（十九）简化项目审核流程。进一步减少审批环节，建立项目实施方案联评联审机制，提高审查工作效率。项目合同签署后，可并行办理必要的审批手续，有关部门要简化办理手续，优化办理程序，主动加强服务，对实施方案中已经明确的内容不再作实质性审查。

（二十）多种方式保障项目用地。实行多样化土地供应，保障项目建设用地。对符合划拨用地目录的项目，可按划拨方式供地，划拨土地不得改变土地用途。建成的项目经依法批准可以抵押，土地使用权性质不变，待合同经营期满后，连同公共设施一并移交政府；实现抵押权后改变项目性质应该以有偿方式取得土地使用权的，应依法办理土地有偿使用手续。不符合划拨用地目录的项目，以租赁方式取得土地使用权的，租金收入参照土地出让收入纳入政府性基金预算管理。以作价出资或者入股方式取得土地使用权的，应当以市、县人民政府作为出资人，制定作价出资或者入股方案，经市、县人民政府批准后实施。

（二十一）完善财税支持政策。积极探索财政资金撬动社会资金和金融资本参与政府和社会资本合作项目的有效方式。中央财政出资引导设立中国政府和社会资本合作融资支持基金，作为社会资本方参与项目，提高项目融资的可获得性。探索通过以奖代补等措施，引导和鼓励地方融资平台存量项目转型为政府和社会资本合作项目。落实和完善国家支持公共服务事业的税收优惠政策，公共服务项目采取政府和社会资本合作模式的，可按规定享受相关税收优惠政策。鼓励地方政府在承担有限损失的前提下，与具有投资管理经验的金融机构共同发起设立基金，并通过引入结构化设计，吸引更多社会资本参与。

（二十二）做好金融服务。金融机构应创新符合政府和社会资本合作模式特点的金融服务，优化信贷评审方式，积极为政府和社会资本合作项目提供融资支持。鼓励开发性金融机构发挥中长期贷款优势，参与改造政府和社会资本合作项目，引导商业性金融机构拓宽项目融资渠道。鼓励符合条件的项目运营主体在资本市场通过发行公司债券、企业债券、中期票据、定向票据等市场化方式进行融资。鼓励项目公司发行项目收益债券、项目收益票据、资产支持票据等。鼓励社保资金和保险资金按照市场化原则，创新运用债权投资计划、股权投资计划、项目资产支持计划等多种方式参与项目。对符合条件的"走出去"项目，鼓励政策性金融机构给予中长期信贷支持。依托各类产权、股权交易市场，为社会资本提供多元化、规范化、市场化的退出渠道。金融监管部门应加强监督管理，引导金融机构正确识别、计量和控制风险，按照风险可控、商业可持续原则支持政府和社会资本合作项目融资。

六、组织实施

（二十三）加强组织领导。国务院各有关部门要按照职能分工，负责相关领域具体工作，加强对地方推广政府和社会资本合作模式的指导和监督。财政部要会同有关部门，加强政策沟通协调和信息交流，完善体制机制。教育、科技、民政、人力资源社会保障、国土资源、环境保护、住房城乡建设、交通运输、水利、农业、商务、文化、卫生计生等行业主管部门，要结合本行业特点，积极运用政府和社会资本合作模式提供公共服务，探索完善相关监管制度体系。地方各级人民政府要结合已有规划和各地实际，出台具体政策措施并抓好落实；可根据本地区实际情况，建立工作协调机制，推动政府和社会资本合作项目落地实施。

（二十四）加强人才培养。大力培养专业人才，加快形成政府部门、高校、企业、专业咨询机构联合培养人才的机制。鼓励各类市场主体加大人才培训力度，开展业务人员培训，建设一支高素质的专业人才队伍。鼓励有条件的地方政府统筹内部机构改革需要，进一步整合专门力量，承担政府和社会资本合作模式推广职责，提高专业水平和能力。

（二十五）搭建信息平台。地方各级人民政府要切实履行规划指导、识别评估、咨询服务、宣传培训、绩效评价、信息统计、专家库和项目库建设等职责，建立统一信息发布平台，及时向社会公开项目实施情况等相关信息，确保项目实施公开透明、有序推进。

在公共服务领域推广政府和社会资本合作模式，事关人民群众切身利益，是保障和改善民生的一项重要工作。各地区、各部门要充分认识推广政府和社会资本合作模式的重要意义，把思想和行动统一到党中央、国务院的决策部署上来，精心组织实施，加强协调配合，形成工作合力，切实履行职责，共同抓好落实。财政部要强化统筹协调，会同有关部门对本意见落实情况进行督促检查和跟踪分析，重大事项及时向国务院报告。

二、财政部发布的相关政策法规

关于推广运用政府和社会资本合作模式有关问题的通知

（财金〔2014〕76 号）

各省、自治区、直辖市、计划单列市财政厅（局），新疆生产建设兵团财务局：

为贯彻落实党的十八届三中全会关于"允许社会资本通过特许经营等方式参与城市基础设施投资和运营"精神，拓宽城镇化建设融资渠道，促进政府职能加快转变，完善财政投入及管理方式，尽快形成有利于促进政府和社会资本合作模式（Public – Private Partnership，PPP）发展的制度体系，现就有关问题通知如下：

一、充分认识推广运用政府和社会资本合作模式的重要意义

政府和社会资本合作模式是在基础设施及公共服务领域建立的一种长期合作关系。通常模式是由社会资本承担设计、建设、运营、维护基础设施的大部分工作，并通过"使用者付费"及必要的"政府付费"获得合理投资回报；政府部门负责基础设施及公共服务价格和质量监管，以保证公共利益最大化。当前，我国正在实施新型城镇化发展战略。城镇化是现代化的要求，也是稳增长、促改革、调结构、惠民生的重要抓手。立足国内实践，借鉴国际成功经验，推广运用政府和社会资本合作模式，是国家确

定的重大经济改革任务，对于加快新型城镇化建设、提升国家治理能力、构建现代财政制度具有重要意义。

（一）推广运用政府和社会资本合作模式，是促进经济转型升级、支持新型城镇化建设的必然要求。政府通过政府和社会资本合作模式向社会资本开放基础设施和公共服务项目，可以拓宽城镇化建设融资渠道，形成多元化、可持续的资金投入机制，有利于整合社会资源，盘活社会存量资本，激发民间投资活力，拓展企业发展空间，提升经济增长动力，促进经济结构调整和转型升级。

（二）推广运用政府和社会资本合作模式，是加快转变政府职能、提升国家治理能力的一次体制机制变革。规范的政府和社会资本合作模式能够将政府的发展规划、市场监管、公共服务职能，与社会资本的管理效率、技术创新动力有机结合，减少政府对微观事务的过度参与，提高公共服务的效率与质量。政府和社会资本合作模式要求平等参与、公开透明，政府和社会资本按照合同办事，有利于简政放权，更好地实现政府职能转变，弘扬契约文化，体现现代国家治理理念。

（三）推广运用政府和社会资本合作模式，是深化财税体制改革、构建现代财政制度的重要内容。根据财税体制改革要求，现代财政制度的重要内容之一是建立跨年度预算平衡机制、实行中期财政规划管理、编制完整体现政府资产负债状况的综合财务报告等。政府和社会资本合作模式的实质是政府购买服务，要求从以往单一年度的预算收支管理，逐步转向强化中长期财政规划，这与深化财税体制改革的方向和目标高度一致。

二、积极稳妥做好项目示范工作

当前推广运用政府和社会资本合作模式，首先要做好制度设计和政策安排，明确适用于政府和社会资本合作模式的项目类型、采购程序、融资管理、项目监管、绩效评价等事宜。

（一）开展项目示范。地方各级财政部门要向本级政府和相关行业主管部门大力宣传政府和社会资本合作模式的理念和方法，按照政府主导、社会参与、市场运作、平等协商、风险分担、互利共赢的原则，科学评估公共服务需求，探索运用规范的政府和社会资本合作模式新建或改造一批基础设施项目。财政部将统筹考虑项目成熟度、可示范程度等因素，在全国范围内选择一批以"使用者付费"为基础的项目进行示范，在实践的基础上不断总结、提炼、完善制度体系。

（二）确定示范项目范围。适宜采用政府和社会资本合作模式的项目，具有价格调整机制相对灵活、市场化程度相对较高、投资规模相对较大、需求长期稳定等特点。各级财政部门要重点关注城市基础设施及公共服务领域，如城市供水、供暖、供气、污水和垃圾处理、保障性安居工程、地下综合管廊、轨道交通、医疗和养老服务设施等，优先选择收费定价机制透明、有稳定现金流的项目。

（三）加强示范项目指导。财政部将通过建立政府和社会资本合作项目库为地方提供参考案例。对政府和社会资本合作示范项目，财政部将在项目论证、交易结构设计、采购和选择合作伙伴、融资安排、合同管理、运营监管、绩效评价等工作环节，为地方财政部门提供全方位的业务指导和技术支撑。

（四）完善项目支持政策。财政部将积极研究利用现有专项转移支付资金渠道，对示范项目提供资本投入支持。同时，积极引入信誉好、有实力的运营商参与示范项目建设和运营。鼓励和支持金融机构为示范项目提供融资、保险等金融服务。地方各级财政部门可以结合自身财力状况，因地制宜地给予示范项目前期费用补贴、资本补助等多种形式的资金支持。在与社会资本协商确定项目财政支出责任时，地方各级财政部门要对各种形式的资金支持给予统筹，综合考虑项目风险等因素合理确定资金支持方式和力度，切实考虑社会资本合理收益。

三、切实有效履行财政管理职能

政府和社会资本合作项目从明确投入方式、选择合作伙伴、确定运营补贴到提供公共服务，涉及预算管理、政府采购、政府性债务管理，以及财政支出绩效评价等财政职能。推广运用政府和社会资本合作模式对财政管理提出了更高要求。地方各级财政部门要提高认识，勇于担当，认真做好相关财政管理工作。

（一）着力提高财政管理能力。政府和社会资本合作项目建设周期长、涉及领域广、复杂程度高，不同行业的技术标准和管理要求差异大，专业性强。地方各级财政部门要根据财税体制改革总体方案要求，按照公开、公平、公正的原则，探索项目采购、预算管理、收费定价调整机制、绩效评价等有效管理方式，规范项目运作，实现中长期可持续发展，提升资金使用效益和公共服务水平。同时，注重体制机制创新，充分发挥市场在资源配置中的决定性作用，按照"风险由最适宜的一方来承担"的原则，合理分配项目风险，项目设计、建设、财务、运营维护等商业风险原则上由社会资本承担，政策、法律和最低需求风险等由政府承担。

（二）认真做好项目评估论证。地方各级财政部门要会同行业主管部门，根据有关政策法规要求，扎实做好项目前期论证工作。除传统的项目评估论证外，还要积极借鉴物有所值（Value for Money，VFM）评价理念和方法，对拟采用政府和社会资本合作模式的项目进行筛选，必要时可委托专业机构进行项目评估论证。评估论证时，要与传统政府采购模式进行比较分析，确保从项目全生命周期看，采用政府和社会资本合作模式后能够提高服务质量和运营效率，或者降低项目成本。项目评估时，要综合考虑公共服务需要、责任风险分担、产出标准、关键绩效指标、支付方式、融资方案和所需要的财政补贴等要素，平衡好项目财务效益和社会效益，确保实现激励相容。

（三）规范选择项目合作伙伴。地方各级财政部门要依托政府采购信息平台，加强政府和社会资本合作项目政府采购环节的规范与监督管理。财政部将围绕实现"物有所值"价值目标，探索创新适合政府和社会资本合作项目采购的政府采购方式。地方各级财政部门要会同行业主管部门，按照《政府采购法》及有关规定，依法选择项目合作伙伴。要综合评估项目合作伙伴的专业资质、技术能力、管理经验和财务实力等因素，择优选择诚实守信、安全可靠的合作伙伴，并按照平等协商原则明确政府和项目公司间的权利与义务。可邀请有意愿的金融机构及早进入项目磋商进程。

（四）细化完善项目合同文本。地方各级财政部门要会同行业主管部门协商订立合同，重点关注项目的功能和绩效要求、付款和调整机制、争议解决程序、退出安排等关键环节，积极探索明确合同条款内容。财政部将在结合国际经验、国内实践的基础上，制定政府和社会资本合作模式操作指南和标准化的政府和社会资本合作模式项目合同文本。在订立具体合同时，地方各级财政部门要会同行业主管部门、专业技术机构，因地制宜地研究完善合同条款，确保合同内容全面、规范、有效。

（五）完善项目财政补贴管理。对项目收入不能覆盖成本和收益，但社会效益较好的政府和社会资本合作项目，地方各级财政部门可给予适当补贴。财政补贴要以项目运营绩效评价结果为依据，综合考虑产品或服务价格、建造成本、运营费用、实际收益率、财政中长期承受能力等因素合理确定。地方各级财政部门要从"补建设"向"补运营"逐步转变，探索建立动态补贴机制，将财政补贴等支出分类纳入同级政府预算，并在中长期财政规划中予以统筹考虑。

（六）健全债务风险管理机制。地方各级财政部门要根据中长期财政规划和项目全生命周期内的财政支出，对政府付费或提供财政补贴等支持的项目进行财政承受能力论证。在明确项目收益与风险分担机制时，要综合考虑政府风险转移意向、支付方式和市场风险管理能力等要素，量力而行，减少政府不必要的财政负担。省级财政部门要建立统一的项目名录管理制度和财政补贴支出统计监测制度，按照政府性债务管理要求，指导下级财政部门合理确定补贴金额，依法严格控制政府或有债务，重点做好融资平台公司项目向政府和社会资本合作项目转型的风险控制工作，切实防范和控制财政风险。

（七）稳步开展项目绩效评价。省级财政部门要督促行业主管部门，加强对项目公共产品或服务质量和价格的监管，建立政府、服务使用者共同参与的综合性评价体系，对项目的绩效目标实现程度、运营管理、资金使用、公共服务质量、公众满意度等进行绩效评价。绩效评价结果应依法对外公开，接受社会监督。同时，要根据评价结果，依据合同约定对价格或补贴等进行调整，激励社会资本通过管理创新、技术创新提高公共服务质量。

四、加强组织和能力建设

（一）推动设立专门机构。省级财政部门要结合部门内部职能调整，积极研究设立专门机构，履行政府和社会资本合作政策制订、项目储备、业务指导、项目评估、信息管理、宣传培训等职责，强化组织保障。

（二）持续开展能力建设。地方各级财政部门要着力加强政府和社会资本合作模式实施能力建设，注重培育专业人才。同时，大力宣传培训政府和社会资本合作的工作理念和方法，增进政府、社会和市场主体共识，形成良好的社会氛围。

（三）强化工作组织领导。地方各级财政部门要进一步明确职责分工和工作目标要求。同时，要与有关部门建立高效、顺畅的工作协调机制，形成工作合力，确保顺利实施。对工作中出现的新情况、新问题，应及时报告财政部。

财政部

2014 年 9 月 23 日

关于规范政府和社会资本合作合同管理工作的通知

（财金〔2014〕156 号）

各省、自治区、直辖市、计划单列市财政厅（局），新疆生产建设兵团财务局：

根据《关于推广运用政府和社会资本合作模式有关问题的通知》（财金〔2014〕76 号）和《关于印发政府和社会资本合作模式操作指南（试行）的通知》（财金〔2014〕113 号），为科学规范推广运用政府和社会资本合作（Public – Private Partnership，以下简称 PPP）模式，现就规范 PPP 合同管理工作通知如下：

一、高度重视 PPP 合同管理工作

PPP 模式是在基础设施和公共服务领域政府和社会资本基于合同建立的一种合作关系。"按合同办事"不仅是 PPP 模式的精神实质，也是依法治国、依法行政的内在要求。加强对 PPP 合同的起草、谈判、履行、变

更、解除、转让、终止直至失效的全过程管理，通过合同正确表达意愿、合理分配风险、妥善履行义务、有效主张权利，是政府和社会资本长期友好合作的重要基础，也是 PPP 项目顺利实施的重要保障。地方财政部门在推进 PPP 中要高度重视、充分认识合同管理的重要意义，会同行业主管部门加强 PPP 合同管理工作。

二、切实遵循 PPP 合同管理的核心原则

为规范 PPP 合同管理工作，财政部制定了《PPP 项目合同指南（试行）》（见附件），后续还将研究制定标准化合同文本等。各级财政部门在推进 PPP 工作中，要切实遵循以下原则：

（一）依法治理。在依法治国、依法行政的框架下，充分发挥市场在资源配置中的决定性作用，允许政府和社会资本依法自由选择合作伙伴，充分尊重双方在合同订立和履行过程中的契约自由，依法保护 PPP 项目各参与方的合法权益，共同维护法律权威和公平正义。

（二）平等合作。在 PPP 模式下，政府与社会资本是基于 PPP 项目合同的平等法律主体，双方法律地位平等、权利义务对等，应在充分协商、互利互惠的基础上订立合同，并依法平等地主张合同权利、履行合同义务。

（三）维护公益。建立履约管理、行政监管和社会监督"三位一体"的监管架构，优先保障公共安全和公共利益。PPP 项目合同中除应规定社会资本方的绩效监测和质量控制等义务外，还应保证政府方合理的监督权和介入权，以加强对社会资本的履约管理。与此同时，政府还应依法严格履行行政管理职能，建立健全及时有效的项目信息公开和公众监督机制。

（四）诚实守信。政府和社会资本应在 PPP 项目合同中明确界定双方在项目融资、建设、运营、移交等全生命周期内的权利义务，并在合同管理的全过程中真实表达意思表示，认真恪守合同约定，妥善履行合同义务，依法承担违约责任。

（五）公平效率。在 PPP 项目合同中要始终贯彻物有所值原则，在风

险分担和利益分配方面兼顾公平与效率：既要通过在政府和社会资本之间合理分配项目风险，实现公共服务供给效率和资金使用效益的提升，又要在设置合作期限、方式和投资回报机制时，统筹考虑社会资本方的合理收益预期、政府方的财政承受能力以及使用者的支付能力，防止任何一方因此过分受损或超额获益。

（六）兼顾灵活。鉴于 PPP 项目的生命周期通常较长，在合同订立时既要充分考虑项目全生命周期内的实际需求，保证合同内容的完整性和相对稳定性，也要合理设置一些关于期限变更（展期和提前终止）、内容变更（产出标准调整、价格调整等）、主体变更（合同转让）的灵活调整机制，为未来可能长达 20—30 年的合同执行期预留调整和变更空间。

三、有效推进 PPP 合同管理工作

（一）加强组织协调，保障合同效力。在推进 PPP 的过程中，各级财政部门要会同行业主管部门做好合同审核和履约管理工作，确保合同内容真实反映各方意愿、合理分配项目风险、明确划分各方义务、有效保障合法权益，为 PPP 项目的顺利实施和全生命周期管理提供合法有效的合同依据。

（二）加强能力建设，防控项目风险。各级财政部门要组织加强对当地政府及相关部门、社会资本以及 PPP 项目其他参与方的法律和合同管理培训，使各方牢固树立法律意识和契约观念，逐步提升各参与方对 PPP 项目合同的精神主旨、核心内容和谈判要点的理解把握能力。在合同管理全过程中，要充分借助、积极运用法律、投资、财务、保险等专业咨询顾问机构的力量，提升 PPP 项目合同的科学性、规范性和操作性，充分识别、合理防控项目风险。

（三）总结项目经验，规范合同条款。各级财政部门要会同行业主管部门结合 PPP 项目试点工作，抓好合同管理的贯彻落实，不断细化、完善合同条款，及时总结经验，逐步形成一批科学合理、全面规范、切实可行的合同文本，以供参考示范。财政部将在总结各地实践的基础上，逐步出

台主要行业领域和主要运作方式的 PPP 项目合同标准示范文本，以进一步规范合同内容、统一合同共识、缩短合同准备和谈判周期，加快 PPP 模式推广应用。

　　附件：PPP 项目合同指南（试行）

财政部

2014 年 12 月 30 日

关于印发《政府和社会资本合作项目政府采购管理办法》的通知

（财库〔2014〕215 号）

党中央有关部门，国务院各部委、各直属机构，全国人大常委会办公厅，全国政协办公厅，高法院，高检院，有关人民团体，各省、自治区、直辖市、计划单列市财政厅（局），新疆生产建设兵团财务局，各集中采购机构：

　　为了贯彻落实《国务院关于创新重点领域投融资机制鼓励社会投资的指导意见》（国发〔2014〕60 号），推广政府和社会资本合作（PPP）模式，规范 PPP 项目政府采购行为，根据《中华人民共和国政府采购法》和有关法律法规，财政部制定了《政府和社会资本合作项目政府采购管理办法》。现印发给你们，请遵照执行。

　　附件：政府和社会资本合作项目政府采购管理办法

财政部

2014 年 12 月 31 日

政府和社会资本合作项目政府采购管理办法

第一章　总　　则

　　第一条　为了规范政府和社会资本合作项目政府采购（以下简称 PPP 项目采购）行为，维护国家利益、社会公共利益和政府采购当事人的合法权益，依据《中华人民共和国政府采购法》（以下简称政府采购法）和有关法律、行政法规、部门规章，制定本办法。

第二条　本办法所称 PPP 项目采购，是指政府为达成权利义务平衡、物有所值的 PPP 项目合同，遵循公开、公平、公正和诚实信用原则，按照相关法规要求完成 PPP 项目识别和准备等前期工作后，依法选择社会资本合作者的过程。PPP 项目实施机构（采购人）在项目实施过程中选择合作社会资本（供应商），适用本办法。

第三条　PPP 项目实施机构可以委托政府采购代理机构办理 PPP 项目采购事宜。PPP 项目咨询服务机构从事 PPP 项目采购业务的，应当按照政府采购代理机构管理的有关要求及时进行网上登记。

第二章　采购程序

第四条　PPP 项目采购方式包括公开招标、邀请招标、竞争性谈判、竞争性磋商和单一来源采购。项目实施机构应当根据 PPP 项目的采购需求特点，依法选择适当的采购方式。公开招标主要适用于采购需求中核心边界条件和技术经济参数明确、完整、符合国家法律法规及政府采购政策，且采购过程中不作更改的项目。

第五条　PPP 项目采购应当实行资格预审。项目实施机构应当根据项目需要准备资格预审文件，发布资格预审公告，邀请社会资本和与其合作的金融机构参与资格预审，验证项目能否获得社会资本响应和实现充分竞争。

第六条　资格预审公告应当在省级以上人民政府财政部门指定的政府采购信息发布媒体上发布。资格预审合格的社会资本在签订 PPP 项目合同前资格发生变化的，应当通知项目实施机构。

资格预审公告应当包括项目授权主体、项目实施机构和项目名称、采购需求、对社会资本的资格要求、是否允许联合体参与采购活动、是否限定参与竞争的合格社会资本的数量及限定的方法和标准、以及社会资本提交资格预审申请文件的时间和地点。提交资格预审申请文件的时间自公告发布之日起不得少于 15 个工作日。

第七条　项目实施机构、采购代理机构应当成立评审小组，负责 PPP 项目采购的资格预审和评审工作。评审小组由项目实施机构代表和评审专家共 5 人以上单数组成，其中评审专家人数不得少于评审小组成员总数的 2/3。评审专家可以由项目实施机构自行选定，但评审专家中至少应当包含 1 名财务专家和 1 名法律专家。项目实施机构代表不得以评审专家身份参加项目的评审。

第八条　项目有 3 家以上社会资本通过资格预审的，项目实施机构可以继续开展采购文件准备工作；项目通过资格预审的社会资本不足 3 家的，项目实施机构应当在调整资格预审公告内容后重新组织资格预审；项目经重新资格预审后合格社会资本仍不够 3 家的，可以依法变更采购方式。

资格预审结果应当告知所有参与资格预审的社会资本，并将资格预审的评审报告提交财政部门（政府和社会资本合作中心）备案。

第九条　项目采购文件应当包括采购邀请、竞争者须知（包括密封、签署、盖章要求等）、竞争者应当提供的资格、资信及业绩证明文件、采购方式、政府对项目实施机构的授权、实施方案的批复和项目相关审批文件、采购程序、响应文件编制要求、提交响应文件截止时间、开启时间及地点、保证金交纳数额和形式、评审方法、评审标准、政府采购政策要求、PPP 项目合同草案及其他法律文本、采购结果确认谈判中项目合同可变的细节以及是否允许未参加资格预审的供应商参与竞争并进行资格后审等内容。项目采购文件中还应当明确项目合同必须报请本级人民政府审核同意，在获得同意前项目合同不得生效。

采用竞争性谈判或者竞争性磋商采购方式的，项目采购文件除上款规定的内容外，还应当明确评审小组根据与社会资本谈判情况可能实质性变动的内容，包括采购需求中的技术、服务要求以及项目合同草案条款。

第十条　项目实施机构应当在资格预审公告、采购公告、采购文件、项目合同中列明采购本国货物和服务、技术引进和转让等政策要求，以及对社会资本参与采购活动和履约保证的担保要求。

第十一条　项目实施机构应当组织社会资本进行现场考察或者召开采购前答疑会，但不得单独或者分别组织只有一个社会资本参加的现场考察和答疑。项目实施机构可以视项目的具体情况，组织对符合条件的社会资本的资格条件进行考察核实。

第十二条　评审小组成员应当按照客观、公正、审慎的原则，根据资格预审公告和采购文件规定的程序、方法和标准进行资格预审和独立评审。已进行资格预审的，评审小组在评审阶段可以不再对社会资本进行资格审查。允许进行资格后审的，由评审小组在响应文件评审环节对社会资本进行资格审查。

评审小组成员应当在资格预审报告和评审报告上签字，对自己的评审意见承担法律责任。对资格预审报告或者评审报告有异议的，应当在报告上签署不同意见，并说明理由，否则视为同意资格预审报告和评审报告。

评审小组发现采购文件内容违反国家有关强制性规定的，应当停止评审并向项目实施机构说明情况。

第十三条　评审专家应当遵守评审工作纪律，不得泄露评审情况和评审中获悉的国家秘密、商业秘密。

评审小组在评审过程中发现社会资本有行贿、提供虚假材料或者串通等违法行为的，应当及时向财政部门报告。

评审专家在评审过程中受到非法干涉的，应当及时向财政、监察等部门举报。

第十四条　PPP项目采购评审结束后，项目实施机构应当成立专门的采购结果确认谈判工作组，负责采购结果确认前的谈判和最终的采购结果确认工作。

采购结果确认谈判工作组成员及数量由项目实施机构确定，但应当至少包括财政预算管理部门、行业主管部门代表，以及财务、法律等方面的专家。涉及价格管理、环境保护的PPP项目，谈判工作组还应当包括价格管理、环境保护行政执法机关代表。评审小组成员可以作为采购结果确认谈判工作组成员参与采购结果确认谈判。

第十五条　采购结果确认谈判工作组应当按照评审报告推荐的候选社会资本排名，依次与候选社会资本及与其合作的金融机构就项目合同中可变的细节问题进行项目合同签署前的确认谈判，率先达成一致的候选社会资本即为预中标、成交社会资本。

第十六条　确认谈判不得涉及项目合同中不可谈判的核心条款，不得与排序在前但已终止谈判的社会资本进行重复谈判。

第十七条　项目实施机构应当在预中标、成交社会资本确定后10个工作日内，与预中标、成交社会资本签署确认谈判备忘录，并将预中标、成交结果和根据采购文件、响应文件及有关补遗文件和确认谈判备忘录拟定的项目合同文本在省级以上人民政府财政部门指定的政府采购信息发布媒体上进行公示，公示期不得少于5个工作日。项目合同文本应当将预中标、成交社会资本响应文件中的重要承诺和技术文件等作为附件。项目合同文本涉及国家秘密、商业秘密的内容可以不公示。

第十八条　项目实施机构应当在公示期满无异议后2个工作日内，将中标、成交结果在省级以上人民政府财政部门指定的政府采购信息发布媒体上进行公告，同时发出中标、成交通知书。

中标、成交结果公告内容应当包括：项目实施机构和采购代理机构的名称、地址和联系方式；项目名称和项目编号；中标或者成交社会资本的名称、地址、法人代表；中标或者成交标的名称、主要中标或者成交条件（包括但不限于合作期限、服务要求、项目概算、回报机制）等；评审小组和采购结果确认谈判工作组成员名单。

第十九条　项目实施机构应当在中标、成交通知书发出后30日内，与中标、成交社会资本签订经本级人民政府审核同意的PPP项目合同。

需要为PPP项目设立专门项目公司的，待项目公司成立后，由项目公司与项目实施机构重新签署PPP项目合同，或者签署关于继承PPP项目合同的补充合同。

第二十条　项目实施机构应当在PPP项目合同签订之日起2个工作

日内，将 PPP 项目合同在省级以上人民政府财政部门指定的政府采购信息发布媒体上公告，但 PPP 项目合同中涉及国家秘密、商业秘密的内容除外。

第二十一条　项目实施机构应当在采购文件中要求社会资本交纳参加采购活动的保证金和履约保证金。社会资本应当以支票、汇票、本票或者金融机构、担保机构出具的保函等非现金形式交纳保证金。参加采购活动的保证金数额不得超过项目预算金额的 2%。履约保证金的数额不得超过 PPP 项目初始投资总额或者资产评估值的 10%，无固定资产投资或者投资额不大的服务型 PPP 项目，履约保证金的数额不得超过平均 6 个月服务收入额。

第三章　争议处理和监督检查

第二十二条　参加 PPP 项目采购活动的社会资本对采购活动的询问、质疑和投诉，依照有关政府采购法律制度规定执行。

项目实施机构和中标、成交社会资本在 PPP 项目合同履行中发生争议且无法协商一致的，可以依法申请仲裁或者提起民事诉讼。

第二十三条　各级人民政府财政部门应当加强对 PPP 项目采购活动的监督检查，依法处理采购活动中的违法违规行为。

第二十四条　PPP 项目采购有关单位和人员在采购活动中出现违法违规行为的，依照政府采购法及有关法律法规追究法律责任。

第四章　附　　　则

第二十五条　本办法自发布之日起施行。

关于印发《政府和社会资本合作项目财政承受能力论证指引》的通知
（财金〔2015〕21 号）

各省、自治区、直辖市、计划单列市财政厅（局），新疆生产建设兵团财务局：

根据《国务院关于创新重点领域投融资机制鼓励社会投资的指导意

见》（国发〔2014〕60 号）、《财政部关于推广运用政府和社会资本合作模式有关问题的通知》（财金〔2014〕76 号）和《财政部关于印发政府和社会资本合作模式操作指南（试行）的通知》（财金〔2014〕113 号），为有序推进政府和社会资本合作（Public – Private Partnership，以下简称 PPP）项目实施，保障政府切实履行合同义务，有效防范和控制财政风险，现印发《政府和社会资本合作项目财政承受能力论证指引》。请遵照执行。

附件：政府和社会资本合作项目财政承受能力论证指引

财政部

2015 年 4 月 7 日

政府和社会资本合作项目财政承受能力论证指引

第一章　总　　则

第一条　根据《中华人民共和国预算法》、《国务院关于加强地方政府性债务管理的意见》（国发〔2014〕43 号）、《国务院关于深化预算管理制度改革的决定》（国发〔2014〕45 号）、《国务院关于创新重点领域投融资机制鼓励社会投资的指导意见》（国发〔2014〕60 号）、《财政部关于推广运用政府和社会资本合作模式有关问题的通知》（财金〔2014〕76 号）和《财政部关于印发政府和社会资本合作模式操作指南（试行）的通知》（财金〔2014〕113 号）等有关规定，制定本指引。

第二条　本指引所称财政承受能力论证是指识别、测算政府和社会资本合作（Public – Private Partnership，以下简称 PPP）项目的各项财政支出责任，科学评估项目实施对当前及今后年度财政支出的影响，为 PPP 项目财政管理提供依据。

第三条　开展 PPP 项目财政承受能力论证，是政府履行合同义务的重要保障，有利于规范 PPP 项目财政支出管理，有序推进项目实施，有效防范和控制财政风险，实现 PPP 可持续发展。

第四条　财政承受能力论证采用定量和定性分析方法，坚持合理预测、公开透明、从严把关，统筹处理好当期与长远关系，严格控制 PPP 项目财政支出规模。

第五条　财政承受能力论证的结论分为"通过论证"和"未通过论证"。"通过论证"的项目，各级财政部门应当在编制年度预算和中期财政规划时，将项目财政支出责任纳入预算统筹安排。"未通过论证"的项目，则不宜采用 PPP 模式。

第六条　各级财政部门（或 PPP 中心）负责组织开展行政区域内 PPP 项目财政承受能力论证工作。省级财政部门负责汇总统计行政区域内的全部 PPP 项目财政支出责任，对财政预算编制、执行情况实施监督管理。

第七条　财政部门（或 PPP 中心）应当会同行业主管部门，共同开展 PPP 项目财政承受能力论证工作。必要时可通过政府采购方式聘请专业中介机构协助。

第八条　各级财政部门（或 PPP 中心）要以财政承受能力论证结论为依据，会同有关部门统筹做好项目规划、设计、采购、建设、运营、维护等全生命周期管理工作。

第二章　责任识别

第九条　PPP 项目全生命周期过程的财政支出责任，主要包括股权投资、运营补贴、风险承担、配套投入等。

第十条　股权投资支出责任是指在政府与社会资本共同组建项目公司的情况下，政府承担的股权投资支出责任。如果社会资本单独组建项目公司，政府不承担股权投资支出责任。

第十一条　运营补贴支出责任是指在项目运营期间，政府承担的直接付费责任。不同付费模式下，政府承担的运营补贴支出责任不同。政府付费模式下，政府承担全部运营补贴支出责任；可行性缺口补助模式下，政府承担部分运营补贴支出责任；使用者付费模式下，政府不承担运营补贴支出责任。

第十二条　风险承担支出责任是指项目实施方案中政府承担风险带来

的财政或有支出责任。通常由政府承担的法律风险、政策风险、最低需求风险以及因政府方原因导致项目合同终止等突发情况，会产生财政或有支出责任。

第十三条　配套投入支出责任是指政府提供的项目配套工程等其他投入责任，通常包括土地征收和整理、建设部分项目配套措施、完成项目与现有相关基础设施和公用事业的对接、投资补助、贷款贴息等。配套投入支出应依据项目实施方案合理确定。

第三章　支出测算

第十四条　财政部门（或 PPP 中心）应当综合考虑各类支出责任的特点、情景和发生概率等因素，对项目全生命周期内财政支出责任分别进行测算。

第十五条　股权投资支出应当依据项目资本金要求以及项目公司股权结构合理确定。股权投资支出责任中的土地等实物投入或无形资产投入，应依法进行评估，合理确定价值。计算公式为：

股权投资支出 = 项目资本金 × 政府占项目公司股权比例

第十六条　运营补贴支出应当根据项目建设成本、运营成本及利润水平合理确定，并按照不同付费模式分别测算。

对政府付费模式的项目，在项目运营补贴期间，政府承担全部直接付费责任。政府每年直接付费数额包括：社会资本方承担的年均建设成本（折算成各年度现值）、年度运营成本和合理利润。计算公式为：

当年运营补贴支出数额 =

$$\frac{项目全部建设成本 \times （1 + 合理利润率） \times （1 + 年度折现率）^n}{财政运营补贴周期（年）}$$

+ 年度运营成本 × （1 + 合理利润率）

对可行性缺口补助模式的项目，在项目运营补贴期间，政府承担部分直接付费责任。政府每年直接付费数额包括：社会资本方承担的年均建设成本（折算成各年度现值）、年度运营成本和合理利润，再减去每年使用者付费的数额。计算公式为：

当年运营补贴支出数额 =

$$\frac{项目全部建设成本 \times （1 + 合理利润率） \times （1 + 年度折现率）^n}{财政运营补贴周期（年）}$$

+ 年度运营成本 × （1 + 合理利润率） - 当年使用者付费数额

n 代表折现年数。财政运营补贴周期指财政提供运营补贴的年数。

第十七条　年度折现率应考虑财政补贴支出发生年份，并参照同期地方政府债券收益率合理确定。

第十八条　合理利润率应以商业银行中长期贷款利率水平为基准，充分考虑可用性付费、使用量付费、绩效付费的不同情景，结合风险等因素确定。

第十九条　在计算运营补贴支出时，应当充分考虑合理利润率变化对运营补贴支出的影响。

第二十条　PPP 项目实施方案中的定价和调价机制通常与消费物价指数、劳动力市场指数等因素挂钩，会影响运营补贴支出责任。在可行性缺口补助模式下，运营补贴支出责任受到使用者付费数额的影响，而使用者付费的多少因定价和调价机制而变化。在计算运营补贴支出数额时，应当充分考虑定价和调价机制的影响。

第二十一条　风险承担支出应充分考虑各类风险出现的概率和带来的支出责任，可采用比例法、情景分析法及概率法进行测算。如果 PPP 合同约定保险赔款的第一受益人为政府，则风险承担支出应为扣除该等风险赔款金额的净额。

比例法。在各类风险支出数额和概率难以进行准确测算的情况下，可以按照项目的全部建设成本和一定时期内的运营成本的一定比例确定风险承担支出。

情景分析法。在各类风险支出数额可以进行测算、但出现概率难以确定的情况下，可针对影响风险的各类事件和变量进行"基本"、"不利"及"最坏"等情景假设，测算各类风险发生带来的风险承担支出。计算公式为：

风险承担支出数额 = 基本情景下财政支出数额 × 基本情景出现的概率

　　　　　　 + 不利情景下财政支出数额 × 不利情景出现的概率

　　　　　　 + 最坏情境下财政支出数额 × 最坏情景出现的概率

　　概率法。在各类风险支出数额和发生概率均可进行测算的情况下，可将所有可变风险参数作为变量，根据概率分布函数，计算各种风险发生带来的风险承担支出。

　　第二十二条　配套投入支出责任应综合考虑政府将提供的其他配套投入总成本和社会资本方为此支付的费用。配套投入支出责任中的土地等实物投入或无形资产投入，应依法进行评估，合理确定价值。计算公式为：

　　配套投入支出数额 = 政府拟提供的其他投入总成本 − 社会资本方支付的费用

第四章　能力评估

　　第二十三条　财政部门（或 PPP 中心）识别和测算单个项目的财政支出责任后，汇总年度全部已实施和拟实施的 PPP 项目，进行财政承受能力评估。

　　第二十四条　财政承受能力评估包括财政支出能力评估以及行业和领域平衡性评估。财政支出能力评估，是根据 PPP 项目预算支出责任，评估 PPP 项目实施对当前及今后年度财政支出的影响；行业和领域均衡性评估，是根据 PPP 模式适用的行业和领域范围，以及经济社会发展需要和公众对公共服务的需求，平衡不同行业和领域 PPP 项目，防止某一行业和领域 PPP 项目过于集中。

　　第二十五条　每一年度全部 PPP 项目需要从预算中安排的支出责任，占一般公共预算支出比例应当不超过 10%。省级财政部门可根据本地实际情况，因地制宜确定具体比例，并报财政部备案，同时对外公布。

　　第二十六条　鼓励列入地方政府性债务风险预警名单的高风险地区，采取 PPP 模式化解地方融资平台公司存量债务。同时，审慎控制新建 PPP 项目规模，防止因项目实施加剧财政收支矛盾。

第二十七条 在进行财政支出能力评估时，未来年度一般公共预算支出数额可参照前五年相关数额的平均值及平均增长率计算，并根据实际情况进行适当调整。

第二十八条 "通过论证"且经同级人民政府审核同意实施的 PPP 项目，各级财政部门应当将其列入 PPP 项目目录，并在编制中期财政规划时，将项目财政支出责任纳入预算统筹安排。

第二十九条 在 PPP 项目正式签订合同时，财政部门（或 PPP 中心）应当对合同进行审核，确保合同内容与财政承受能力论证保持一致，防止因合同内容调整导致财政支出责任出现重大变化。财政部门要严格按照合同执行，及时办理支付手续，切实维护地方政府信用，保障公共服务有效供给。

第五章 信息披露

第三十条 省级财政部门应当汇总区域内的项目目录，及时向财政部报告，财政部通过统一信息平台（PPP 中心网站）发布。

第三十一条 各级财政部门（或 PPP 中心）应当通过官方网站及报刊媒体，每年定期披露当地 PPP 项目目录、项目信息及财政支出责任情况。应披露的财政支出责任信息包括：PPP 项目的财政支出责任数额及年度预算安排情况、财政承受能力论证考虑的主要因素和指标等。

第三十二条 项目实施后，各级财政部门（或 PPP 中心）应跟踪了解项目运营情况，包括项目使用量、成本费用、考核指标等信息，定期对外发布。

第六章 附　　则

第三十三条 财政部门按照权责发生制会计原则，对政府在 PPP 项目中的资产投入，以及与政府相关项目资产进行会计核算，并在政府财务统计、政府财务报告中反映；按照收付实现制会计原则，对 PPP 项目相关的预算收入与支出进行会计核算，并在政府决算报告中反映。

第三十四条 本指引自印发之日起施行。

附：PPP 项目财政承受能力论证工作流程图

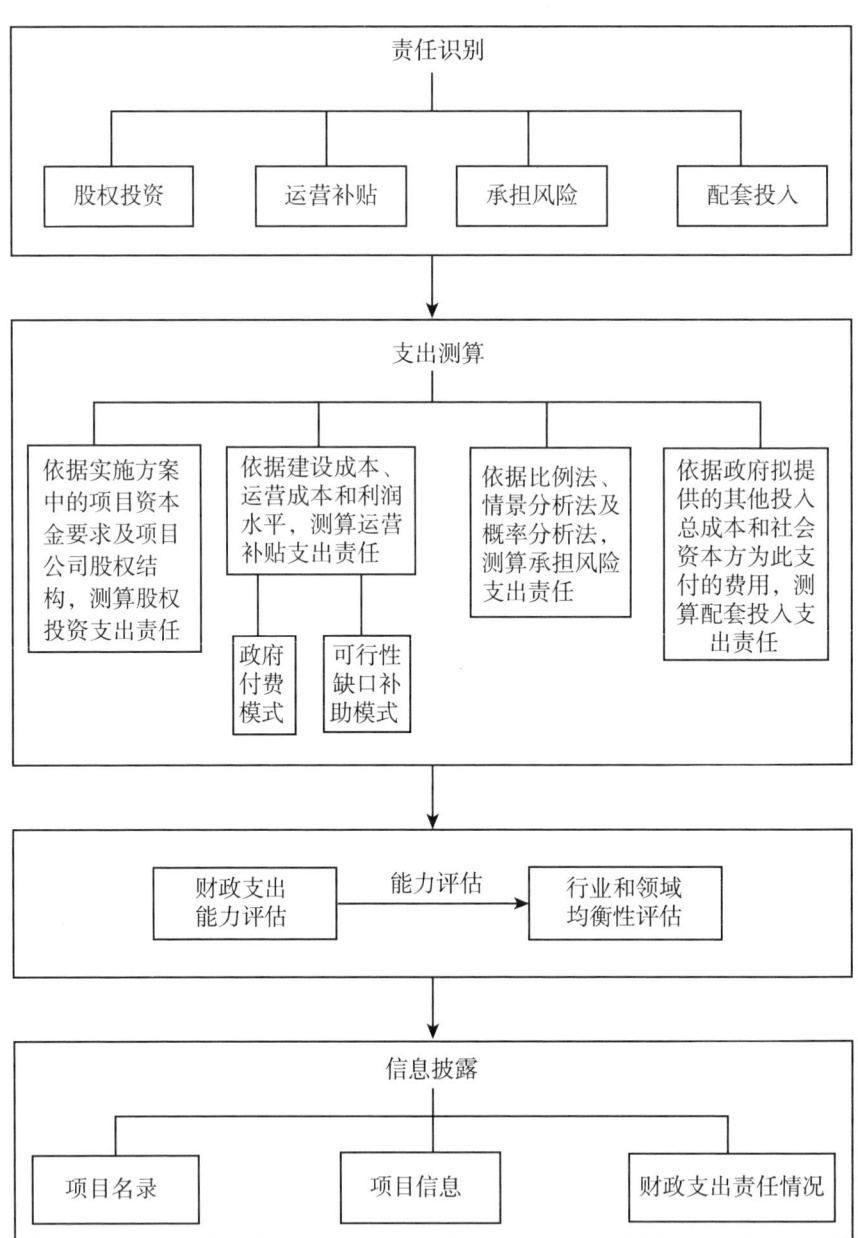

PPP 项目财政承受能力论证工作流程图

关于印发《PPP 物有所值评价指引（试行）》的通知

（财金〔2015〕167 号）

各省、自治区、直辖市、计划单列市财政厅（局），新疆生产建设兵团财务局：

为推动政府和社会资本合作（Public - Private Partnership，以下简称PPP）项目物有所值评价工作规范有序开展，我们立足国内实际，借鉴国际经验，制订了《PPP 物有所值评价指引（试行）》。由于实践中缺乏充足的数据积累，难以形成成熟的计量模型，物有所值定量评价处于探索阶段，各地应当依据客观需要，因地制宜地开展物有所值评价工作。施行过程中的问题和建议，请及时反馈我部。

财政部

2015 年 12 月 18 日

PPP 物有所值评价指引（试行）

第一章　总　　则

第一条　为促进 PPP 物有所值评价工作规范有序开展，根据《中华人民共和国预算法》、《国务院办公厅转发财政部　发展改革委　人民银行关于在公共服务领域推广政府和社会资本合作模式指导意见的通知》（国办发〔2015〕42 号）等有关规定，制定本指引。

第二条　本指引所称物有所值（Value for Money，VFM）评价是判断是否采用 PPP 模式代替政府传统投资运营方式提供公共服务项目的一种评价方法。

第三条　物有所值评价应遵循真实、客观、公开的原则。

第四条　中华人民共和国境内拟采用 PPP 模式实施的项目，应在项目识别或准备阶段开展物有所值评价。

第五条　物有所值评价包括定性评价和定量评价。现阶段以定性评价为主，鼓励开展定量评价。定量评价可作为项目全生命周期内风险分配、成本测算和数据收集的重要手段，以及项目决策和绩效评价的参考依据。

第六条　应统筹定性评价和定量评价结论，做出物有所值评价结论。物有所值评价结论分为"通过"和"未通过"。"通过"的项目，可进行财政承受能力论证；"未通过"的项目，可在调整实施方案后重新评价，仍未通过的不宜采用 PPP 模式。

第七条　财政部门（或 PPP 中心）应会同行业主管部门共同做好物有所值评价工作，并积极利用第三方专业机构和专家力量。

第二章　评价准备

第八条　物有所值评价资料主要包括：（初步）实施方案、项目产出说明、风险识别和分配情况、存量公共资产的历史资料、新建或改扩建项目的（预）可行性研究报告、设计文件等。

第九条　开展物有所值评价时，项目本级财政部门（或 PPP 中心）应会同行业主管部门，明确是否开展定量评价，并明确定性评价程序、指标及其权重、评分标准等基本要求。

第十条　开展物有所值定量评价时，项目本级财政部门（或 PPP 中心）应会同行业主管部门，明确定量评价内容、测算指标和方法，以及定量评价结论是否作为采用 PPP 模式的决策依据。

第三章　定性评价

第十一条　定性评价指标包括全生命周期整合程度、风险识别与分配、绩效导向与鼓励创新、潜在竞争程度、政府机构能力、可融资性等六项基本评价指标。

第十二条　全生命周期整合程度指标主要考核在项目全生命周期内，项目设计、投融资、建造、运营和维护等环节能否实现长期、充分整合。

第十三条　风险识别与分配指标主要考核在项目全生命周期内，各风险因素是否得到充分识别并在政府和社会资本之间进行合理分配。

第十四条　绩效导向与鼓励创新指标主要考核是否建立以基础设施及公共服务供给数量、质量和效率为导向的绩效标准和监管机制，是否落实节能环保、支持本国产业等政府采购政策，能否鼓励社会资本创新。

第十五条　潜在竞争程度指标主要考核项目内容对社会资本参与竞争的吸引力。

第十六条　政府机构能力指标主要考核政府转变职能、优化服务、依法履约、行政监管和项目执行管理等能力。

第十七条　可融资性指标主要考核项目的市场融资能力。

第十八条　项目本级财政部门（或PPP中心）会同行业主管部门，可根据具体情况设置补充评价指标。

第十九条　补充评价指标主要是六项基本评价指标未涵盖的其他影响因素，包括项目规模大小、预期使用寿命长短、主要固定资产种类、全生命周期成本测算准确性、运营收入增长潜力、行业示范性等。

第二十条　在各项评价指标中，六项基本评价指标权重为80%，其中任一指标权重一般不超过20%；补充评价指标权重为20%，其中任一指标权重一般不超过10%。

第二十一条　每项指标评分分为五个等级，即有利、较有利、一般、较不利、不利，对应分值分别为100～81、80～61、60～41、40～21、20～0分。项目本级财政部门（或PPP中心）会同行业主管部门，按照评分等级对每项指标制定清晰准确的评分标准。

第二十二条　定性评价专家组包括财政、资产评估、会计、金融等经济方面专家，以及行业、工程技术、项目管理和法律方面专家等。

第二十三条　项目本级财政部门（或PPP中心）会同行业主管部门组织召开专家组会议。定性评价所需资料应于专家组会议召开前送达专家，确保专家掌握必要信息。

第二十四条　专家组会议基本程序如下：

（一）专家在充分讨论后按评价指标逐项打分，专家打分表见附件；

（二）按照指标权重计算加权平均分，得到评分结果，形成专家组意见。

第二十五条 项目本级财政部门（或 PPP 中心）会同行业主管部门根据专家组意见，做出定性评价结论。原则上，评分结果在 60 分（含）以上的，通过定性评价；否则，未通过定性评价。

第四章 定量评价

第二十六条 定量评价是在假定采用 PPP 模式与政府传统投资方式产出绩效相同的前提下，通过对 PPP 项目全生命周期内政府方净成本的现值（PPP 值）与公共部门比较值（PSC 值）进行比较，判断 PPP 模式能否降低项目全生命周期成本。

第二十七条 PPP 值可等同于 PPP 项目全生命周期内股权投资、运营补贴、风险承担和配套投入等各项财政支出责任的现值，参照《政府和社会资本合作项目财政承受能力论证指引》（财金〔2015〕21 号）及有关规定测算。

第二十八条 PSC 值是以下三项成本的全生命周期现值之和：

（一）参照项目的建设和运营维护净成本；

（二）竞争性中立调整值；

（三）项目全部风险成本。

第二十九条 参照项目可根据具体情况确定为：

（一）假设政府采用现实可行的、最有效的传统投资方式实施的、与 PPP 项目产出相同的虚拟项目；

（二）最近五年内，相同或相似地区采用政府传统投资方式实施的、与 PPP 项目产出相同或非常相似的项目。

建设净成本主要包括参照项目设计、建造、升级、改造、大修等方面投入的现金以及固定资产、土地使用权等实物和无形资产的价值，并扣除参照项目全生命周期内产生的转让、租赁或处置资产所获的收益。

运营维护净成本主要包括参照项目全生命周期内运营维护所需的原材

料、设备、人工等成本，以及管理费用、销售费用和运营期财务费用等，并扣除假设参照项目与 PPP 项目付费机制相同情况下能够获得的使用者付费收入等。

第三十条　竞争性中立调整值主要是采用政府传统投资方式比采用 PPP 模式实施项目少支出的费用，通常包括少支出的土地费用、行政审批费用、有关税费等。

第三十一条　项目全部风险成本包括可转移给社会资本的风险承担成本和政府自留风险的承担成本，参照《政府和社会资本合作项目财政承受能力论证指引》（财金〔2015〕21 号）第二十一条及有关规定测算。

政府自留风险承担成本等同于 PPP 值中的全生命周期风险承担支出责任，两者在 PSC 值与 PPP 值比较时可对等扣除。

第三十二条　用于测算 PSC 值的折现率应与用于测算 PPP 值的折现率相同，参照《政府和社会资本合作项目财政承受能力论证指引》（财金〔2015〕21 号）第十七条及有关规定测算。

第三十三条　PPP 值小于或等于 PSC 值的，认定为通过定量评价；PPP 值大于 PSC 值的，认定为未通过定量评价。

第五章　评价报告和信息披露

第三十四条　项目本级财政部门（或 PPP 中心）会同行业主管部门，在物有所值评价结论形成后，完成物有所值评价报告编制工作，报省级财政部门备案，并将报告电子版上传 PPP 综合信息平台。

第三十五条　物有所值评价报告内容包括：

（一）项目基础信息。主要包括项目概况、项目产出说明和绩效标准、PPP 运作方式、风险分配框架和付费机制等。

（二）评价方法。主要包括定性评价程序、指标及权重、评分标准、评分结果、专家组意见以及定量评价的 PSC 值、PPP 值的测算依据、测算过程和结果等。

（三）评价结论，分为"通过"和"未通过"。

（四）附件。通常包括（初步）实施方案、项目产出说明、可行性研究报告、设计文件、存量公共资产的历史资料、PPP 项目合同、绩效监测报告和中期评估报告等。

第三十六条 项目本级财政部门（或 PPP 中心）应在物有所值评价报告编制完成之日起 5 个工作日内，将报告的主要信息通过 PPP 综合信息平台等渠道向社会公开披露，但涉及国家秘密和商业秘密的信息除外。

第三十七条 在 PPP 项目合作期内和期满后，项目本级财政部门（或 PPP 中心）应会同行业主管部门，将物有所值评价报告作为项目绩效评价的重要组成部分，对照进行统计和分析。

第三十八条 各级财政部门（或 PPP 中心）应加强物有所值评价数据库的建设，做好定性和定量评价数据的收集、统计、分析和报送等工作。

第三十九条 各级财政部门（或 PPP 中心）应会同行业主管部门，加强对物有所值评价第三方专业机构和专家的监督管理，通过 PPP 综合信息平台进行信用记录、跟踪、报告和信息公布。省级财政部门应加强对全省（市、区）物有所值评价工作的监督管理。

第六章　附　　则

第四十条 本指引自印发之日起施行，有效期 2 年。

附：1. 物有所值评价工作流程图

　　2. 物有所值定性评价专家打分表

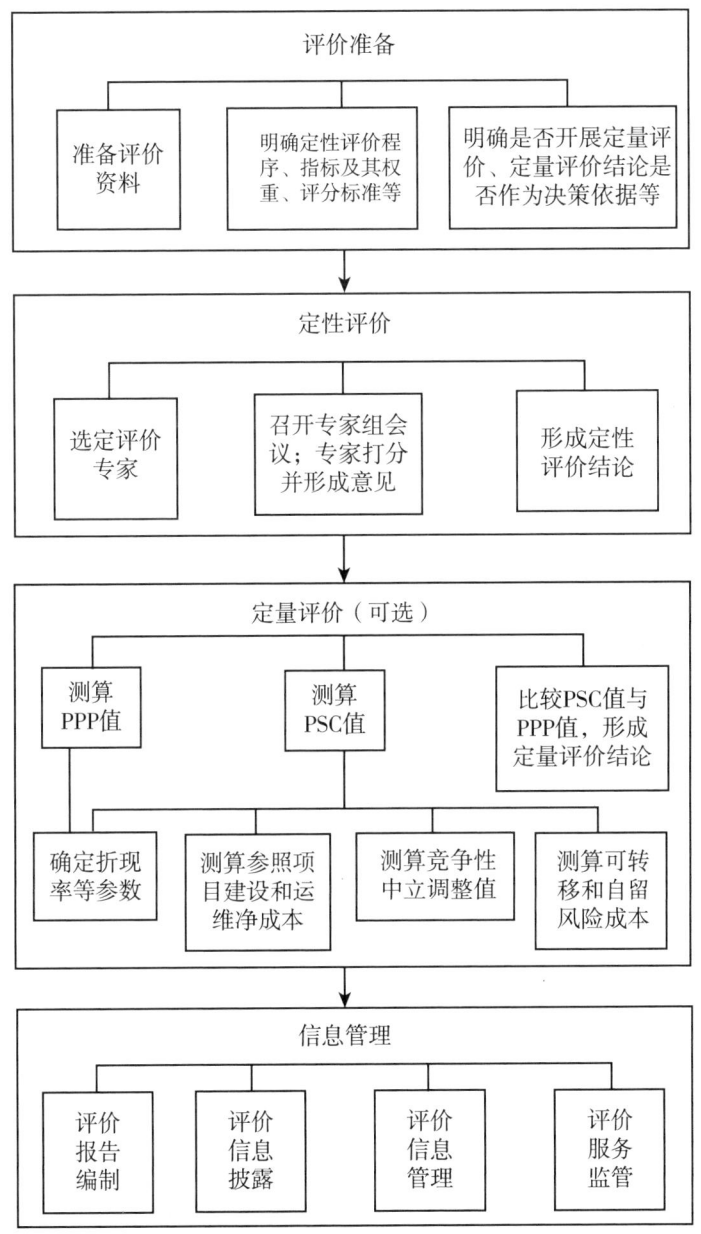

物有所值评价工作流程图

物有所值定性评价专家打分表

指 标		权 重	评 分
基本指标	①全生命周期整合程度		
	②风险识别与分配		
	③绩效导向与鼓励创新		
	④潜在竞争程度		
	⑤政府机构能力		
	⑥可融资性		
	基本指标小计	80%	
补充指标			
	补充指标小计	20%	
		100%	—

专家签字：

年 月 日

关于在公共服务领域深入推进政府和社会资本合作工作的通知

（财金〔2016〕90号）

各省、自治区、直辖市、计划单列市财政厅（局），新疆生产建设兵团财务局：

为进一步贯彻落实党中央、国务院工作部署，统筹推进公共服务领域深化政府和社会资本合作（PPP）改革工作，提升我国公共服务供给质量和效率，巩固和增强经济持续增长动力，现将有关事项通知如下：

一、**大力践行公共服务领域供给侧结构性改革**。各级财政部门要联合有关部门，继续坚持推广 PPP 模式"促改革、惠民生、稳增长"的定位，切实践行供给侧结构性改革的最新要求，进一步推动公共服务从政府供给向合作供给、从单一投入向多元投入、从短期平衡向中长期平衡转变。要以改革实现公共服务供给结构调整，扩大有效供给，提高公共服务的供给质量和效率。要以改革激发社会资本活力和创造力，形成经济增长的内生动力，推动经济社会持续健康发展。

二、**进一步加大 PPP 模式推广应用力度**。在中央财政给予支持的公共服务领域，可根据行业特点和成熟度，探索开展两个"强制"试点。在垃圾处理、污水处理等公共服务领域，项目一般有现金流，市场化程度较高，PPP 模式运用较为广泛，操作相对成熟，各地新建项目要"强制"应用 PPP 模式，中央财政将逐步减少并取消专项建设资金补助。在其他中央财政给予支持的公共服务领域，对于有现金流、具备运营条件的项目，要"强制"实施 PPP 模式识别论证，鼓励尝试运用 PPP 模式，注重项目运营，提高公共服务质量。

三、**积极引导各类社会资本参与**。各级财政部门要联合有关部门营造公平竞争环境，鼓励国有控股企业、民营企业、混合所有制企业、外商投资企业等各类型企业，按同等标准、同等待遇参与 PPP 项目。要会同有关行业部门合理设定采购标准和条件，确保采购过程公平、公正、公开，不得以不合理的采购条件（包括设置过高或无关的资格条件，过高的保证金等）对潜在合作方实行差别待遇或歧视性待遇，着力激发和促进民间投资。对民营资本设置差别条款和歧视性条款的 PPP 项目，各级财政部门将不再安排资金和政策支持。

四、扎实做好项目前期论证。在充分论证项目可行性的基础上，各级财政部门要及时会同行业主管部门开展物有所值评价和财政承受能力论证。各级财政部门要聚焦公共服务领域，根据《国务院办公厅转发财政部 发展改革委 人民银行关于在公共服务领域推广政府和社会资本合作模式指导意见的通知》（国办发〔2015〕42 号）规定，确保公共资金、资产和资源优先用于提升公共服务的质量和水平，按照政府采购法相关规定择优确定社会资本合作伙伴，切实防止无效投资和重复建设。要严格区分公共服务项目和产业发展项目，在能源、交通运输、市政工程、农业、林业、水利、环境保护、保障性安居工程、医疗卫生、养老、教育、科技、文化、体育、旅游等公共服务领域深化 PPP 改革工作，依托 PPP 综合信息平台，建立本地区 PPP 项目开发目录。

五、着力规范推进项目实施。各级财政部门要会同有关部门统筹论证项目合作周期、收费定价机制、投资收益水平、风险分配框架和政府补贴等因素，科学设计 PPP 项目实施方案，确保充分体现"风险分担、收益共享、激励相容"的内涵特征，防止政府以固定回报承诺、回购安排、明股实债等方式承担过度支出责任，避免将当期政府购买服务支出代替 PPP 项目中长期的支出责任，规避 PPP 相关评价论证程序，加剧地方政府财政债务风险隐患。要加强项目全生命周期的合同履约管理，确保政府和社会资本双方权利义务对等，政府支出责任与公共服务绩效挂钩。

六、充分发挥示范项目引领作用。各级财政部门要联合有关部门，按照"又快又实"、"能进能出"的原则，大力推动 PPP 示范项目规范实施。要积极为项目实施创造条件，加强示范项目定向辅导，指导项目单位科学编制实施方案，合理选择运作方式，择优选择社会资本，详细签订项目合同，加强项目实施监管，确保示范项目实施质量，充分发挥示范项目的引领性和带动性。要积极做好示范项目督导工作，推动项目加快实施，在一定期限内仍不具备签约条件的，将不再作为示范项目实施。

七、因地制宜完善管理制度机制。各级财政部门要根据财政部 PPP 相关制度政策，结合各地实际情况，进一步建立健全本地区推广实施 PPP 模式的制度政策体系，细化对制市及县域地区的政策指导。要结合内部职能调整，进一步整合和加强专门力量，健全机构建设，并研究建立部门间的 PPP 协同管理机制，进一步梳理 PPP 相关工作的流程环节，明确管理职责，强调按制度管理、按程序办事。

八、切实有效履行财政管理职能。各级财政部门要会同行业主管部门合理确定公共服务成本，统筹安排公共资金、资产和资源，平衡好公众负担和社会资本回报诉求，构建 PPP 项目合理回报机制。对于政府性基金预算，可在符合政策方向和相关规定的前提下，统筹用于支持 PPP 项目。对于使用者付费项目，涉及特许经营权的要依法定程序评估价值，合理折价入股或授予转让，切实防止国有资产流失。对于使用者付费完全覆盖成本和收益的项目，要依据合同将超额收益的政府方分成部分及时足额监缴入国库，并按照事先约定的价格调整机制，确保实现价格动态调整，切实减轻公众负担。

九、简政放权释放市场主体潜力。各级财政部门要联合有关部门，加强项目前期立项程序与 PPP 模式操作流程的优化与衔接，进一步减少行政审批环节。对于涉及工程建设、设备采购或服务外包的 PPP 项目，已经依据政府采购法选定社会资本合作方的，合作方依法能够自行建设、生产或者提供服务的，按照《招标投标法实施条例》第九条规定，合作方可以不再进行招标。

十、进一步加大财政扶持力度。各级财政部门要落实好国家支持公共服务领域 PPP 项目的财政税收优惠政策，加强政策解读和宣传，积极与中国政企合作投资基金做好项目对接，基金将优先支持符合条件的各级财政部门示范项目。鼓励各级财政部门因地制宜、主动作为，探索财政资金撬动社会资金和金融资本参与 PPP 项目的有效方式，通过前期费用补助、以奖代补等手段，为项目规范实施营造良好的政策环境。

十一、充分发挥 PPP 综合信息平台作用。各级财政部门要通过 PPP 综合信息平台加快项目库、专家库建设，增强监管能力和服务水平。要督促项目实施单位，依托 PPP 综合信息平台，及时向社会公开项目实施方案、合同、实施情况等信息。要加强信息共享，促进项目对接，确保项目实施公开透明、有序推进，保证项目实施质量。

各级财政部门要高度重视，切实发挥好统筹协调作用，主动与有关部门沟通合作，合力做好公共服务领域深化 PPP 改革工作，更好地汇聚社会力量增加公共服务供给。

财政部

2016 年 10 月 11 日

关于印发《政府和社会资本合作项目财政管理暂行办法》的通知

（财金〔2016〕92 号）

各省、自治区、直辖市、计划单列市财政厅（局），财政部驻各省、自治区、直辖市、计划单列市财政监察专员办事处，新疆生产建设兵团财务局：

根据《预算法》、《政府采购法》及其实施条例、《企业国有资产法》、《国务院办公厅转发财政部　发展改革委　人民银行关于在公共服务领域推广政府和社会资本合作模式指导意见的通知》（国办发〔2015〕42 号），为加强政府和社会资本合作项目财政管理，规范财政部门履职行为，保障合作各方合法权益，现印发《政府和社会资本合作项目财政管理暂行办法》。请遵照执行。

财政部

2016 年 9 月 24 日

政府和社会资本合作项目财政管理暂行办法

第一章　总　　则

第一条　为加强政府和社会资本合作（简称 PPP）项目财政管理，明确财政部门在 PPP 项目全生命周期内的工作要求，规范财政部门履职行为，保障合作各方合法权益，根据《预算法》、《政府采购法》、《企业国有资产法》等法律法规，制定本办法。

第二条　本办法适用于中华人民共和国境内能源、交通运输、市政公用、农业、林业、水利、环境保护、保障性安居工程、教育、科技、文化、体育、医疗卫生、养老、旅游等公共服务领域开展的各类 PPP 项目。

第三条　各级财政部门应当会同相关部门，统筹安排财政资金、国有资产等各类公共资产和资源与社会资本开展平等互惠的 PPP 项目合作，切实履行项目识别论证、政府采购、预算收支与绩效管理、资产负债管理、信息披露与监督检查等职责，保证项目全生命周期规范实施、高效运营。

第二章　项目识别论证

第四条　各级财政部门应当加强与行业主管部门的协同配合，共同做好项目前期的识别论证工作。

政府发起 PPP 项目的，应当由行业主管部门提出项目建议，由县级以上人民政府授权的项目实施机构编制项目实施方案，提请同级财政部门开展物有所值评价和财政承受能力论证。

社会资本发起 PPP 项目的，应当由社会资本向行业主管部门提交项目建议书，经行业主管部门审核同意后，由社会资本编制项目实施方案，由县级以上人民政府授权的项目实施机构提请同级财政部门开展物有所值评价和财政承受能力论证。

第五条　新建、改扩建项目的项目实施方案应当依据项目建议书、项目可行性研究报告等前期论证文件编制；存量项目实施方案的编制依据还应包括存量公共资产建设、运营维护的历史资料以及第三方出具的资产评估报告等。

项目实施方案应当包括项目基本情况、风险分配框架、运作方式、交易结构、合同体系、监管架构等内容。

第六条　项目实施机构可依法通过政府采购方式委托专家或第三方专业机构，编制项目物有所值评价报告。受托专家或第三方专业机构应独立、客观、科学地进行项目评价、论证，并对报告内容负责。

第七条　各级财政部门应当会同同级行业主管部门根据项目实施方案

共同对物有所值评价报告进行审核。物有所值评价审核未通过的，项目实施机构可对实施方案进行调整后重新提请本级财政部门和行业主管部门审核。

第八条　经审核通过物有所值评价的项目，由同级财政部门依据项目实施方案和物有所值评价报告组织编制财政承受能力论证报告，统筹本级全部已实施和拟实施PPP项目的各年度支出责任，并综合考虑行业均衡性和PPP项目开发计划后，出具财政承受能力论证报告审核意见。

第九条　各级财政部门应当建立本地区PPP项目开发目录，将经审核通过物有所值评价和财政承受能力论证的项目纳入PPP项目开发目录管理。

第三章　项目政府采购管理

第十条　对于纳入PPP项目开发目录的项目，项目实施机构应根据物有所值评价和财政承受能力论证审核结果完善项目实施方案，报本级人民政府审核。本级人民政府审核同意后，由项目实施机构按照政府采购管理相关规定，依法组织开展社会资本方采购工作。

项目实施机构可以依法委托采购代理机构办理采购。

第十一条　项目实施机构应当优先采用公开招标、竞争性谈判、竞争性磋商等竞争性方式采购社会资本方，鼓励社会资本积极参与、充分竞争。根据项目需求必须采用单一来源采购方式的，应当严格符合法定条件和程序。

第十二条　项目实施机构应当根据项目特点和建设运营需求，综合考虑专业资质、技术能力、管理经验和财务实力等因素合理设置社会资本的资格条件，保证国有企业、民营企业、外资企业平等参与。

第十三条　项目实施机构应当综合考虑社会资本竞争者的技术方案、商务报价、融资能力等因素合理设置采购评审标准，确保项目的长期稳定运营和质量效益提升。

第十四条　参加采购评审的社会资本所提出的技术方案内容最终被全部或部分采纳，但经采购未中选的，财政部门应会同行业主管部门对其前期投入成本予以合理补偿。

第十五条　各级财政部门应当加强对 PPP 项目采购活动的支持服务和监督管理，依托政府采购平台和 PPP 综合信息平台，及时充分向社会公开 PPP 项目采购信息，包括资格预审文件及结果、采购文件、响应文件提交情况及评审结果等，确保采购过程和结果公开、透明。

第十六条　采购结果公示结束后、PPP 项目合同正式签订前，项目实施机构应将 PPP 项目合同提交行业主管部门、财政部门、法制部门等相关职能部门审核后，报本级人民政府批准。

第十七条　PPP 项目合同审核时，应当对照项目实施方案、物有所值评价报告、财政承受能力论证报告及采购文件，检查合同内容是否发生实质性变更，并重点审核合同是否满足以下要求：

（一）合同应当根据实施方案中的风险分配方案，在政府与社会资本双方之间合理分配项目风险，并确保应由社会资本方承担的风险实现了有效转移；

（二）合同应当约定项目具体产出标准和绩效考核指标，明确项目付费与绩效评价结果挂钩；

（三）合同应当综合考虑项目全生命周期内的成本核算范围和成本变动因素，设定项目基准成本；

（四）合同应当根据项目基准成本和项目资本金财务内部收益率，参照工程竣工决算合理测算确定项目的补贴或收费定价基准。项目收入基准以外的运营风险由项目公司承担；

（五）合同应当合理约定项目补贴或收费定价的调整周期、条件和程序，作为项目合作期限内行业主管部门和财政部门执行补贴或收费定价调整的依据。

第四章　项目财政预算管理

第十八条　行业主管部门应当根据预算管理要求，将 PPP 项目合同中约定的政府跨年度财政支出责任纳入中期财政规划，经财政部门审核汇总后，报本级人民政府审核，保障政府在项目全生命周期内的履约能力。

第十九条　本级人民政府同意纳入中期财政规划的 PPP 项目，由行业主管部门按照预算编制程序和要求，将合同中符合预算管理要求的下一年度财政资金收支纳入预算管理，报请财政部门审核后纳入预算草案，经本级政府同意后报本级人民代表大会审议。

第二十条　行业主管部门应按照预算编制要求，编报 PPP 项目收支预算：

（一）收支测算。每年 7 月底之前，行业主管部门应按照当年 PPP 项目合同约定，结合本年度预算执行情况、支出绩效评价结果等，测算下一年度应纳入预算的 PPP 项目收支数额。

（二）支出编制。行业主管部门应将需要从预算中安排的 PPP 项目支出责任，按照相关政府收支分类科目、预算支出标准和要求，列入支出预算。

（三）收入编制。行业主管部门应将政府在 PPP 项目中获得的收入列入预算。

（四）报送要求。行业主管部门应将包括所有 PPP 项目全部收支在内的预算，按照统一的时间要求报同级财政部门。

第二十一条　财政部门应对行业主管部门报送的 PPP 项目财政收支预算申请进行认真审核，充分考虑绩效评价、价格调整等因素，合理确定预算金额。

第二十二条　PPP 项目中的政府收入，包括政府在 PPP 项目全生命周期过程中依据法律和合同约定取得的资产权益转让、特许经营权转让、股息、超额收益分成、社会资本违约赔偿和保险索赔等收入，以及上级财政拨付的 PPP 专项奖补资金收入等。

第二十三条　PPP 项目中的政府支出，包括政府在 PPP 项目全生命周期过程中依据法律和合同约定需要从财政资金中安排的股权投资、运营补贴、配套投入、风险承担，以及上级财政对下级财政安排的 PPP 专项奖补资金支出。

第二十四条　行业主管部门应当会同各级财政部门做好项目全生命周期成本监测工作。每年一季度前，项目公司（或社会资本方）应向行业主管部门和财政部门报送上一年度经第三方审计的财务报告及项目建设运营成本说明材料。项目成本信息要通过 PPP 综合信息平台对外公示，接受社会监督。

第二十五条　各级财政部门应当会同行业主管部门开展 PPP 项目绩效运行监控，对绩效目标运行情况进行跟踪管理和定期检查，确保阶段性目标与资金支付相匹配，开展中期绩效评估，最终促进实现项目绩效目标。监控中发现绩效运行与原定绩效目标偏离时，应及时采取措施予以纠正。

第二十六条　社会资本方违反 PPP 项目合同约定，导致项目运行状况恶化，危及国家安全和重大公共利益，或严重影响公共产品和服务持续稳定供给的，本级人民政府有权指定项目实施机构或其他机构临时接管项目，直至项目恢复正常经营或提前终止。临时接管项目所产生的一切费用，根据合作协议约定，由违约方单独承担或由各责任方分担。

第二十七条　各级财政部门应当会同行业主管部门在 PPP 项目全生命周期内，按照事先约定的绩效目标，对项目产出、实际效果、成本收益、可持续性等方面进行绩效评价，也可委托第三方专业机构提出评价意见。

第二十八条　各级财政部门应依据绩效评价结果合理安排财政预算资金。

对于绩效评价达标的项目，财政部门应当按照合同约定，向项目公司或社会资本方及时足额安排相关支出。

对于绩效评价不达标的项目，财政部门应当按照合同约定扣减相应费用或补贴支出。

第五章　项目资产负债管理

第二十九条　各级财政部门应会同相关部门加强 PPP 项目涉及的国有资产管理，督促项目实施机构建立 PPP 项目资产管理台账。政府在 PPP 项目中通过存量国有资产或股权作价入股、现金出资入股或直接投资等方式形成的资产，应作为国有资产在政府综合财务报告中进行反映和管理。

第三十条　存量 PPP 项目中涉及存量国有资产、股权转让的，应由项目实施机构会同行业主管部门和财政部门按照国有资产管理相关办法，依法进行资产评估，防止国有资产流失。

第三十一条　PPP 项目中涉及特许经营权授予或转让的，应由项目实施机构根据特许经营权未来带来的收入状况，参照市场同类标准，通过竞争性程序确定特许经营权的价值，以合理价值折价入股、授予或转让。

第三十二条　项目实施机构与社会资本方应当根据法律法规和 PPP 项目合同约定确定项目公司资产权属。对于归属项目公司的资产及权益的所有权和收益权，经行业主管部门和财政部门同意，可以依法设置抵押、质押等担保权益，或进行结构化融资，但应及时在财政部 PPP 综合信息平台上公示。项目建设完成进入稳定运营期后，社会资本方可以通过结构性融资实现部分或全部退出，但影响公共安全及公共服务持续稳定提供的除外。

第三十三条　各级财政部门应当会同行业主管部门做好项目资产移交工作。

项目合作期满移交的，政府和社会资本双方应按合同约定共同做好移交工作，确保移交过渡期内公共服务的持续稳定供给。项目合同期满前，项目实施机构或政府指定的其他机构应组建项目移交工作组，对移交资产进行性能测试、资产评估和登记入账，项目资产不符合合同约定移交标准的，社会资本应采取补救措施或赔偿损失。

项目因故提前终止的，除履行上述移交工作外，如因政府原因或不可抗力原因导致提前终止的，应当依据合同约定给予社会资本相应补偿，并妥善处置项目公司存续债务，保障债权人合法权益；如因社会资本原因导致提前终止的，应当依据合同约定要求社会资本承担相应赔偿责任。

第三十四条　各级财政部门应当会同行业主管部门加强对 PPP 项目债务的监控。PPP 项目执行过程中形成的负债，属于项目公司的债务，由项目公司独立承担偿付义务。项目期满移交时，项目公司的债务不得移交给政府。

第六章　监督管理

第三十五条　各级财政部门应当会同行业主管部门加强对 PPP 项目的监督管理，切实保障项目运行质量，严禁以 PPP 项目名义举借政府债务。

财政部门应当会同相关部门加强项目合规性审核，确保项目属于公共服务领域，并按法律法规和相关规定履行相关前期论证审查程序。项目实施不得采用建设—移交方式。

政府与社会资本合资设立项目公司的，应按照《公司法》等法律规定以及 PPP 项目合同约定规范运作，不得在股东协议中约定由政府股东或政府指定的其他机构对社会资本方股东的股权进行回购安排。

财政部门应根据财政承受能力论证结果和 PPP 项目合同约定，严格管控和执行项目支付责任，不得将当期政府购买服务支出代替 PPP 项目中长期的支付责任，规避 PPP 项目相关评价论证程序。

第三十六条　各级财政部门应依托 PPP 综合信息平台，建立 PPP 项目库，做好 PPP 项目全生命周期信息公开工作，保障公众知情权，接受社会监督。

项目准备、采购和建设阶段信息公开内容包括 PPP 项目的基础信息和项目采购信息，采购文件，采购成交结果，不涉及国家秘密、商业秘密的项目合同文本，开工及竣工投运日期，政府移交日期等。项目运营阶段信息公开内容包括 PPP 项目的成本监测和绩效评价结果等。

财政部门信息公开内容包括本级 PPP 项目目录、本级人大批准的政府对 PPP 项目的财政预算、执行及决算情况等。

第三十七条　财政部驻各地财政监察专员办事处应对 PPP 项目财政管理情况加强全程监督管理，重点关注 PPP 项目物有所值评价和财政承受能力论证、政府采购、预算管理、国有资产管理、债务管理、绩效评价等环节，切实防范财政风险。

第三十八条　对违反本办法规定实施 PPP 项目的，依据《预算法》、《政府采购法》及其实施条例、《财政违法行为处罚处分条例》等法律法规追究有关人员责任；涉嫌犯罪的，依法移交司法机关处理。

第七章　附则

第三十九条　本办法由财政部负责解释。

第四十条　本办法自印发之日起施行。

关于进一步规范地方政府举债融资行为的通知

（财预〔2017〕50号）

各省、自治区、直辖市、计划单列市财政厅（局）、发展改革委、司法厅（局），中国人民银行上海总部、各分行、营业管理部、省会（首府）城市中心支行、副省级城市中心支行，各银监局、证监局：

2014年修订的预算法和《国务院关于加强地方政府性债务管理的意见》（国发〔2014〕43号）实施以来，地方各级政府加快建立规范的举债融资机制，积极发挥政府规范举债对经济社会发展的支持作用，防范化解财政金融风险，取得了阶段性成效。但个别地区违法违规举债担保时有发生，局部风险不容忽视。为贯彻落实党中央、国务院决策部署，牢牢守住不发生区域性系统性风险的底线，现就进一步规范地方政府举债融资行为有关事项通知如下：

一、全面组织开展地方政府融资担保清理整改工作

各省级政府要认真落实国务院办公厅印发的《地方政府性债务风险应急处置预案》（国办函〔2016〕88号）要求，抓紧设立政府性债务管理领导小组，指导督促本级各部门和市县政府进一步完善风险防范机制，结合2016年开展的融资平台公司债务等统计情况，尽快组织一次地方政府及其部门融资担保行为摸底排查，督促相关部门、市县政府加强与社会资本方的平等协商，依法完善合同条款，分类妥善处置，全面改正地方政府不规范的融资担保行为。上述工作应当于2017年7月31日前清理整改到位，对逾期不改正或改正不到位的相关部门、市县政府，省级政府性债务管理领导小组应当提请省级政府依法依规追究相关责任人的责任。财政部驻各地财政监察专员办事处要密切跟踪地方工作进展，发现问题及时报告。

二、切实加强融资平台公司融资管理

加快政府职能转变，处理好政府和市场的关系，进一步规范融资平台公司融资行为管理，推动融资平台公司尽快转型为市场化运营的国有企

业、依法合规开展市场化融资，地方政府及其所属部门不得干预融资平台公司日常运营和市场化融资。地方政府不得将公益性资产、储备土地注入融资平台公司，不得承诺将储备土地预期出让收入作为融资平台公司偿债资金来源，不得利用政府性资源干预金融机构正常经营行为。金融机构应当依法合规支持融资平台公司市场化融资，服务实体经济发展。进一步健全信息披露机制，融资平台公司在境内外举债融资时，应当向债权人主动书面声明不承担政府融资职能，并明确自 2015 年 1 月 1 日起其新增债务依法不属于地方政府债务。金融机构应当严格规范融资管理，切实加强风险识别和防范，落实企业举债准入条件，按商业化原则履行相关程序，审慎评估举债人财务能力和还款来源。金融机构为融资平台公司等企业提供融资时，不得要求或接受地方政府及其所属部门以担保函、承诺函、安慰函等任何形式提供担保。对地方政府违法违规举债担保形成的债务，按照《国务院办公厅关于印发地方政府性债务风险应急处置预案的通知》（国办函〔2016〕88 号）、《财政部关于印发〈地方政府性债务风险分类处置指南〉的通知》（财预〔2016〕152 号）依法妥善处理。

三、规范政府与社会资本方的合作行为

地方政府应当规范政府和社会资本合作（PPP）。允许地方政府以单独出资或与社会资本共同出资方式设立各类投资基金，依法实行规范的市场化运作，按照利益共享、风险共担的原则，引导社会资本投资经济社会发展的重点领域和薄弱环节，政府可适当让利。地方政府不得以借贷资金出资设立各类投资基金，严禁地方政府利用 PPP、政府出资的各类投资基金等方式违法违规变相举债，除国务院另有规定外，地方政府及其所属部门参与 PPP 项目、设立政府出资的各类投资基金时，不得以任何方式承诺回购社会资本方的投资本金，不得以任何方式承担社会资本方的投资本金损失，不得以任何方式向社会资本方承诺最低收益，不得对有限合伙制基金等任何股权投资方式额外附加条款变相举债。

四、进一步健全规范的地方政府举债融资机制

全面贯彻落实依法治国战略，严格执行预算法和国发〔2014〕43 号文

件规定，健全规范的地方政府举债融资机制，地方政府举债一律采取在国务院批准的限额内发行地方政府债券方式，除此以外地方政府及其所属部门不得以任何方式举借债务。地方政府及其所属部门不得以文件、会议纪要、领导批示等任何形式，要求或决定企业为政府举债或变相为政府举债。允许地方政府结合财力可能设立或参股担保公司（含各类融资担保基金公司），构建市场化运作的融资担保体系，鼓励政府出资的担保公司依法依规提供融资担保服务，地方政府依法在出资范围内对担保公司承担责任。除外国政府和国际经济组织贷款转贷外，地方政府及其所属部门不得为任何单位和个人的债务以任何方式提供担保，不得承诺为其他任何单位和个人的融资承担偿债责任。地方政府应当科学制定债券发行计划，根据实际需求合理控制节奏和规模，提高债券透明度和资金使用效益，建立信息共享机制。

五、建立跨部门联合监测和防控机制

完善统计监测机制，由财政部门会同发展改革、人民银行、银监、证监等部门建设大数据监测平台，统计监测政府中长期支出事项以及融资平台公司举借或发行的银行贷款、资产管理产品、企业债券、公司债券、非金融企业债务融资工具等情况，加强部门信息共享和数据校验，定期通报监测结果。开展跨部门联合监管，建立财政、发展改革、司法行政机关、人民银行、银监、证监等部门以及注册会计师协会、资产评估协会、律师协会等行业自律组织参加的监管机制，对地方政府及其所属部门、融资平台公司、金融机构、中介机构、法律服务机构等的违法违规行为加强跨部门联合惩戒，形成监管合力。对地方政府及其所属部门违法违规举债或担保的，依法依规追究负有直接责任的主管人员和其他直接责任人员的责任；对融资平台公司从事或参与违法违规融资活动的，依法依规追究企业及其相关负责人责任；对金融机构违法违规向地方政府提供融资、要求或接受地方政府提供担保承诺的，依法依规追究金融机构及其相关负责人和授信审批人员责任；对中介机构、法律服务机构违法违规为融资平台公司出具审计报告、资产评估报告、信用评级报告、法律意见书等的，依法依规追究中介机构、法律服务机构及相关从业人员的责任。

六、大力推进信息公开

地方各级政府要贯彻落实中共中央办公厅、国务院办公厅《关于全面推进政务公开工作的意见》等规定和要求，全面推进地方政府及其所属部门举债融资行为的决策、执行、管理、结果等公开，严格公开责任追究，回应社会关切，主动接受社会监督。继续完善地方政府债务信息公开制度，县级以上地方各级政府应当重点公开本地区政府债务限额和余额，以及本级政府债务的规模、种类、利率、期限、还本付息、用途等内容。省级财政部门应当参考国债发行做法，提前公布地方政府债务发行计划。推进政府购买服务公开，地方政府及其所属部门应当重点公开政府购买服务决策主体、购买主体、承接主体、服务内容、合同资金规模、分年财政资金安排、合同期限、绩效评价等内容。推进政府和社会资本合作（PPP）项目信息公开，地方政府及其所属部门应当重点公开政府和社会资本合作（PPP）项目决策主体、政府方和社会资本方信息、合作项目内容和财政承受能力论证、社会资本方采购信息、项目回报机制、合同期限、绩效评价等内容。推进融资平台公司名录公开。

各地区要充分认识规范地方政府举债融资行为的重要性，把防范风险放在更加重要的位置，省级政府性债务管理领导小组要切实担负起地方政府债务管理责任，进一步健全制度和机制，自觉维护总体国家安全，牢牢守住不发生区域性系统性风险的底线。各省（自治区、直辖市、计划单列市）政府性债务管理领导小组办公室应当汇总本地区举债融资行为清理整改工作情况，报省级政府同意后，于2017年8月31日前反馈财政部，抄送发展改革委、人民银行、银监会、证监会。

特此通知。

财政部　发展改革委　司法部　人民银行　银监会　证监会

2017年4月26日

关于坚决制止地方以政府购买服务名义违法违规融资的通知

（财预〔2017〕87号）

各省、自治区、直辖市、计划单列市财政厅（局）：

《国务院办公厅关于政府向社会力量购买服务的指导意见》（国办发〔2013〕96号）印发后，各地稳步推进政府购买服务工作，取得了良好成效。同时，一些地区存在违法违规扩大政府购买服务范围、超越管理权限延长购买服务期限等问题，加剧了财政金融风险。根据《中华人民共和国预算法》、《中华人民共和国政府采购法》、《国务院关于实行中期财政规划管理的意见》（国发〔2015〕3号）、国办发〔2013〕96号文件等规定，为规范政府购买服务管理，制止地方政府违法违规举债融资行为，防范化解财政金融风险，现就有关事项通知如下：

一、坚持政府购买服务改革正确方向。推广政府购买服务是党的十八届三中全会决定明确的一项重要改革任务，有利于加快转变政府职能、改善公共服务供给、推进财政支出方式改革。政府购买服务所需资金应当在年度预算和中期财政规划中据实足额安排。实施政府购买服务改革，要坚持费随事转，注重与事业单位改革、行业协会商会与行政主管部门脱钩转制改革、支持社会组织培育发展等政策相衔接，带动和促进政事分开、政社分开。地方政府及其所属部门要始终准确把握并牢固坚持政府购买服务改革的正确方向，依法依规、积极稳妥地加以推进。

二、严格按照规定范围实施政府购买服务。政府购买服务内容应当严格限制在属于政府职责范围、适合采取市场化方式提供、社会力量能够承担的服务事项，重点是有预算安排的基本公共服务项目。科学制定并适时完善分级分部门政府购买服务指导性目录，增强指导性目录的约束力。对暂时未纳入指导性目录又确需购买的服务事项，应当报财政部门审核备案后调整实施。

严格按照《中华人民共和国政府采购法》确定的服务范围实施政府购买服务，不得将原材料、燃料、设备、产品等货物，以及建筑物和构筑物的新建、改建、扩建及其相关的装修、拆除、修缮等建设工程作为政府购买服务项目。严禁将铁路、公路、机场、通讯、水电煤气，以及教育、科技、医疗卫生、文化、体育等领域的基础设施建设，储备土地前期开发，农田水利等建设工程作为政府购买服务项目。严禁将建设工程与服务打包作为政府购买服务项目。严禁将金融机构、融资租赁公司等非金融机构提供的融资行为纳入政府购买服务范围。政府建设工程项目确需使用财政资金，应当依照《中华人民共和国政府采购法》及其实施条例、《中华人民共和国招标投标法》规范实施。

三、严格规范政府购买服务预算管理。政府购买服务要坚持先有预算、后购买服务，所需资金应当在既有年度预算中统筹考虑，不得把政府购买服务作为增加预算单位财政支出的依据。地方各级财政部门应当充分考虑实际财力水平，妥善做好政府购买服务支出与年度预算、中期财政规划的衔接，足额安排资金，保障服务承接主体合法权益。年度预算未安排资金的，不得实施政府购买服务。购买主体应当按照批准的预算执行，从部门预算经费或经批准的专项资金等既有年度预算中统筹安排购买服务资金。购买主体签订购买服务合同，应当确认涉及的财政支出已在年度预算和中期财政规划中安排。政府购买服务期限应严格限定在年度预算和中期财政规划期限内。党中央、国务院统一部署的棚户区改造、易地扶贫搬迁工作中涉及的政府购买服务事项，按照相关规定执行。

四、严禁利用或虚构政府购买服务合同违法违规融资。金融机构涉及政府购买服务的融资审查，必须符合政府预算管理制度相关要求，做到依法合规。承接主体利用政府购买服务合同向金融机构融资时，应当配合金融机构做好合规性管理，相关合同在购买内容和期限等方面必须符合政府购买服务有关法律和制度规定。地方政府及其部门不得利用或虚构政府购买服务合同为建设工程变相举债，不得通过政府购买服务向金融机构、融资租赁公司等非金融机构进行融资，不得以任何方式虚构或超越权限签订应付（收）账款合同帮助融资平台公司等企业融资。

五、切实做好政府购买服务信息公开。各地应当将年度预算中政府购买服务总金额、纳入中期财政规划的政府购买服务总金额以及政府购买服务项目有关预算信息，按规定及时向社会公开，提高预算透明度。购买主体应当依法在中国政府采购网及其地方分网及时公开政府购买服务项目相关信息，包括政府购买服务内容、购买方式、承接主体、合同金额、分年财政资金安排、合同期限、绩效评价等，确保政府购买服务项目信息真实准确，可查询、可追溯。坚决防止借政府购买服务名义进行利益输送等违法违规行为。

各省级财政部门要充分认识规范政府购买服务管理、防范财政金融风险的重要性，统一思想，加强领导，周密部署，报经省级政府批准后，会同相关部门组织全面摸底排查本地区政府购买服务情况，发现违法违规问题的，督促相关地区和单位限期依法依规整改到位，并将排查和整改结果于 2017 年 10 月底前报送财政部。

特此通知。

财政部

2017 年 5 月 28 日

中华人民共和国财政部令第 87 号
——政府采购货物和服务招标投标管理办法

财政部对《政府采购货物和服务招标投标管理办法》（财政部令第 18 号）进行了修订，修订后的《政府采购货物和服务招标投标管理办法》已经部务会议审议通过。现予公布，自 2017 年 10 月 1 日起施行。

部长　肖捷

2017 年 7 月 11 日

第一章　总　则

第一条　为了规范政府采购当事人的采购行为，加强对政府采购货物和服务招标投标活动的监督管理，维护国家利益、社会公共利益和政府采购招标投标活动当事人的合法权益，依据《中华人民共和国政府采购法》（以下简称政府采购法）、《中华人民共和国政府采购法实施条例》（以下简称政府采购法实施条例）和其他有关法律法规规定，制定本办法。

第二条　本办法适用于在中华人民共和国境内开展政府采购货物和服

务（以下简称货物服务）招标投标活动。

第三条　货物服务招标分为公开招标和邀请招标。

公开招标，是指采购人依法以招标公告的方式邀请非特定的供应商参加投标的采购方式。

邀请招标，是指采购人依法从符合相应资格条件的供应商中随机抽取3家以上供应商，并以投标邀请书的方式邀请其参加投标的采购方式。

第四条　属于地方预算的政府采购项目，省、自治区、直辖市人民政府根据实际情况，可以确定分别适用于本行政区域省级、设区的市级、县级公开招标数额标准。

第五条　采购人应当在货物服务招标投标活动中落实节约能源、保护环境、扶持不发达地区和少数民族地区、促进中小企业发展等政府采购政策。

第六条　采购人应当按照行政事业单位内部控制规范要求，建立健全本单位政府采购内部控制制度，在编制政府采购预算和实施计划、确定采购需求、组织采购活动、履约验收、答复询问质疑、配合投诉处理及监督检查等重点环节加强内部控制管理。

采购人不得向供应商索要或者接受其给予的赠品、回扣或者与采购无关的其他商品、服务。

第七条　采购人应当按照财政部制定的《政府采购品目分类目录》确定采购项目属性。按照《政府采购品目分类目录》无法确定的，按照有利于采购项目实施的原则确定。

第八条　采购人委托采购代理机构代理招标的，采购代理机构应当在采购人委托的范围内依法开展采购活动。

采购代理机构及其分支机构不得在所代理的采购项目中投标或者代理投标，不得为所代理的采购项目的投标人参加本项目提供投标咨询。

第二章　招　　标

第九条　未纳入集中采购目录的政府采购项目，采购人可以自行招标，也可以委托采购代理机构在委托的范围内代理招标。

采购人自行组织开展招标活动的，应当符合下列条件：

（一）有编制招标文件、组织招标的能力和条件；

（二）有与采购项目专业性相适应的专业人员。

第十条　采购人应当对采购标的的市场技术或者服务水平、供应、价格等情况进行市场调查，根据调查情况、资产配置标准等科学、合理地确定采购需求，进行价格测算。

第十一条　采购需求应当完整、明确，包括以下内容：

（一）采购标的需实现的功能或者目标，以及为落实政府采购政策需满足的要求；

（二）采购标的需执行的国家相关标准、行业标准、地方标准或者其他标准、规范；

（三）采购标的需满足的质量、安全、技术规格、物理特性等要求；

（四）采购标的的数量、采购项目交付或者实施的时间和地点；

（五）采购标的需满足的服务标准、期限、效率等要求；

（六）采购标的的验收标准；

（七）采购标的的其他技术、服务等要求。

第十二条　采购人根据价格测算情况，可以在采购预算额度内合理设定最高限价，但不得设定最低限价。

第十三条　公开招标公告应当包括以下主要内容：

（一）采购人及其委托的采购代理机构的名称、地址和联系方法；

（二）采购项目的名称、预算金额，设定最高限价的，还应当公开最高限价；

（三）采购人的采购需求；

（四）投标人的资格要求；

（五）获取招标文件的时间期限、地点、方式及招标文件售价；

（六）公告期限；

（七）投标截止时间、开标时间及地点；

（八）采购项目联系人姓名和电话。

第十四条　采用邀请招标方式的，采购人或者采购代理机构应当通过以下方式产生符合资格条件的供应商名单，并从中随机抽取 3 家以上供应商向其发出投标邀请书：

（一）发布资格预审公告征集；

（二）从省级以上人民政府财政部门（以下简称财政部门）建立的供应商库中选取；

（三）采购人书面推荐。

采用前款第一项方式产生符合资格条件供应商名单的，采购人或者采购代理机构应当按照资格预审文件载明的标准和方法，对潜在投标人进行资格预审。

采用第一款第二项或者第三项方式产生符合资格条件供应商名单的，备选的符合资格条件供应商总数不得少于拟随机抽取供应商总数的两倍。

随机抽取是指通过抽签等能够保证所有符合资格条件供应商机会均等的方式选定供应商。随机抽取供应商时，应当有不少于两名采购人工作人员在场监督，并形成书面记录，随采购文件一并存档。

投标邀请书应当同时向所有受邀请的供应商发出。

第十五条　资格预审公告应当包括以下主要内容：

（一）本办法第十三条第一至四项、第六项和第八项内容；

（二）获取资格预审文件的时间期限、地点、方式；

（三）提交资格预审申请文件的截止时间、地点及资格预审日期。

第十六条　招标公告、资格预审公告的公告期限为 5 个工作日。公告内容应当以省级以上财政部门指定媒体发布的公告为准。公告期限自省级以上财政部门指定媒体最先发布公告之日起算。

第十七条　采购人、采购代理机构不得将投标人的注册资本、资产总额、营业收入、从业人员、利润、纳税额等规模条件作为资格要求或者评审因素，也不得通过将除进口货物以外的生产厂家授权、承诺、证明、背书等作为资格要求，对投标人实行差别待遇或者歧视待遇。

第十八条　采购人或者采购代理机构应当按照招标公告、资格预审公告或者投标邀请书规定的时间、地点提供招标文件或者资格预审文件，提供期限自招标公告、资格预审公告发布之日起计算不得少于 5 个工作日。

提供期限届满后，获取招标文件或者资格预审文件的潜在投标人不足3家的，可以顺延提供期限，并予公告。

公开招标进行资格预审的，招标公告和资格预审公告可以合并发布，招标文件应当向所有通过资格预审的供应商提供。

第十九条 采购人或者采购代理机构应当根据采购项目的实施要求，在招标公告、资格预审公告或者投标邀请书中载明是否接受联合体投标。如未载明，不得拒绝联合体投标。

第二十条 采购人或者采购代理机构应当根据采购项目的特点和采购需求编制招标文件。招标文件应当包括以下主要内容：

（一）投标邀请；

（二）投标人须知（包括投标文件的密封、签署、盖章要求等）；

（三）投标人应当提交的资格、资信证明文件；

（四）为落实政府采购政策，采购标的需满足的要求，以及投标人须提供的证明材料；

（五）投标文件编制要求、投标报价要求和投标保证金交纳、退还方式以及不予退还投标保证金的情形；

（六）采购项目预算金额，设定最高限价的，还应当公开最高限价；

（七）采购项目的技术规格、数量、服务标准、验收等要求，包括附件、图纸等；

（八）拟签订的合同文本；

（九）货物、服务提供的时间、地点、方式；

（十）采购资金的支付方式、时间、条件；

（十一）评标方法、评标标准和投标无效情形；

（十二）投标有效期；

（十三）投标截止时间、开标时间及地点；

（十四）采购代理机构代理费用的收取标准和方式；

（十五）投标人信用信息查询渠道及截止时点、信用信息查询记录和证据留存的具体方式、信用信息的使用规则等；

（十六）省级以上财政部门规定的其他事项。

对于不允许偏离的实质性要求和条件，采购人或者采购代理机构应当在招标文件中规定，并以醒目的方式标明。

第二十一条　采购人或者采购代理机构应当根据采购项目的特点和采购需求编制资格预审文件。资格预审文件应当包括以下主要内容：

（一）资格预审邀请；

（二）申请人须知；

（三）申请人的资格要求；

（四）资格审核标准和方法；

（五）申请人应当提供的资格预审申请文件的内容和格式；

（六）提交资格预审申请文件的方式、截止时间、地点及资格审核日期；

（七）申请人信用信息查询渠道及截止时点、信用信息查询记录和证据留存的具体方式、信用信息的使用规则等内容；

（八）省级以上财政部门规定的其他事项。

资格预审文件应当免费提供。

第二十二条　采购人、采购代理机构一般不得要求投标人提供样品，仅凭书面方式不能准确描述采购需求或者需要对样品进行主观判断以确认是否满足采购需求等特殊情况除外。

要求投标人提供样品的，应当在招标文件中明确规定样品制作的标准和要求、是否需要随样品提交相关检测报告、样品的评审方法以及评审标准。需要随样品提交检测报告的，还应当规定检测机构的要求、检测内容等。

采购活动结束后，对于未中标人提供的样品，应当及时退还或者经未中标人同意后自行处理；对于中标人提供的样品，应当按照招标文件的规定进行保管、封存，并作为履约验收的参考。

第二十三条　投标有效期从提交投标文件的截止之日起算。投标文件中承诺的投标有效期应当不少于招标文件中载明的投标有效期。投标有效期内投标人撤销投标文件的，采购人或者采购代理机构可以不退还投标保证金。

第二十四条　招标文件售价应当按照弥补制作、邮寄成本的原则确定，不得以营利为目的，不得以招标采购金额作为确定招标文件售价的依据。

第二十五条　招标文件、资格预审文件的内容不得违反法律、行政法规、强制性标准、政府采购政策，或者违反公开透明、公平竞争、公正和诚实信用原则。

有前款规定情形，影响潜在投标人投标或者资格预审结果的，采购人或者采购代理机构应当修改招标文件或者资格预审文件后重新招标。

第二十六条　采购人或者采购代理机构可以在招标文件提供期限截止后，组织已获取招标文件的潜在投标人现场考察或者召开开标前答疑会。

组织现场考察或者召开答疑会的，应当在招标文件中载明，或者在招标文件提供期限截止后以书面形式通知所有获取招标文件的潜在投标人。

第二十七条　采购人或者采购代理机构可以对已发出的招标文件、资格预审文件、投标邀请书进行必要的澄清或者修改，但不得改变采购标的和资格条件。澄清或者修改应当在原公告发布媒体上发布澄清公告。澄清或者修改的内容为招标文件、资格预审文件、投标邀请书的组成部分。

澄清或者修改的内容可能影响投标文件编制的，采购人或者采购代理机构应当在投标截止时间至少15日前，以书面形式通知所有获取招标文件的潜在投标人；不足15日的，采购人或者采购代理机构应当顺延提交投标文件的截止时间。

澄清或者修改的内容可能影响资格预审申请文件编制的，采购人或者采购代理机构应当在提交资格预审申请文件截止时间至少3日前，以书面形式通知所有获取资格预审文件的潜在投标人；不足3日的，采购人或者采购代理机构应当顺延提交资格预审申请文件的截止时间。

第二十八条　投标截止时间前，采购人、采购代理机构和有关人员不得向他人透露已获取招标文件的潜在投标人的名称、数量以及可能影响公平竞争的有关招标投标的其他情况。

第二十九条　采购人、采购代理机构在发布招标公告、资格预审公告或者发出投标邀请书后，除因重大变故采购任务取消情况外，不得擅自终止招标活动。

终止招标的，采购人或者采购代理机构应当及时在原公告发布媒体上发布终止公告，以书面形式通知已经获取招标文件、资格预审文件或者被邀请的潜在投标人，并将项目实施情况和采购任务取消原因报告本级财政部门。已经收取招标文件费用或者投标保证金的，采购人或者采购代理机构应当在终止采购活动后 5 个工作日内，退还所收取的招标文件费用和所收取的投标保证金及其在银行产生的孳息。

第三章　投　　　标

第三十条　投标人，是指响应招标、参加投标竞争的法人、其他组织或者自然人。

第三十一条　采用最低评标价法的采购项目，提供相同品牌产品的不同投标人参加同一合同项下投标的，以其中通过资格审查、符合性审查且报价最低的参加评标；报价相同的，由采购人或者采购人委托评标委员会按照招标文件规定的方式确定一个参加评标的投标人，招标文件未规定的采取随机抽取方式确定，其他投标无效。

使用综合评分法的采购项目，提供相同品牌产品且通过资格审查、符合性审查的不同投标人参加同一合同项下投标的，按一家投标人计算，评审后得分最高的同品牌投标人获得中标人推荐资格；评审得分相同的，由采购人或者采购人委托评标委员会按照招标文件规定的方式确定一个投标人获得中标人推荐资格，招标文件未规定的采取随机抽取方式确定，其他同品牌投标人不作为中标候选人。

非单一产品采购项目，采购人应当根据采购项目技术构成、产品价格比重等合理确定核心产品，并在招标文件中载明。多家投标人提供的核心产品品牌相同的，按前两款规定处理。

第三十二条　投标人应当按照招标文件的要求编制投标文件。投标文件应当对招标文件提出的要求和条件作出明确响应。

第三十三条　投标人应当在招标文件要求提交投标文件的截止时间前，将投标文件密封送达投标地点。采购人或者采购代理机构收到投标文件后，应当如实记载投标文件的送达时间和密封情况，签收保存，并向投标人出具签收回执。任何单位和个人不得在开标前开启投标文件。

逾期送达或者未按照招标文件要求密封的投标文件，采购人、采购代理机构应当拒收。

第三十四条 投标人在投标截止时间前，可以对所递交的投标文件进行补充、修改或者撤回，并书面通知采购人或者采购代理机构。补充、修改的内容应当按照招标文件要求签署、盖章、密封后，作为投标文件的组成部分。

第三十五条 投标人根据招标文件的规定和采购项目的实际情况，拟在中标后将中标项目的非主体、非关键性工作分包的，应当在投标文件中载明分包承担主体，分包承担主体应当具备相应资质条件且不得再次分包。

第三十六条 投标人应当遵循公平竞争的原则，不得恶意串通，不得妨碍其他投标人的竞争行为，不得损害采购人或者其他投标人的合法权益。

在评标过程中发现投标人有上述情形的，评标委员会应当认定其投标无效，并书面报告本级财政部门。

第三十七条 有下列情形之一的，视为投标人串通投标，其投标无效：

（一）不同投标人的投标文件由同一单位或者个人编制；

（二）不同投标人委托同一单位或者个人办理投标事宜；

（三）不同投标人的投标文件载明的项目管理成员或者联系人员为同一人；

（四）不同投标人的投标文件异常一致或者投标报价呈规律性差异；

（五）不同投标人的投标文件相互混装；

（六）不同投标人的投标保证金从同一单位或者个人的账户转出。

第三十八条 投标人在投标截止时间前撤回已提交的投标文件的，采购人或者采购代理机构应当自收到投标人书面撤回通知之日起 5 个工作日内，退还已收取的投标保证金，但因投标人自身原因导致无法及时退还的除外。

采购人或者采购代理机构应当自中标通知书发出之日起 5 个工作日内退还未中标人的投标保证金，自采购合同签订之日起 5 个工作日内退还中标人的投标保证金或者转为中标人的履约保证金。

采购人或者采购代理机构逾期退还投标保证金的，除应当退还投标保证金本金外，还应当按中国人民银行同期贷款基准利率上浮 20% 后的利率支付超期资金占用费，但因投标人自身原因导致无法及时退还的除外。

第四章 开标、评标

第三十九条 开标应当在招标文件确定的提交投标文件截止时间的同一时间进行。开标地点应当为招标文件中预先确定的地点。

采购人或者采购代理机构应当对开标、评标现场活动进行全程录音录像。录音录像应当清晰可辨，音像资料作为采购文件一并存档。

第四十条 开标由采购人或者采购代理机构主持，邀请投标人参加。评标委员会成员不得参加开标活动。

第四十一条 开标时，应当由投标人或者其推选的代表检查投标文件的密封情况；经确认无误后，由采购人或者采购代理机构工作人员当众拆封，宣布投标人名称、投标价格和招标文件规定的需要宣布的其他内容。

投标人不足 3 家的，不得开标。

第四十二条 开标过程应当由采购人或者采购代理机构负责记录，由参加开标的各投标人代表和相关工作人员签字确认后随采购文件一并存档。

投标人代表对开标过程和开标记录有疑义，以及认为采购人、采购代理机构相关工作人员有需要回避的情形的，应当场提出询问或者回避申请。采购人、采购代理机构对投标人代表提出的询问或者回避申请应当及时处理。

投标人未参加开标的，视同认可开标结果。

第四十三条 公开招标数额标准以上的采购项目，投标截止后投标人不足 3 家或者通过资格审查或符合性审查的投标人不足 3 家的，除采购任务取消情形外，按照以下方式处理：

（一）招标文件存在不合理条款或者招标程序不符合规定的，采购人、采购代理机构改正后依法重新招标；

（二）招标文件没有不合理条款、招标程序符合规定，需要采用其他采购方式采购的，采购人应当依法报财政部门批准。

第四十四条 公开招标采购项目开标结束后，采购人或者采购代理机构应当依法对投标人的资格进行审查。

合格投标人不足 3 家的，不得评标。

第四十五条 采购人或者采购代理机构负责组织评标工作，并履行下列职责：

（一）核对评审专家身份和采购人代表授权函，对评审专家在政府采购活动中的职责履行情况予以记录，并及时将有关违法违规行为向财政部门报告；

（二）宣布评标纪律；

（三）公布投标人名单，告知评审专家应当回避的情形；

（四）组织评标委员会推选评标组长，采购人代表不得担任组长；

（五）在评标期间采取必要的通讯管理措施，保证评标活动不受外界干扰；

（六）根据评标委员会的要求介绍政府采购相关政策法规、招标文件；

（七）维护评标秩序，监督评标委员会依照招标文件规定的评标程序、方法和标准进行独立评审，及时制止和纠正采购人代表、评审专家的倾向性言论或者违法违规行为；

（八）核对评标结果，有本办法第六十四条规定情形的，要求评标委员会复核或者书面说明理由，评标委员会拒绝的，应予记录并向本级财政部门报告；

（九）评审工作完成后，按照规定向评审专家支付劳务报酬和异地评审差旅费，不得向评审专家以外的其他人员支付评审劳务报酬；

（十）处理与评标有关的其他事项。

采购人可以在评标前说明项目背景和采购需求，说明内容不得含有歧视性、倾向性意见，不得超出招标文件所述范围。说明应当提交书面材料，并随采购文件一并存档。

第四十六条 评标委员会负责具体评标事务，并独立履行下列职责：

（一）审查、评价投标文件是否符合招标文件的商务、技术等实质性要求；

（二）要求投标人对投标文件有关事项作出澄清或者说明；

（三）对投标文件进行比较和评价；

（四）确定中标候选人名单，以及根据采购人委托直接确定中标人；

（五）向采购人、采购代理机构或者有关部门报告评标中发现的违法行为。

第四十七条 评标委员会由采购人代表和评审专家组成，成员人数应当为 5 人以上单数，其中评审专家不得少于成员总数的三分之二。

采购项目符合下列情形之一的，评标委员会成员人数应当为 7 人以上单数：

（一）采购预算金额在 1000 万元以上；

（二）技术复杂；

（三）社会影响较大。

评审专家对本单位的采购项目只能作为采购人代表参与评标，本办法第四十八条第二款规定情形除外。采购代理机构工作人员不得参加由本机构代理的政府采购项目的评标。

评标委员会成员名单在评标结果公告前应当保密。

第四十八条 采购人或者采购代理机构应当从省级以上财政部门设立的政府采购评审专家库中，通过随机方式抽取评审专家。

对技术复杂、专业性强的采购项目，通过随机方式难以确定合适评审专家的，经主管预算单位同意，采购人可以自行选定相应专业领域的评审专家。

第四十九条 评标中因评标委员会成员缺席、回避或者健康等特殊原因导致评标委员会组成不符合本办法规定的，采购人或者采购代理机构应当依法补足后继续评标。被更换的评标委员会成员所作出的评标意见无效。

无法及时补足评标委员会成员的，采购人或者采购代理机构应当停止评标活动，封存所有投标文件和开标、评标资料，依法重新组建评标委员会进行评标。原评标委员会所作出的评标意见无效。

采购人或者采购代理机构应当将变更、重新组建评标委员会的情况予以记录，并随采购文件一并存档。

第五十条 评标委员会应当对符合资格的投标人的投标文件进行符合性审查，以确定其是否满足招标文件的实质性要求。

第五十一条 对于投标文件中含义不明确、同类问题表述不一致或者有明显文字和计算错误的内容，评标委员会应当以书面形式要求投标人作出必要的澄清、说明或者补正。

投标人的澄清、说明或者补正应当采用书面形式，并加盖公章，或者由法定代表人或其授权的代表签字。投标人的澄清、说明或者补正不得超出投标文件的范围或者改变投标文件的实质性内容。

第五十二条 评标委员会应当按照招标文件中规定的评标方法和标准，对符合性审查合格的投标文件进行商务和技术评估，综合比较与评价。

第五十三条 评标方法分为最低评标价法和综合评分法。

第五十四条 最低评标价法，是指投标文件满足招标文件全部实质性要求，且投标报价最低的投标人为中标候选人的评标方法。

技术、服务等标准统一的货物服务项目，应当采用最低评标价法。

采用最低评标价法评标时，除了算术修正和落实政府采购政策需进行的价格扣除外，不能对投标人的投标价格进行任何调整。

第五十五条 综合评分法，是指投标文件满足招标文件全部实质性要求，且按照评审因素的量化指标评审得分最高的投标人为中标候选人的评标方法。

评审因素的设定应当与投标人所提供货物服务的质量相关，包括投标报价、技术或者服务水平、履约能力、售后服务等。资格条件不得作为评审因素。评审因素应当在招标文件中规定。

评审因素应当细化和量化，且与相应的商务条件和采购需求对应。商务条件和采购需求指标有区间规定的，评审因素应当量化到相应区间，并设置各区间对应的不同分值。

评标时，评标委员会各成员应当独立对每个投标人的投标文件进行评价，并汇总每个投标人的得分。

货物项目的价格分值占总分值的比重不得低于30%；服务项目的价格分值占总分值的比重不得低于10%。执行国家统一定价标准和采用固定价格采购的项目，其价格不列为评审因素。

价格分应当采用低价优先法计算，即满足招标文件要求且投标价格最低的投标报价为评标基准价，其价格分为满分。其他投标人的价格分统一按照下列公式计算：

投标报价得分 =（评标基准价/投标报价）×100

评标总得分 = F1 × A1 + F2 × A2 + …… + Fn × An

F1、F2……Fn 分别为各项评审因素的得分；

A1、A2……An 分别为各项评审因素所占的权重（A1 + A2 + …… + An = 1）。

评标过程中，不得去掉报价中的最高报价和最低报价。

因落实政府采购政策进行价格调整的，以调整后的价格计算评标基准价和投标报价。

第五十六条　采用最低评标价法的，评标结果按投标报价由低到高顺序排列。投标报价相同的并列。投标文件满足招标文件全部实质性要求且投标报价最低的投标人为排名第一的中标候选人。

第五十七条　采用综合评分法的，评标结果按评审后得分由高到低顺序排列。得分相同的，按投标报价由低到高顺序排列。得分且投标报价相同的并列。投标文件满足招标文件全部实质性要求，且按照评审因素的量化指标评审得分最高的投标人为排名第一的中标候选人。

第五十八条　评标委员会根据全体评标成员签字的原始评标记录和评标结果编写评标报告。评标报告应当包括以下内容：

（一）招标公告刊登的媒体名称、开标日期和地点；

（二）投标人名单和评标委员会成员名单；

（三）评标方法和标准；

（四）开标记录和评标情况及说明，包括无效投标人名单及原因；

（五）评标结果，确定的中标候选人名单或者经采购人委托直接确定的中标人；

（六）其他需要说明的情况，包括评标过程中投标人根据评标委员会要求进行的澄清、说明或者补正，评标委员会成员的更换等。

第五十九条 投标文件报价出现前后不一致的，除招标文件另有规定外，按照下列规定修正：

（一）投标文件中开标一览表（报价表）内容与投标文件中相应内容不一致的，以开标一览表（报价表）为准；

（二）大写金额和小写金额不一致的，以大写金额为准；

（三）单价金额小数点或者百分比有明显错位的，以开标一览表的总价为准，并修改单价；

（四）总价金额与按单价汇总金额不一致的，以单价金额计算结果为准。

同时出现两种以上不一致的，按照前款规定的顺序修正。修正后的报价按照本办法第五十一条第二款的规定经投标人确认后产生约束力，投标人不确认的，其投标无效。

第六十条 评标委员会认为投标人的报价明显低于其他通过符合性审查投标人的报价，有可能影响产品质量或者不能诚信履约的，应当要求其在评标现场合理的时间内提供书面说明，必要时提交相关证明材料；投标人不能证明其报价合理性的，评标委员会应当将其作为无效投标处理。

第六十一条 评标委员会成员对需要共同认定的事项存在争议的，应当按照少数服从多数的原则作出结论。持不同意见的评标委员会成员应当在评标报告上签署不同意见及理由，否则视为同意评标报告。

第六十二条 评标委员会及其成员不得有下列行为：

（一）确定参与评标至评标结束前私自接触投标人；

（二）接受投标人提出的与投标文件不一致的澄清或者说明，本办法第五十一条规定的情形除外；

（三）违反评标纪律发表倾向性意见或者征询采购人的倾向性意见；

（四）对需要专业判断的主观评审因素协商评分；

（五）在评标过程中擅离职守，影响评标程序正常进行的；

（六）记录、复制或者带走任何评标资料；

（七）其他不遵守评标纪律的行为。

评标委员会成员有前款第一至五项行为之一的，其评审意见无效，并不得获取评审劳务报酬和报销异地评审差旅费。

第六十三条　投标人存在下列情况之一的，投标无效：

（一）未按照招标文件的规定提交投标保证金的；

（二）投标文件未按招标文件要求签署、盖章的；

（三）不具备招标文件中规定的资格要求的；

（四）报价超过招标文件中规定的预算金额或者最高限价的；

（五）投标文件含有采购人不能接受的附加条件的；

（六）法律、法规和招标文件规定的其他无效情形。

第六十四条　评标结果汇总完成后，除下列情形外，任何人不得修改评标结果：

（一）分值汇总计算错误的；

（二）分项评分超出评分标准范围的；

（三）评标委员会成员对客观评审因素评分不一致的；

（四）经评标委员会认定评分畸高、畸低的。

评标报告签署前，经复核发现存在以上情形之一的，评标委员会应当当场修改评标结果，并在评标报告中记载；评标报告签署后，采购人或者采购代理机构发现存在以上情形之一的，应当组织原评标委员会进行重新评审，重新评审改变评标结果的，书面报告本级财政部门。

投标人对本条第一款情形提出质疑的，采购人或者采购代理机构可以组织原评标委员会进行重新评审，重新评审改变评标结果的，应当书面报告本级财政部门。

第六十五条　评标委员会发现招标文件存在歧义、重大缺陷导致评标工作无法进行，或者招标文件内容违反国家有关强制性规定的，应当停止评标工作，与采购人或者采购代理机构沟通并作书面记录。采购人或者采购代理机构确认后，应当修改招标文件，重新组织采购活动。

第六十六条　采购人、采购代理机构应当采取必要措施，保证评标在严格保密的情况下进行。除采购人代表、评标现场组织人员外，采购人的其他工作人员以及与评标工作无关的人员不得进入评标现场。

有关人员对评标情况以及在评标过程中获悉的国家秘密、商业秘密负有保密责任。

第六十七条　评标委员会或者其成员存在下列情形导致评标结果无效的，采购人、采购代理机构可以重新组建评标委员会进行评标，并书面报告本级财政部门，但采购合同已经履行的除外：

（一）评标委员会组成不符合本办法规定的；

（二）有本办法第六十二条第一至五项情形的；

（三）评标委员会及其成员独立评标受到非法干预的；

（四）有政府采购法实施条例第七十五条规定的违法行为的。

有违法违规行为的原评标委员会成员不得参加重新组建的评标委员会。

第五章　中标和合同

第六十八条　采购代理机构应当在评标结束后 2 个工作日内将评标报告送采购人。

采购人应当自收到评标报告之日起 5 个工作日内，在评标报告确定的中标候选人名单中按顺序确定中标人。中标候选人并列的，由采购人或者采购人委托评标委员会按照招标文件规定的方式确定中标人；招标文件未规定的，采取随机抽取的方式确定。

采购人自行组织招标的，应当在评标结束后 5 个工作日内确定中标人。

采购人在收到评标报告 5 个工作日内未按评标报告推荐的中标候选人顺序确定中标人，又不能说明合理理由的，视同按评标报告推荐的顺序确定排名第一的中标候选人为中标人。

第六十九条　采购人或者采购代理机构应当自中标人确定之日起 2 个工作日内，在省级以上财政部门指定的媒体上公告中标结果，招标文件应当随中标结果同时公告。

中标结果公告内容应当包括采购人及其委托的采购代理机构的名称、地址、联系方式，项目名称和项目编号，中标人名称、地址和中标金额，主要中标标的的名称、规格型号、数量、单价、服务要求，中标公告期限以及评审专家名单。

中标公告期限为 1 个工作日。

邀请招标采购人采用书面推荐方式产生符合资格条件的潜在投标人的，还应当将所有被推荐供应商名单和推荐理由随中标结果同时公告。

在公告中标结果的同时，采购人或者采购代理机构应当向中标人发出中标通知书；对未通过资格审查的投标人，应当告知其未通过的原因；采用综合评分法评审的，还应当告知未中标人本人的评审得分与排序。

第七十条　中标通知书发出后，采购人不得违法改变中标结果，中标人无正当理由不得放弃中标。

第七十一条　采购人应当自中标通知书发出之日起 30 日内，按照招标文件和中标人投标文件的规定，与中标人签订书面合同。所签订的合同不得对招标文件确定的事项和中标人投标文件作实质性修改。

采购人不得向中标人提出任何不合理的要求作为签订合同的条件。

第七十二条　政府采购合同应当包括采购人与中标人的名称和住所、标的、数量、质量、价款或者报酬、履行期限及地点和方式、验收要求、违约责任、解决争议的方法等内容。

第七十三条　采购人与中标人应当根据合同的约定依法履行合同义务。

政府采购合同的履行、违约责任和解决争议的方法等适用《中华人民共和国合同法》。

第七十四条　采购人应当及时对采购项目进行验收。采购人可以邀请参加本项目的其他投标人或者第三方机构参与验收。参与验收的投标人或者第三方机构的意见作为验收书的参考资料一并存档。

第七十五条　采购人应当加强对中标人的履约管理，并按照采购合同约定，及时向中标人支付采购资金。对于中标人违反采购合同约定的行为，采购人应当及时处理，依法追究其违约责任。

第七十六条　采购人、采购代理机构应当建立真实完整的招标采购档案，妥善保存每项采购活动的采购文件。

第六章　法律责任

第七十七条　采购人有下列情形之一的，由财政部门责令限期改正；情节严重的，给予警告，对直接负责的主管人员和其他直接责任人员由其行政主管部门或者有关机关依法给予处分，并予以通报；涉嫌犯罪的，移送司法机关处理：

（一）未按照本办法的规定编制采购需求的；

（二）违反本办法第六条第二款规定的；

（三）未在规定时间内确定中标人的；

（四）向中标人提出不合理要求作为签订合同条件的。

第七十八条　采购人、采购代理机构有下列情形之一的，由财政部门责令限期改正，情节严重的，给予警告，对直接负责的主管人员和其他直接责任人员，由其行政主管部门或者有关机关给予处分，并予通报；采购代理机构有违法所得的，没收违法所得，并可以处以不超过违法所得3倍、最高不超过3万元的罚款，没有违法所得的，可以处以1万元以下的罚款：

（一）违反本办法第八条第二款规定的；

（二）设定最低限价的；

（三）未按照规定进行资格预审或者资格审查的；

（四）违反本办法规定确定招标文件售价的；

（五）未按规定对开标、评标活动进行全程录音录像的；

（六）擅自终止招标活动的；

（七）未按照规定进行开标和组织评标的；

（八）未按照规定退还投标保证金的；

（九）违反本办法规定进行重新评审或者重新组建评标委员会进行评标的；

（十）开标前泄露已获取招标文件的潜在投标人的名称、数量或者其他可能影响公平竞争的有关招标投标情况的；

（十一）未妥善保存采购文件的；

（十二）其他违反本办法规定的情形。

第七十九条　有本办法第七十七条、第七十八条规定的违法行为之一，经改正后仍然影响或者可能影响中标结果的，依照政府采购法实施条例第七十一条规定处理。

第八十条　政府采购当事人违反本办法规定，给他人造成损失的，依法承担民事责任。

第八十一条　评标委员会成员有本办法第六十二条所列行为之一的，由财政部门责令限期改正；情节严重的，给予警告，并对其不良行为予以记录。

第八十二条　财政部门应当依法履行政府采购监督管理职责。财政部门及其工作人员在履行监督管理职责中存在懒政怠政、滥用职权、玩忽职守、徇私舞弊等违法违纪行为的，依照政府采购法、《中华人民共和国公务员法》、《中华人民共和国行政监察法》、政府采购法实施条例等国家有关规定追究相应责任；涉嫌犯罪的，移送司法机关处理。

第七章　附　则

第八十三条　政府采购货物服务电子招标投标、政府采购货物中的进口机电产品招标投标有关特殊事宜，由财政部另行规定。

第八十四条　本办法所称主管预算单位是指负有编制部门预算职责，向本级财政部门申报预算的国家机关、事业单位和团体组织。

第八十五条　本办法规定按日计算期间的，开始当天不计入，从次日开始计算。期限的最后一日是国家法定节假日的，顺延到节假日后的次日为期限的最后一日。

第八十六条　本办法所称的“以上”、“以下”、“内”、“以内”，包括本数；所称的"不足"，不包括本数。

第八十七条　各省、自治区、直辖市财政部门可以根据本办法制定具体实施办法。

第八十八条　本办法自 2017 年 10 月 1 日起施行。财政部 2004 年 8 月 11 日发布的《政府采购货物和服务招标投标管理办法》（财政部令第 18 号）同时废止。

关于规范政府和社会资本合作（PPP）综合信息平台项目库管理的通知

（财办金〔2017〕92 号）

各省、自治区、直辖市、计划单列市财政厅（局），新疆生产建设兵团财务局：

为深入贯彻落实全国金融工作会议精神，进一步规范政府和社会资本合作（PPP）项目运作，防止 PPP 异化为新的融资平台，坚决遏制隐性债务风险增量，现将规范全国 PPP 综合信息平台项目库（以下简称"项目库"）管理有关事项通知如下：

一、总体要求

（一）统一认识。各级财政部门要深刻认识当前规范项目库管理的重要意义，及时纠正 PPP 泛化滥用现象，进一步推进 PPP 规范发展，着力推动 PPP 回归公共服务创新供给机制的本源，促进实现公共服务提质增效目标，夯实 PPP 可持续发展的基础。

（二）分类施策。各级财政部门应按项目所处阶段将项目库分为项目储备清单和项目管理库，将处于识别阶段的项目，纳入项目储备清单，重点进行项目孵化和推介；将处于准备、采购、执行、移交阶段的项目，纳入项目管理库，按照 PPP 相关法律法规和制度要求，实施全生命周期管理，确保规范运作。

（三）严格管理。各级财政部门应严格项目管理库入库标准和管理要求，建立健全专人负责、持续跟踪、动态调整的常态化管理机制，及时将条件不符合、操作不规范、信息不完善的项目清理出库，不断提高项目管理库信息质量和管理水平。

二、严格新项目入库标准

各级财政部门应认真落实相关法律法规及政策要求，对新申请纳入项目管理库的项目进行严格把关，优先支持存量项目，审慎开展政府付费类项目，确保入库项目质量。存在下列情形之一的项目，不得入库：

（一）不适宜采用 PPP 模式实施。包括不属于公共服务领域，政府不负有提供义务的，如商业地产开发、招商引资项目等；因涉及国家安全或重大公共利益等，不适宜由社会资本承担的；仅涉及工程建设，无运营内容的；其他不适宜采用 PPP 模式实施的情形。

（二）前期准备工作不到位。包括新建、改扩建项目未按规定履行相关立项审批手续的；涉及国有资产权益转移的存量项目未按规定履行相关国有资产审批、评估手续的；未通过物有所值评价和财政承受能力论证的。

（三）未建立按效付费机制。包括通过政府付费或可行性缺口补助方式获得回报，但未建立与项目产出绩效相挂钩的付费机制的；政府付费或可行性缺口补助在项目合作期内未连续、平滑支付，导致某一时期内财政支出压力激增的；项目建设成本不参与绩效考核，或实际与绩效考核结果挂钩部分占比不足 30%，固化政府支出责任的。

三、集中清理已入库项目

各级财政部门应组织开展项目管理库入库项目集中清理工作，全面核实项目信息及实施方案、物有所值评价报告、财政承受能力论证报告、采购文件、PPP 项目合同等重要文件资料。属于上述第（一）、（二）项不得入库情形或存在下列情形之一的项目，应予以清退：

（一）未按规定开展"两个论证"。包括已进入采购阶段但未开展物有所值评价或财政承受能力论证的（2015 年 4 月 7 日前进入采购阶段但未开展财政承受能力论证以及 2015 年 12 月 18 日前进入采购阶段但未开展物有所值评价的项目除外）；虽已开展物有所值评价和财政承受能力论证，但评价方法和程序不符合规定的。

（二）不宜继续采用 PPP 模式实施。包括入库之日起一年内无任何实质性进展的；尚未进入采购阶段但所属本级政府当前及以后年度财政承受能力已超过 10% 上限的；项目发起人或实施机构已书面确认不再采用 PPP 模式实施的。

（三）不符合规范运作要求。包括未按规定转型的融资平台公司作为社会资本方的；采用建设—移交（BT）方式实施的；采购文件中设置歧视性条款、影响社会资本平等参与的；未按合同约定落实项目债权融资的；违反相关法律和政策规定，未按时足额缴纳项目资本金、以债务性资金充当资本金或由第三方代持社会资本方股份的。

（四）构成违法违规举债担保。包括由政府或政府指定机构回购社会资本投资本金或兜底本金损失的；政府向社会资本承诺固定收益回报的；政府及其部门为项目债务提供任何形式担保的；存在其他违法违规举债担保行为的。

（五）未按规定进行信息公开。包括违反国家有关法律法规，所公开信息与党的路线方针政策不一致或涉及国家秘密、商业秘密、个人隐私和知识产权，可能危及国家安全、公共安全、经济安全和社会稳定或损害公民、法人或其他组织合法权益的；未准确完整填写项目信息，入库之日起一年内未更新任何信息，或未及时充分披露项目实施方案、物有所值评价、财政承受能力论证、政府采购等关键信息的。

四、组织实施

（一）落实责任主体。各省级财政部门要切实履行项目库管理主体责任，统一部署辖内市、区、县财政部门开展集中清理工作。财政部政府和社会资本合作中心（以下称"财政部 PPP 中心"）负责开展财政部 PPP 示范项目的核查清理工作，并对各地项目管理库清理工作进行业务指导。

（二）健全工作机制。各省级财政部门应成立集中清理专项工作组，制定工作方案，明确任务分工、工作要求和时间进度，落实专人负责，并可邀请专家参与。地方各级财政部门应当会同有关方面加强政策宣传和舆论引导，重要情况及时向财政部报告。

（三）明确完成时限。各省级财政部门应于 2018 年 3 月 31 日前完成本地区项目管理库集中清理工作，并将清理工作完成情况报财政部金融司备案。

（四）确保整改到位。对于逾期未完成清理工作的地区，由财政部PPP中心指导并督促其于 30 日内完成整改。逾期未完成整改或整改不到位的，将暂停该地区新项目入库直至整改完成。

财政部办公厅

2017 年 11 月 10 日

关于政府参与的污水、垃圾处理项目全面实施 PPP 模式的通知

（财建〔2017〕455 号）

各省、自治区、直辖市、计划单列市财政厅（局）、住房城乡建设厅（委）、环境保护厅（局）、农业部门，新疆生产建设兵团财务局、建设局、环境保护局、农业局：

为贯彻落实党的十八大以来中央关于加快完善现代市场体系、加快生态文明制度建设相关战略部署，进一步规范污水、垃圾处理行业市场运行，提高政府参与效率，充分吸引社会资本参与，促进污水、垃圾处理行业健康发展，我们拟对政府参与的污水、垃圾处理项目全面实施政府和社会资本合作（PPP）模式，现将有关事项通知如下：

一、总体要求

（一）指导思想。全面贯彻党的十八大和十八届三中、四中、五中、六中全会精神，深入落实《中共中央关于全面深化改革若干重大问题的决定》中关于建立吸引社会资本投入生态环境保护的市场化机制有关要求，发挥市场机制决定性作用和更好发挥政府作用，提高政府参与效率，充分吸引社会资本投资参与，提升环境公共服务质量，深入推进供给侧改革。

（二）基本原则。以全面实施为核心，在污水、垃圾处理领域全方位引入市场机制，推进 PPP 模式应用，对污水和垃圾收集、转运、处理、处置各环节进行系统整合，实现污水处理厂网一体和垃圾处理清洁邻利，有效实施绩效考核和按效付费，通过 PPP 模式提升相关公共服务质量和效率。

以因地制宜为基础，加大引导支持力度，强化按效付费机制，政府和社会资本双方按照市场机制原则协商确定 PPP 模式实现方式。以规范操作为抓手，严格执行财政 PPP 工作制度规范体系，防止变相举借政府债务，防范财政金融风险，深入推进相关领域内 PPP 改革。以提升效率为导向，增强相关领域内项目融资能力，畅通社会资本进入渠道，提高项目管理水平。

（三）总体目标。政府参与的新建污水、垃圾处理项目全面实施 PPP模式。有序推进存量项目转型为 PPP 模式。尽快在该领域内形成以社会资本为主，统一、规范、高效的 PPP 市场，推动相关环境公共产品和服务供给结构明显优化。

二、实施要求

（四）适用范围。政府以货币、实物、权益等各类资产参与，或以公共部门身份通过其他形式介入项目风险分担或利益分配机制，且财政可承受能力论证及物有所值评价通过的各类污水、垃圾处理领域项目，全面实施 PPP 模式。

（五）实施内容。符合全面实施 PPP 模式条件的各类污水、垃圾处理项目，政府参与的途径限于 PPP 模式。政府与社会资本间应签署 PPP 协议，明确权益分配和风险分担机制，并通过成立具有独立法人资格的 PPP项目公司实现项目商业风险隔离。政府可以在符合 PPP 相关政策规定的前提下对项目给予必要的支持，但不得为项目融资提供担保，不得对项目商业风险承担无限责任，不得以任何方式承诺回购社会资本方的投资本金，不得以任何方式承担社会资本方的投资本金损失，不得以任何方式向社会资本方承诺最低收益。

（六）规范操作。确保污水、垃圾处理领域 PPP 项目质量，规范项目发起、识别、准备、采购、执行、移交各环节操作流程，严格执行《关于在公共服务领域推广政府和社会资本合作模式的指导意见》（国办发〔2015〕42 号）等相关规定。认真贯彻落实污水、垃圾处理领域各项行业管理规范、技术标准和相关税费政策。严格合同管理，相关合同文本中应明确有关绩效考核、按效付费条款，提高服务质量和效率。

（七）有序实施。各级财政和行业管理部门，应结合项目经济属性、受益范围和行业管理模式等情况合理确定介入项目的政府层级及部门。根据项目非竞争性和非排他性强度，合理确定公共资源介入程度。严格约束政府行为，削减行政审批，杜绝对市场运行的不当干预。大幅度减少政府对该领域内市场资源的直接配置，着力推动市场资源依据市场规则、市场价格和市场竞争实现效益最大化和效率最优化。

三、支持政策

（八）优化财政政策。大力支持污水、垃圾处理领域全面实施 PPP 模式工作，未有效落实全面实施 PPP 模式政策的项目，原则上不予安排相关预算支出。各级地方财政要积极推进污水、垃圾处理领域财政资金转型，以运营补贴作为财政资金投入的主要方式，也可从财政资金中安排前期费用奖励予以支持，逐步减少资本金投入和投资补助。加大对各类财政资金的整合力度，涉农资金整合中充分统筹农村污水、垃圾处理相关支持资金，扩大规模经济和范围经济效应，形成资金政策合力，优先支持民营资本参与的项目。

（九）完善行业管理。加强对污水、垃圾处理领域全面实施 PPP 模式相关工作的指导，科学编制并严格落实有关规划，督促相关项目加快落地实施。通过全面实施 PPP 模式，有力提升污水、垃圾处理能力建设和项目管理水平。区域流域环境治理总体方案内、外，以及城市、农村的污水、垃圾处理工作得到有效统筹协调，并同生态产业及循环经济发展、面源污染治理有效衔接。建设完善项目服务质量、运营成本、安全生产及环保指标监测与监管体系，建立形成基于绩效的 PPP 项目收益机制。

四、组织领导

（十）工作机制。污水、垃圾处理领域全面实施 PPP 模式工作以"中央引导、地方推进、市场配置资源、模式全面实施"为主线，建立中央规划部署、地方贯彻落实、多部门协调合作的工作机制。

（十一）地方责任。各级地方政府是污水、垃圾处理领域全面实施 PPP 模式工作的责任主体，要逐级建立工作机制，强化组织领导，加强对相关工作的考核。

五、其他

（十二）本通知自发布之日起施行。

财政部　住房城乡建设部　农业部　环境保护部

2017 年 7 月 1 日

三、国家发展改革委发布的相关政策法规

国家发展改革委关于开展政府和社会资本合作的指导意见

（发改投资〔2014〕2724 号）

各省、自治区、直辖市及计划单列市、新疆生产建设兵团发展改革委：

为贯彻落实《国务院关于创新重点领域投融资机制鼓励社会投资的指导意见》（国发〔2014〕60 号）有关要求，鼓励和引导社会投资，增强公共产品供给能力，促进调结构、补短板、惠民生，现就开展政府和社会资本合作提出如下指导意见。

一、充分认识政府和社会资本合作的重要意义

政府和社会资本合作（PPP）模式是指政府为增强公共产品和服务供给能力、提高供给效率，通过特许经营、购买服务、股权合作等方式，与社会资本建立的利益共享、风险分担及长期合作关系。开展政府和社会资本合作，有利于创新投融资机制，拓宽社会资本投资渠道，增强经济增长内生动力；有利于推动各类资本相互融合、优势互补，促进投资主体多元化，发展混合所有制经济；有利于理顺政府与市场关系，加快政府职能转变，充分发挥市场配置资源的决定性作用。

二、准确把握政府和社会资本合作的主要原则

（一）转变职能，合理界定政府的职责定位。开展政府和社会资本合作，对转变政府职能、提高管理水平提出了更高要求。政府要牢固树立平等意识及合作观念，集中力量做好政策制定、发展规划、市场监管和指导服务，从公共产品的直接"提供者"转变为社会资本的"合作者"以及

PPP 项目的"监管者"。

（二）**因地制宜，建立合理的投资回报机制**。根据各地实际，通过授予特许经营权、核定价费标准、给予财政补贴、明确排他性约定等，稳定社会资本收益预期。加强项目成本监测，既要充分调动社会资本积极性，又要防止不合理让利或利益输送。

（三）**合理设计，构建有效的风险分担机制**。按照风险收益对等原则，在政府和社会资本间合理分配项目风险。原则上，项目的建设、运营风险由社会资本承担，法律、政策调整风险由政府承担，自然灾害等不可抗力风险由双方共同承担。

（四）**诚信守约，保证合作双方的合法权益**。在平等协商、依法合规的基础上，按照权责明确、规范高效的原则订立项目合同。合同双方要牢固树立法律意识、契约意识和信用意识，项目合同一经签署必须严格执行，无故违约必须承担相应责任。

（五）**完善机制，营造公开透明的政策环境**。从项目选择、方案审查、伙伴确定、价格管理、退出机制、绩效评价等方面，完善制度设计，营造良好政策环境，确保项目实施决策科学、程序规范、过程公开、责任明确、稳妥推进。

三、合理确定政府和社会资本合作的项目范围及模式

（一）**项目适用范围**。PPP 模式主要适用于政府负有提供责任又适宜市场化运作的公共服务、基础设施类项目。燃气、供电、供水、供热、污水及垃圾处理等市政设施，公路、铁路、机场、城市轨道交通等交通设施，医疗、旅游、教育培训、健康养老等公共服务项目，以及水利、资源环境和生态保护等项目均可推行 PPP 模式。各地的新建市政工程以及新型城镇化试点项目，应优先考虑采用 PPP 模式建设。

（二）**操作模式选择**。

1. **经营性项目**。对于具有明确的收费基础，并且经营收费能够完全覆盖投资成本的项目，可通过政府授予特许经营权，采用建设—运营—移交（BOT）、建设—拥有—运营—移交（BOOT）等模式推进。要依法放开相

关项目的建设、运营市场，积极推动自然垄断行业逐步实行特许经营。

2. **准经营性项目**。对于经营收费不足以覆盖投资成本、需政府补贴部分资金或资源的项目，可通过政府授予特许经营权附加部分补贴或直接投资参股等措施，采用建设—运营—移交（BOT）、建设—拥有—运营（BOO）等模式推进。要建立投资、补贴与价格的协同机制，为投资者获得合理回报积极创造条件。

3. **非经营性项目**。对于缺乏"使用者付费"基础、主要依靠"政府付费"回收投资成本的项目，可通过政府购买服务，采用建设—拥有—运营（BOO）、委托运营等市场化模式推进。要合理确定购买内容，把有限的资金用在刀刃上，切实提高资金使用效益。

（三）积极开展创新。各地可以根据当地实际及项目特点，积极探索、大胆创新，通过建立合理的"使用者付费"机制等方式，增强吸引社会资本能力，并灵活运用多种PPP模式，切实提高项目运作效率。

四、建立健全政府和社会资本合作的工作机制

（一）健全协调机制。按照部门联动、分工明确、协同推进等要求，与有关部门建立协调推进机制，推动规划、投资、价格、土地、金融等部门密切配合、形成合力，保障政府和社会资本合作积极稳妥推进。

（二）明确实施主体。按照地方政府的相关要求，明确相应的行业管理部门、事业单位、行业运营公司或其他相关机构，作为政府授权的项目实施机构，在授权范围内负责PPP项目的前期评估论证、实施方案编制、合作伙伴选择、项目合同签订、项目组织实施以及合作期满移交等工作。

（三）建立联审机制。为提高工作效率，可会同相关部门建立PPP项目的联审机制，从项目建设的必要性及合规性、PPP模式的适用性、财政承受能力以及价格的合理性等方面，对项目实施方案进行可行性评估，确保"物有所值"。审查结果作为项目决策的重要依据。

（四）规范价格管理。按照补偿成本、合理收益、节约资源以及社会可承受的原则，加强投资成本和服务成本监测，加快理顺价格水平。加强价格行为监管，既要防止项目法人随意提价损害公共利益、不合理获利，又要规范政府价格行为，提高政府定价、调价的科学性和透明度。

（五）**提升专业能力**。加强引导，积极发挥各类专业中介机构在 PPP 项目的资产评估、成本核算、经济补偿、决策论证、合同管理、项目融资等方面的积极作用，提高项目决策的科学性、项目管理的专业性以及项目实施效率。加强 PPP 相关业务培训，培养专业队伍和人才。

五、加强政府和社会资本合作项目的规范管理

（一）**项目储备**。根据经济社会发展需要，按照项目合理布局、政府投资有效配置等原则，切实做好 PPP 项目的总体规划、综合平衡和储备管理。从准备建设的公共服务、基础设施项目中，及时筛选 PPP 模式的适用项目，按照 PPP 模式进行培育开发。各省区市发展改革委要建立 PPP 项目库，并从 2015 年 1 月起，于每月 5 日前将项目进展情况按月报送国家发展改革委（具体要求见附件 1）。

（二）**项目遴选**。会同行业管理部门、项目实施机构，及时从项目储备库或社会资本提出申请的潜在项目中筛选条件成熟的建设项目，编制实施方案并提交联审机制审查，明确经济技术指标、经营服务标准、投资概算构成、投资回报方式、价格确定及调价方式、财政补贴及财政承诺等核心事项。

（三）**伙伴选择**。实施方案审查通过后，配合行业管理部门、项目实施机构，按照《招标投标法》、《政府采购法》等法律法规，通过公开招标、邀请招标、竞争性谈判等多种方式，公平择优选择具有相应管理经验、专业能力、融资实力以及信用状况良好的社会资本作为合作伙伴。

（四）**合同管理**。项目实施机构和社会资本依法签订项目合同，明确服务标准、价格管理、回报方式、风险分担、信息披露、违约处罚、政府接管以及评估论证等内容。各地可参考《政府和社会资本合作项目通用合同指南》（见附件 2），细化完善合同文本，确保合同内容全面、规范、有效。

（五）**绩效评价**。项目实施过程中，加强工程质量、运营标准的全程监督，确保公共产品和服务的质量、效率和延续性。鼓励推进第三方评价，对公共产品和服务的数量、质量以及资金使用效率等方面进行综合评

价，评价结果向社会公示，作为价费标准、财政补贴以及合作期限等调整的参考依据。项目实施结束后，可对项目的成本效益、公众满意度、可持续性等进行后评价，评价结果作为完善 PPP 模式制度体系的参考依据。

（六）**退出机制**。政府和社会资本合作过程中，如遇不可抗力或违约事件导致项目提前终止时，项目实施机构要及时做好接管，保障项目设施持续运行，保证公共利益不受侵害。政府和社会资本合作期满后，要按照合同约定的移交形式、移交内容和移交标准，及时组织开展项目验收、资产交割等工作，妥善做好项目移交。依托各类产权、股权交易市场，为社会资本提供多元化、规范化、市场化的退出渠道。

六、强化政府和社会资本合作的政策保障

（一）**完善投资回报机制**。深化价格管理体制改革，对于涉及中央定价的 PPP 项目，可适当向地方下放价格管理权限。依法依规为准经营性、非经营性项目配置土地、物业、广告等经营资源，为稳定投资回报、吸引社会投资创造条件。

（二）**加强政府投资引导**。优化政府投资方向，通过投资补助、基金注资、担保补贴、贷款贴息等多种方式，优先支持引入社会资本的项目。合理分配政府投资资金，优先保障配套投入，确保 PPP 项目如期、高效投产运营。

（三）**加快项目前期工作**。联合有关部门建立并联审批机制，在科学论证、遵守程序的基础上，加快推进规划选址、用地预审、环评审批、审批核准等前期工作。协助项目单位解决前期工作中的问题和困难，协调落实建设条件，加快项目建设进度。

（四）**做好综合金融服务**。鼓励金融机构提供财务顾问、融资顾问、银团贷款等综合金融服务，全程参与 PPP 项目的策划、融资、建设和运营。鼓励项目公司或合作伙伴通过成立私募基金、引入战略投资者、发行债券等多种方式拓宽融资渠道。

七、扎实有序开展政府和社会资本合作

（一）**做好示范推进**。各地可选取市场发育程度高、政府负债水平低、社会资本相对充裕的市县，以及具有稳定收益和社会效益的项目，积极推进政府和社会资本合作，并及时总结经验、大力宣传，发挥好示范带动作用。国家发展改革委将选取部分推广效果显著的省区市和重点项目，总结典型案例，组织交流推广。

（二）推进信用建设。按照诚信践诺的要求，加强全社会信用体系建设，保障政府和社会资本合作顺利推进。政府要科学决策，保持政策的连续性和稳定性；依法行政，防止不当干预和地方保护；认真履约，及时兑现各类承诺和合同约定。社会资本要守信自律，提高诚信经营意识。

（三）搭建信息平台。充分利用并切实发挥好信息平台的桥梁纽带作用。可以利用现代信息技术，搭建信息服务平台，公开 PPP 项目的工作流程、评审标准、项目信息、实施情况、咨询服务等相关信息，保障信息发布准确及时、审批过程公正透明、建设运营全程监管。

（四）加强宣传引导。大力宣传政府和社会资本合作的重大意义，做好政策解读，总结典型案例，回应社会关切，通过舆论引导，培育积极的合作理念，建立规范的合作机制，营造良好的合作氛围，充分发挥政府、市场和社会资本的合力作用。

开展政府和社会资本合作是创新投融资机制的重要举措，各地要高度重视，切实加强组织领导，抓紧制定具体的政策措施和实施办法。各级发展改革部门要按照当地政府的统一部署，认真做好 PPP 项目的统筹规划、综合协调等工作，会同有关部门积极推动政府和社会资本合作顺利实施。

国家发展改革委

2014 年 12 月 2 日

国家发展改革委　住房城乡建设部关于开展重大市政工程领域政府和社会资本合作（PPP）创新工作的通知

（发改投资〔2016〕2068 号）

各省、自治区、直辖市发展改革委、住房城乡建设厅（建委），北京市城管委、水务局，天津市市容园林委、水务局，上海市绿化市容局、水务局，重庆市市政管委，海南省水务厅，新疆生产建设兵团发展改革委、建设局，计划单列市发展改革委：

按照《中共中央　国务院关于深化投融资体制改革的意见》（中发〔2016〕18号）、《国务院关于创新重点领域投融资机制鼓励社会投资的指导意见》（国发〔2014〕60号）等文件精神，为更好推动 PPP 模式在新型城镇化中的运用，加大城市基础设施建设力度，现就重大市政工程领域开展 PPP 创新工作有关事宜通知如下。

一、深化中小城市 PPP 创新工作

国家发展改革委会同住房城乡建设部，从每个省份选择 1 个具有一定 PPP 工作基础、有较好项目储备和发展空间的中小城市，进行 PPP 模式创新工作。

（一）根据新型城镇化建设要求，结合当地城市基础设施现状和发展需求，筛选一批具备一定条件、适合采用 PPP 模式的项目，编制重大市政工程领域 PPP 项目规划，提高 PPP 项目质量和水平。

（二）从试点城市的重大市政工程领域 PPP 项目规划中，选择若干个不同行业、不同类型且具有代表意义的 PPP 项目，组织高水平的咨询公司和资深专家等，因地制宜、积极创新，精心设计项目实施方案、建立合理投资回报机制、制定规范合同文本，力争形成典型案例，供其他同类项目学习借鉴。

（三）利用国家发展改革委与金融机构的投融资合作对接机制以及与全国工商联的合作，向银行、保险等金融机构以及民营企业推介项目，引导金融资本和民间资本参与 PPP 项目投资。

二、深化市政领域相关行业 PPP 创新工作

住房城乡建设部会同国家发展改革委，在自愿报名的基础上，遴选 2~3个省份，每个省份选择 1~2个相关市政行业，开展创新工作。

（一）开放市场，打破地域垄断。城市政府通过规划确定需求，采取招投标等方式遴选合作伙伴，政府通过合同管理、绩效考核、按效付费，实现全产业链和项目全生命周期的 PPP 合作。

（二）完善费价机制，设置平均行业基准利润率，给民间资本投资明

确的市场预期，吸引民间资本参与。

（三）针对市政领域相关行业 PPP 项目小而散、不利于社会资本进入的问题，选择并支持若干家实力较强的省内外专业企业，通过并购、重组等方式，提高产业集中度。

（四）完善行业监管机制，重点对企业的绩效、运营成本、服务效率、产品质量进行监审。

（五）在总结实践基础上，形成可复制、可推广的经验模式，为向全国推广提供借鉴。

三、工作要求

各省（区、市）发展改革委、住房城乡建设厅（局）要高度重视重大市政工程领域 PPP 创新工作，加强协调配合，形成合力，抓好落实。对符合中央预算内投资、专项建设基金等支持方向的 PPP 创新项目，将合理安排有关资金予以支持。

请各省（区、市）发展改革部门、住房城乡建设部门于 2016 年 11 月 18 日前，将 PPP 创新工作申报材料联合行文报送国家发展改革委和住房城乡建设部。包括 PPP 创新工作中小城市名单、基本情况和工作设想，以及市政领域相关行业 PPP 模式发展现状、下一步工作计划等。

国家发展改革委

住房城乡建设部

2016 年 9 月 28 日

国家发展改革委关于印发
《传统基础设施领域实施政府和社会资本合作项目工作导则》的通知
（发改投资〔2016〕2231 号）

各省、自治区、直辖市及计划单列市发展改革委，新疆生产建设兵团发展改革委：

为进一步规范传统基础设施领域政府和社会资本合作（PPP）项目操作流程，现将《传统基础设施领域实施政府和社会资本合作项目工作导则》印发给你们，请积极采取有力措施，加大工作力度，切实做好各项工作。

附件：传统基础设施领域实施政府和社会资本合作项目工作导则

国家发展改革委

2016 年 10 月 24 日

抄送：财政部、国土资源部、环境保护部、住房城乡建设部、交通运输部、水利部、农业部、工商总局、林业局、旅游局、银监会、证监会、保监会、海洋局、铁路局、民航局、铁路总公司

传统基础设施领域实施政府和社会资本合作项目工作导则

第一章　总　　则

第一条　目的和依据

为进一步规范传统基础设施领域政府和社会资本合作（PPP）项目操作流程，根据《中共中央　国务院关于深化投融资体制改革的意见》（中发〔2016〕18 号）、《国务院关于创新重点领域投融资机制鼓励社会投资的指导意见》（国发〔2014〕60 号）、《国务院办公厅转发财政部　发展改革委　人民银行关于在公共服务领域推广政府和社会资本合作模式指导意见的通知》（国办发〔2015〕42 号）、《基础设施和公用事业特许经营管理办法》（国家发展改革委等部门令 2015 年第 25 号）、《国家发展改革委关于开展政府和社会资本合作的指导意见》（发改投资〔2014〕2724 号）等文件要求，制定本导则。

第二条　适用范围

按照国务院确定的部门职责分工，本导则适用于在能源、交通运输、水利、环境保护、农业、林业以及重大市政工程等传统基础设施领域采用 PPP 模式的项目。具体项目范围参见《国家发展改革委关于切实做好传统基础设施领域政府和社会资本合作有关工作的通知》（发改投资〔2016〕1744 号）。

第三条　实施方式

政府和社会资本合作模式主要包括特许经营和政府购买服务两类。新建项目优先采用建设—运营—移交（BOT）、建设—拥有—运营—移交（BOOT）、设计—建设—融资—运营—移交（DBFOT）、建设—拥有—运营（BOO）等方式。存量项目优先采用改建—运营—移交（ROT）方式。同时，各地区可根据当地实际情况及项目特点，积极探索、大胆创新，灵活运用多种方式，切实提高项目运作效率。

第四条　适用要求

各级发展改革部门应按照本导则明确的程序要求和工作内容，本着"简捷高效、科学规范、兼容并包、创新务实"原则，会同有关部门，加强协调配合，形成合力，共同促进本地区传统基础设施领域 PPP 模式规范健康发展。国家发展改革委将加强指导和监督，促进 PPP 工作稳步推进。

第二章　项目储备

第五条　加强规划政策引导

要重视发挥发展规划、投资政策的战略引领与统筹协调作用，按照国民经济和社会发展总体规划、区域规划、专项规划及相关政策，依据传统基础设施领域的建设目标、重点任务、实施步骤等，明确推广应用 PPP 模式的统一部署及具体要求。

第六条　建立 PPP 项目库

各级发展改革部门要会同有关行业主管部门，在投资项目在线审批监管平台（重大建设项目库）基础上，建立各地区各行业传统基础设施 PPP项目库，并统一纳入国家发展改革委传统基础设施 PPP 项目库，建立贯通各地区各部门的传统基础设施 PPP 项目信息平台。入库情况将作为安排政府投资、确定与调整价格、发行企业债券及享受政府和社会资本合作专项政策的重要依据。

第七条　纳入年度实施计划

列入各地区各行业传统基础设施 PPP 项目库的项目，实行动态管理、滚动实施、分批推进。对于需要当年推进实施的 PPP 项目，应纳入各地区各行业 PPP 项目年度实施计划。需要使用各类政府投资资金的传统基础设施 PPP 项目，应当纳入三年滚动政府投资计划。

第八条 确定实施机构和政府出资人代表

对于列入年度实施计划的 PPP 项目，应根据项目性质和行业特点，由当地政府行业主管部门或其委托的相关单位作为 PPP 项目实施机构，负责项目准备及实施等工作。鼓励地方政府采用资本金注入方式投资传统基础设施 PPP 项目，并明确政府出资人代表，参与项目准备及实施工作。

第三章　项目论证

第九条 PPP 项目实施方案编制

纳入年度实施计划的 PPP 项目，应编制 PPP 项目实施方案。PPP 项目实施方案由实施机构组织编制，内容包括项目概况、运作方式、社会资本方遴选方案、投融资和财务方案、建设运营和移交方案、合同结构与主要内容、风险分担、保障与监管措施等。为提高工作效率，对于一般性政府投资项目，各地可在可行性研究报告中包括 PPP 项目实施专章，内容可以适当简化，不再单独编写 PPP 项目实施方案。

实施方案编制过程中，应重视征询潜在社会资本方的意见和建议。要重视引导社会资本方形成合理的收益预期，建立主要依靠市场的投资回报机制。如果项目涉及向使用者收取费用，要取得价格主管部门出具的相关意见。

第十条 项目审批、核准或备案

政府投资项目的可行性研究报告应由具有相应项目审批职能的投资主管部门等审批。可行性研究报告审批后，实施机构根据经批准的可行性研究报告有关要求，完善并确定 PPP 项目实施方案。重大基础设施政府投资项目，应重视项目初步设计方案的深化研究，细化工程技术方案和投资概算等内容，作为确定 PPP 项目实施方案的重要依据。

实行核准制或备案制的企业投资项目，应根据《政府核准的投资项目目录》及相关规定，由相应的核准或备案机关履行核准、备案手续。项目核准或备案后，实施机构依据相关要求完善和确定 PPP 项目实施方案。

纳入 PPP 项目库的投资项目，应在批复可行性研究报告或核准项目申请报告时，明确规定可以根据社会资本方选择结果依法变更项目法人。

第十一条 PPP 项目实施方案审查审批

鼓励地方政府建立 PPP 项目实施方案联审机制。按照"多评合一，统一评审"的要求，由发展改革部门和有关行业主管部门牵头，会同项目涉及到的财政、规划、国土、价格、公共资源交易管理、审计、法制等政府相关部门，对 PPP 项目实施方案进行联合评审。必要时可先组织相关专家进行评议或委托第三方专业机构出具评估意见，然后再进行联合评审。

一般性政府投资项目可行性研究报告中的 PPP 项目实施专章，可结合可行性研究报告审批一并审查。

通过实施方案审查的 PPP 项目，可以开展下一步工作；按规定需报当地政府批准的，应报当地政府批准同意后开展下一步工作。未通过审查的，可在调整实施方案后重新审查；经重新审查仍不能通过的，不再采用 PPP 模式。

第十二条 合同草案起草

PPP 项目实施机构依据审查批准的实施方案，组织起草 PPP 合同草案，包括 PPP 项目主合同和相关附属合同（如项目公司股东协议和章程、配套建设条件落实协议等）。PPP 项目合同主要内容参考国家发展改革委发布的《政府和社会资本合作项目通用合同指南（2014 年版）》。

第四章 社会资本方选择

第十三条 社会资本方遴选

依法通过公开招标、邀请招标、两阶段招标、竞争性谈判等方式，公平择优选择具有相应投资能力、管理经验、专业水平、融资实力以及信用状况良好的社会资本方作为合作伙伴。其中，拟由社会资本方自行承担工程项目勘察、设计、施工、监理以及与工程建设有关的重要设备、材料等采购的，必须按照《招标投标法》的规定，通过招标方式选择社会资本方。

在遴选社会资本方资格要求及评标标准设定等方面，要客观、公正、详细、透明，禁止排斥、限制或歧视民间资本和外商投资。鼓励社会资本方成立联合体投标。鼓励设立混合所有制项目公司。社会资本方遴选结果要及时公告或公示，并明确申诉渠道和方式。

各地要积极创造条件，采用多种方式保障 PPP 项目建设用地。如果项目建设用地涉及土地招拍挂，鼓励相关工作与社会资本方招标、评标等工作同时开展。

第十四条 PPP 合同确认谈判

PPP 项目实施机构根据需要组织项目谈判小组，必要时邀请第三方专业机构提供专业支持。

谈判小组按照候选社会资本方的排名，依次与候选社会资本方进行合同确认谈判，率先达成一致的即为中选社会资本方。项目实施机构应与中选社会资本方签署确认谈判备忘录，并根据信息公开相关规定，公示合同文本及相关文件。

第十五条 PPP 项目合同签订

PPP 项目实施机构应按相关规定做好公示期间异议的解释、澄清和回复等工作。公示期满无异议的，由项目实施机构会同当地投资主管部门将 PPP 项目合同报送当地政府审核。政府审核同意后，由项目实施机构与中选社会资本方正式签署 PPP 项目合同。

需要设立项目公司的，待项目公司正式设立后，由实施机构与项目公司正式签署 PPP 项目合同，或签署关于承继 PPP 项目合同的补充合同。

第五章 项目执行

第十六条 项目公司设立

社会资本方可依法设立项目公司。政府指定了出资人代表的，项目公司由政府出资人代表与社会资本方共同成立。项目公司应按照 PPP 合同中的股东协议、公司章程等设立。

项目公司负责按 PPP 项目合同承担设计、融资、建设、运营等责任，自主经营，自负盈亏。除 PPP 项目合同另有约定外，项目公司的股权及经营权未经政府同意不得变更。

第十七条 项目法人变更

PPP 项目法人选择确定后，如与审批、核准、备案时的项目法人不一致，应按照有关规定依法办理项目法人变更手续。

第十八条　项目融资及建设

PPP 项目融资责任由项目公司或社会资本方承担，当地政府及其相关部门不应为项目公司或社会资本方的融资提供担保。项目公司或社会资本方未按照 PPP 项目合同约定完成融资的，政府方可依法提出履约要求，必要时可提出终止 PPP 项目合同。

PPP 项目建设应符合工程建设管理的相关规定。工程建设成本、质量、进度等风险应由项目公司或社会资本方承担。政府方及政府相关部门应根据 PPP 项目合同及有关规定，对项目公司或社会资本方履行 PPP 项目建设责任进行监督。

第十九条　运营绩效评价

PPP 项目合同中应包含 PPP 项目运营服务绩效标准。项目实施机构应会同行业主管部门，根据 PPP 项目合同约定，定期对项目运营服务进行绩效评价，绩效评价结果应作为项目公司或社会资本方取得项目回报的依据。

项目实施机构应会同行业主管部门，自行组织或委托第三方专业机构对项目进行中期评估，及时发现存在的问题，制订应对措施，推动项目绩效目标顺利完成。

第二十条　项目临时接管和提前终止

在 PPP 项目合作期限内，如出现重大违约或者不可抗力导致项目运营持续恶化，危及公共安全或重大公共利益时，政府要及时采取应对措施，必要时可指定项目实施机构等临时接管项目，切实保障公共安全和重大公共利益，直至项目恢复正常运营。不能恢复正常运营的，要提前终止，并按 PPP 合同约定妥善做好后续工作。

第二十一条　项目移交

对于 PPP 项目合同约定期满移交的项目，政府应与项目公司或社会资本方在合作期结束前一段时间（过渡期）共同组织成立移交工作组，启动移交准备工作。

移交工作组按照 PPP 项目合同约定的移交标准，组织进行资产评估和性能测试，保证项目处于良好运营和维护状态。项目公司应按 PPP 项目合同要求及有关规定完成移交工作并办理移交手续。

第二十二条　PPP 项目后评价

项目移交完成后，地方政府有关部门可组织开展 PPP 项目后评价，对 PPP 项目全生命周期的效率、效果、影响和可持续性等进行评价。评价结果应及时反馈给项目利益相关方，并按有关规定公开。

第二十三条　信息公开及社会监督

各地要建立 PPP 项目信息公开机制，依法及时、充分披露 PPP 项目基本信息、招标投标、采购文件、项目合同、工程进展、运营绩效等，切实保障公众知情权。涉及国家秘密的有关内容不得公开；涉及商业秘密的有关内容经申请可以不公开。

建立社会监督机制，鼓励公众对 PPP 项目实施情况进行监督，切实维护公共利益。

第六章　附　　则

第二十四条

本导则由国家发展改革委负责解释。

第二十五条

本导则自印发之日起施行。

国家发展改革委关于鼓励民间资本参与政府和社会资本合作（PPP）项目的指导意见

（发改投资〔2017〕2059 号）

各省、自治区、直辖市及计划单列市、新疆生产建设兵团发展改革委：

按照党中央、国务院关于深化投融资体制改革的意见等文件精神，为贯彻落实《国务院办公厅关于进一步激发民间有效投资活力促进经济持续健康发展的指导意见》（国办发〔2017〕79 号）要求，鼓励民间资本规范有序参与基础设施项目建设，促进政府和社会资本合作（PPP）模式更好发展，提高公共产品供给效率，加快补短板建设，充分发挥投资对优化供给结构的关键性作用，增强经济内生增长动力，现提出以下意见。

一、创造民间资本参与 PPP 项目的良好环境

不断加大基础设施领域开放力度，除国家法律法规明确禁止准入的行业和领域外，一律向民间资本开放，不得以任何名义、任何形式限制民间资本参与 PPP 项目。在制定 PPP 政策、编制 PPP 规划、确定 PPP 项目实施方案时，注重听取民营企业的意见，充分吸收采纳民营企业的合理建议。主动为民营企业服务，不断优化营商环境，构建"亲""清"新型政商关系，为民间资本参与 PPP 项目创造更加公平、规范、开放的市场环境。对民间资本主导或参与的 PPP 项目，鼓励开通前期工作办理等方面的"绿色通道"。鼓励结合本地区实际，依法依规出台更多的优惠政策。

二、分类施策支持民间资本参与 PPP 项目

针对不同 PPP 项目投资规模、合作期限、技术要求、运营管理等特点，采取多种方式积极支持民间资本参与，充分发挥民营企业创新、运营等方面的优势。对商业运营潜力大、投资规模适度、适合民间资本参与的 PPP 项目，积极支持民间资本控股，提高项目运营效率。对投资规模大、合作期限长、工程技术复杂的项目，鼓励民营企业相互合作，或与国有企业、外商投资企业等合作，通过组建投标联合体、成立混合所有制公司等方式参与，充分发挥不同企业比较优势。鼓励民间资本成立或参与投资基金，将分散的资金集中起来，由专业机构管理并投资 PPP 项目，获取长期稳定收益。

三、鼓励民营企业运用 PPP 模式盘活存量资产

积极采取转让—运营—移交（TOT）、改扩建—运营—移交（ROT）等多种运作方式，规范有序盘活存量资产，吸引民间资本参与，避免项目规划选址、征地拆迁等比较复杂的前期工作由民营企业承担。盘活资产回收的资金主要用于补短板项目建设，形成新的优质资产，实现投资良性循环。对适宜采取 PPP 模式的存量项目，鼓励多采用转让项目的经营权、收费权等方式盘活存量资产，降低转让难度，提高盘活效率。对已经采取

PPP 模式的存量项目，经与社会资本方协商一致，在保证有效监管的前提下，可通过股权转让等多种方式，将政府方持有的股权部分或全部转让给民营企业。对在建的政府投资项目，积极探索、规范有序推进 PPP 模式，吸引民间资本参与。

四、持续做好民营企业 PPP 项目推介工作

依托全国投资项目在线审批监管平台建立的 PPP 项目库，对入库项目定期进行梳理，规范有序开展推介工作，适时选择回报机制明确、运营收益潜力大、前期工作成熟的 PPP 项目，向民营企业推介。重点推介以使用者付费为主的特许经营类项目，审慎推介完全依靠政府付费的 PPP 项目，以降低地方政府支出压力，防范地方债务风险。各地发展改革部门要与当地行业主管部门、工商联、行业协会等加强合作，通过多种方式推介优质项目、介绍典型案例，加大政策宣传解读和业务培训力度，帮助民营企业更好参与 PPP 项目。

五、科学合理设定社会资本方选择标准

严格按照《中华人民共和国招标投标法》和《中华人民共和国政府采购法》规定，通过公开招标等竞争性方式选择 PPP 项目的社会资本方。合理确定社会资本方资格，不得设置超过项目实际需要的注册资本金、资产规模、银行存款证明或融资意向函等条件，不得设置与项目投融资、建设、运营无关的准入条件。规范投标保证金设置，除合法合规的投标保证金外，不得以任何其他名义设置投标担保要求，推行以银行保函方式缴纳保证金。科学设置评标标准，综合考虑投标人的工程技术、运营水平、投融资能力、投标报价等因素。鼓励通过组建高质量的 PPP 项目特殊目的载体（SPV）等方式，整合各方资源，完善项目治理结构，提高专业化运作能力。支持民间资本股权占比高的社会资本参与 PPP 项目，调动民间资本积极性。同等条件下，优先选择运营经验丰富、商业运作水平高、创新创造能力强的民营企业。

六、依法签订规范、有效、全面的 PPP 项目合同

在与民营企业充分协商、利益共享、风险共担的基础上，客观合理、

全面详尽地订立 PPP 项目合同。明确各方责权利和争议解决方式，合理确定价格调整机制，科学设定运营服务绩效标准，有效设置排他性条款，保障项目顺利实施。PPP 项目合同既要规范民营企业投资行为，确保项目持续稳定运行，也要保证当政府方不依法履约时，民营企业可以及时获得合理补偿乃至合法退出。要依据相关法律法规和合同约定，对 PPP 项目进行全生命周期监管。禁止政府和投资人签订承诺回购投资本金、承诺最低收益等条款，严禁利用 PPP 模式违法违规变相举债，严防地方政府隐性债务风险。

七、加大民间资本 PPP 项目融资支持力度

鼓励政府投资通过资本金注入、投资补助、贷款贴息等方式支持民间资本 PPP 项目，鼓励各级政府出资的 PPP 基金投资民间资本 PPP 项目。鼓励各类金融机构发挥专业优势，大力开展 PPP 项目金融产品创新，支持开展基于项目本身现金流的有限追索融资，有针对性地为民间资本 PPP 项目提供优质金融服务。积极推进符合条件的民间资本 PPP 项目发行债券、开展资产证券化，拓宽项目融资渠道。按照统一标准对参与 PPP 项目的民营企业等各类社会资本方进行信用评级，引导金融市场和金融机构根据评级结果等加大对民营企业的融资支持力度。

八、提高咨询机构的 PPP 业务能力

咨询机构要坚持"合法、合规、专业、自律"的原则，深入研究民间资本参与 PPP 项目咨询服务新要求，加强 PPP 项目策划、论证、建设、运营阶段管理能力建设，准确把握民间资本参与 PPP 项目的商业诉求，提高项目全过程咨询服务能力。健全行业自律管理体系，通过 PPP 咨询机构论坛等多种形式，加强同业交流与合作。制定和完善 PPP 咨询业务操作标准规范，着力解决 PPP 项目工程技术、招投标、投融资、项目管理、法律和财务等方面难题，为民间资本 PPP 项目提供优质高效的咨询服务。

九、评选民间资本 PPP 项目典型案例

各地在已经引入民间资本的 PPP 项目中，适时评选在项目运作规范、交易结构合理、运营持续稳定、商业模式创新、回报机制明确等方面具有

参考示范价值的典型案例，总结经验、加强宣传，发挥示范效应。国家发展改革委将会同有关行业主管部门组织专家对各地报送的案例进行评审和筛选，挑选出若干典型案例进行宣传，优先推荐发行 PPP 项目资产证券化产品。对支持和鼓励民间资本参与 PPP 项目工作积极主动、典型案例多的地区，在安排 PPP 项目前期工作中央预算内投资时予以倾斜支持。

十、加强政府和社会资本合作诚信体系建设

建立健全 PPP 项目守信践诺机制，准确记录并客观评价政府方和民营企业在 PPP 项目实施过程中的履约情况。政府方要严格履行各项约定义务，做出履约守信表率，坚决杜绝"新官不理旧账"现象。民营企业也要认真履行合同，持续稳定提供高质量且成本合理的公共产品和服务。将 PPP 项目各方信用记录，纳入全国信用信息共享平台供各部门、各地区共享，并依法通过"信用中国"网站公示。将严重失信责任主体纳入黑名单，并开展联合惩戒。

鼓励民间资本参与 PPP 项目是贯彻落实党中央、国务院关于激发民间有效投资活力、促进经济持续健康发展的重要措施，是充分发挥投资对优化供给结构关键性作用的重要抓手。各地发展改革部门要高度重视，加强组织领导，努力破除制约民间资本参与 PPP 项目的困难和障碍，切实保障民间资本合法权益，推动民间资本 PPP 项目规范有序发展。

国家发展改革委

2017 年 11 月 28 日